江苏省本科优秀培育教材

科技文献检索与论文写作

(第二版)

主　编　郝建华　王雅戈
编写人员　宋　驰　高蕴梅　韩晓磊
　　　　　周自强　张　涛　陈国奇

扫码加入读者圈，轻松解决重难点

南京大学出版社

内容简介

科技文献检索与论文写作是一门实践性很强的工具性和科学方法课程。本书采用纸本教材加二维码动态演示的方式,试图通过理论教学和实际操作训练相结合的方式,培养学生科技文献信息获取和利用的能力,了解和掌握科技类专业科技论文,尤其是本科毕业论文的格式规范和基本写作要求,使学生具备较高的信息素养和专业沟通交流能力,能够就本专业的复杂问题与业界同行及社会公众进行有效沟通和交流,为毕业论文撰写和答辩、学术论文发表、就业、毕业后继续求学深造及从事相关科研工作奠定良好的基础。全书分11章,主要内容包括文献检索基础、国内外重要专业文献资源检索、文献管理、科技论文格式规范和写作要求、工科毕业设计、参考文献的标注和著录、科技论文中的图表、试验设计与实验数据分析、毕业论文的答辩及学术论文的发表和学位论文内容索引编制。本书可作为本科院校理工科专业学生的文献检索与论文写作教材,也可供研究生、广大科技人员及科技爱好者参考。

图书在版编目(CIP)数据

科技文献检索与论文写作 / 郝建华,王雅戈主编.
— 2版. — 南京:南京大学出版社,2021.12(2025.7重印)
ISBN 978-7-305-25117-7

Ⅰ.①科… Ⅱ.①郝… ②王… Ⅲ.①科技情报—信息检索—教材②科学技术—论文—写作—教材 Ⅳ.
①G254.97②G301

中国版本图书馆CIP数据核字(2021)第235826号

出版发行	南京大学出版社
社　　址	南京市汉口路22号　邮　编　210093
书　　名	科技文献检索与论文写作
	KEJI WENXIAN JIANSUO YU LUNWEN XIEZUO
主　编	郝建华　王雅戈
责任编辑	吴　华　　　　编辑热线　025-83596997
照　　排	南京南琳图文制作有限公司
印　　刷	常州市武进第三印刷有限公司
开　　本	787 mm×1092 mm　1/16　开　印张15.25　字数362千
版　　次	2021年12月第2版　2025年7月第4次印刷
ISBN	978-7-305-25117-7
定　　价	40.00元

网址:http://www.njupco.com
官方微博:http://weibo.com/njupco
微信公众号:njupress
销售咨询热线:(025) 83594756

扫一扫教师可免费
申请教学资源

* 版权所有,侵权必究
* 凡购买南大版图书,如有印装质量问题,请与所购
　图书销售部门联系调换

第二版前言

本书的第一版是常熟理工学院"地方应用型本科教学内涵建设成果系列丛书"之一，同时入选2021年江苏省教育厅公布的首批"江苏省本科优秀培育教材"名单。该版定位于地方应用型本科理工科各专业的学生，突出了精简理论、注重实践的特色，在出版形式上强化了数字化教材部分，以二维码扫码的形式，呈现图片、网页、视频、动画和操作演示等各类形象化、动态化和富媒体特征的教学资源，极大地丰富了教学资源，促进了学习者自主学习能力的提高。自出版后得到了广大读者特别是应用型本科院校师生的欢迎，已先后重印4次。

随着高等教育改革和应用型本科院校工程认证教学理念的不断深入，发现本书第一版已经不适应新工科、新农科、新医科等新发展要求，特别是缺少试验设计和工科毕业设计等方面的内容。此外，如中国知网等电子文献网络数据库的内容和功能在不断更新。随着后疫情时代网上教学的新要求，需要对本教材原有的数字教学资源部分进行更新和完善。基于此，需要对第一版教材进行修订。

本次修订除继续定位在服务于地方应用型本科教学需要和人才培养目标，坚持立德树人、三全育人、五育并举、融入课程思政等定位和特色的基础上，以学生科技信息素养和科技论文写作能力提升为目标，遵循OBE教育理念，"以学为中心，面向工程应用能力"，使其成为适合应用型本科院校理工科各专业学生使用的科技文献与论文写作教材。为此，修订版进一步提升和优化了相关章节内容。如在国内、外重要专业文献资源检索的内容中，增加了学位论文、专利文献和标准文献的获取等内容；增加了"文献管理软件"一章内容，通过图文并茂和视频讲解等方式，对知网研学和NoteExpress等软件的使用方法进行了讲解；增加了"试验设计"和"工科毕业设计"等新内容，以进一步服务于创新引领和产教融合等需求。本次修订还进一步提升和优化了视频内容，如将主要国内、外重要专业文献的检索过程、文献管理软件的应用、图表制作和数据统计分析软件的使用等，均做成有声视频，这样既能节约纸质内容，减少教材厚度，又能扩充资源类型和教材内容的容量,提高学生的学生兴趣和学习效果,以适应新的形势和教改需求。

本次修订还增加了"学位论文内容索引编制"一章。根据国家标准《GB/T 7713.1—2006 学位论文编写规则》规定,学位论文可以编制关键词索引。目前,正值国家标准《GB/T 41210—2021 学位论文内容索引编制规则》颁布之际,增加本章内容,有利于学位论文索引的普及,特别是其中有关"学位论文创新内容索引的编制",便于学位论文创新内容的评阅,有利于促进学位论文的质量提升。本章内容是本书区别于同类教材的独特贡献之一。

本教材的编写人员分工如下:

本书第一章、第八章、第十章由郝建华撰写,第二、第三章由宋驰、高蕴梅、王雅戈撰写,第四章由郝建华、王雅戈撰写,第五章由韩晓磊、郝建华撰写,第六章由周自强撰写,第七章由张涛、郝建华撰写,第九章由陈国奇、宋驰、郝建华撰写,第十一章由王雅戈撰写。全书由郝建华、王雅戈统稿。

本教材的修订获得常熟理工学院重点教材项目和 2019 年江苏省高校"青蓝工程"生物工程专业优秀教学团队经费资助,在此表示诚挚谢意!

编　者
2021 年 10 月

目 录

第一章 文献检索基础

第一节 文献信息的相关概念 ……………………………………………………… 1
第二节 科技文献的主要类型 ……………………………………………………… 2
第三节 科技图书的分类 …………………………………………………………… 12
第四节 文献检索的方法与途径 …………………………………………………… 14

第二章 国内重要专业文献资源检索

第一节 中国知网（CNKI） ………………………………………………………… 30
第二节 万方数据知识服务平台 …………………………………………………… 35
第三节 读秀学术搜索 ……………………………………………………………… 37
第四节 专利文献检索 ……………………………………………………………… 40
第五节 学位论文检索 ……………………………………………………………… 42
第六节 标准文献的检索 …………………………………………………………… 42
第七节 国内其他文献主要数据库列表 …………………………………………… 43

第三章 国外重要专业文献资源检索

第一节 SpringerLink 图书和期刊 ………………………………………………… 45
第二节 ScienceDirect—Elsevier 电子期刊全文数据库 ………………………… 47
第三节 EBSCO 全文期刊数据库 ………………………………………………… 48
第四节 IEL 数据库 ………………………………………………………………… 51
第五节 Web of Science …………………………………………………………… 54
第六节 EI 数据库 …………………………………………………………………… 58
第七节 PubMed 数据库 …………………………………………………………… 60
第八节 百链云 ……………………………………………………………………… 63

第九节　国外其他文献主要数据库 …… 64

第四章　文献管理

第一节　NoteExpress …… 65
第二节　知网研学平台 …… 75
第三节　其他参考文献管理软件 …… 78

第五章　科技论文格式规范和写作要求

第一节　科技论文的定义和分类 …… 81
第二节　科技论文的格式规范 …… 85
第三节　科技论文写作的基本要求 …… 86
第四节　文献综述的写作 …… 102

第六章　工科毕业设计

第一节　毕业设计的基本流程 …… 110
第二节　方案设计 …… 111
第三节　计算与校核 …… 111
第四节　仿真与实验 …… 113
第五节　设计与表达 …… 114
第六节　毕业设计实例 …… 119

第七章　参考文献的标注和著录

第一节　参考文献的作用及重要性 …… 127
第二节　参考文献的引用原则 …… 128
第三节　参考文献的标引方法 …… 128
第四节　参考文献的著录方法 …… 132

第八章　科技论文中的图表

第一节　如何设计有效的表格 …… 141

第二节　如何设计有效的插图 …………………………………………………… 146
第三节　Excel 中图表制作与处理 ……………………………………………… 149
第四节　使用和制作图表的一些参考原则 ……………………………………… 160

第九章　试验设计与实验数据分析

第一节　试验设计与实验数据分析基础 ………………………………………… 161
第二节　试验设计 ………………………………………………………………… 162
第三节　实验数据分析 …………………………………………………………… 172

第十章　毕业论文答辩及学术论文发表

第一节　毕业论文答辩 …………………………………………………………… 198
第二节　学术论文发表 …………………………………………………………… 205

第十一章　学位论文内容索引编制

第一节　学位论文内容索引概述 ………………………………………………… 211
第二节　学位论文内容索引的编制方法 ………………………………………… 212
第三节　学位论文创新内容索引的编制 ………………………………………… 221
第四节　学位论文内容索引平台的应用 ………………………………………… 224

参考文献 …………………………………………………………………………… 226

附录一　中图分类法（简表） …………………………………………………… 230

附录二　科技文献资源常用网址 ………………………………………………… 233

索　引 ……………………………………………………………………………… 235

第一章 文献检索基础

第一节 文献信息的相关概念

信息有广义和狭义之分，它是客观世界的存在经过大脑加工后展现的形式，如各类信号、消息、情报、广告等。秋天树叶变黄、花开花败、果实由绿变黄、馒头面包久置发霉等现象属于信息。

知识是指人类对各种信息的加工深化。人们通过观察研究，了解了一些信息可能的因素和解决方法是什么，就成了知识。如秋天树叶变黄是由于叶肉细胞中的叶绿素降解引起的；花开是为了传粉受精，花败是由于种子的发育、植物激素的变化引起的；果实由绿变黄是由于幼果中存在叶绿体，随着果实的成熟，这些叶绿体转化为了有色体；馒头面包久置发霉是上面长了根霉菌的缘故。

文献的概念更加专业，它是记录信息、知识的一切载体。文献记载到各种媒体上，之后保存或发布于各种媒体上，如期刊、图书、电子数据库等。

文献由知识内容、信息符号和载体材料三个不可分割的基本要素构成。知识内容是文献的灵魂所在。信息符号，即赖以揭示和表达知识信息的标识符号，如文字、图形、数字、代码、声频、视频等。载体材料，即可供记录信息符号的物质材料，如龟甲兽骨、竹木缣帛（双丝的细绢）、金石泥陶、纸张、胶片胶卷、穿孔纸带、磁带磁盘、光盘、电子计算机、网页等。

文献有存储知识、传递知识和教育娱乐三项基本功能。文献是知识的物质存在形式，是积累和保存知识的工具，人类所有的认识成果只有通过记录于文献，才能得以保存和流传。文献能帮助人们克服时间与空间上的障碍，传递和交流人类已有的知识和经验，促进知识信息的增加和融合。通过阅读文献，人们可以获取科学文化知识、掌握专业技能、提高认识水平，还可以娱乐消遣、陶冶情操、丰富精神生活、提高创造能力。

除了信息、知识和文献外，还有与之相关的另外两个概念，即智慧和情报。

智慧是指创造性地处理和解决问题的能力。

情报是指为一定的目的所采集的、有一定的使用价值的知识或信息。情报具有竞争性、传递性、效益性和保密性。

综上所述，知识来源于信息，知识中一部分是文献，另一部分是情报。

信息、知识、文献、智慧和情报之间的关系可用图1-1表示。

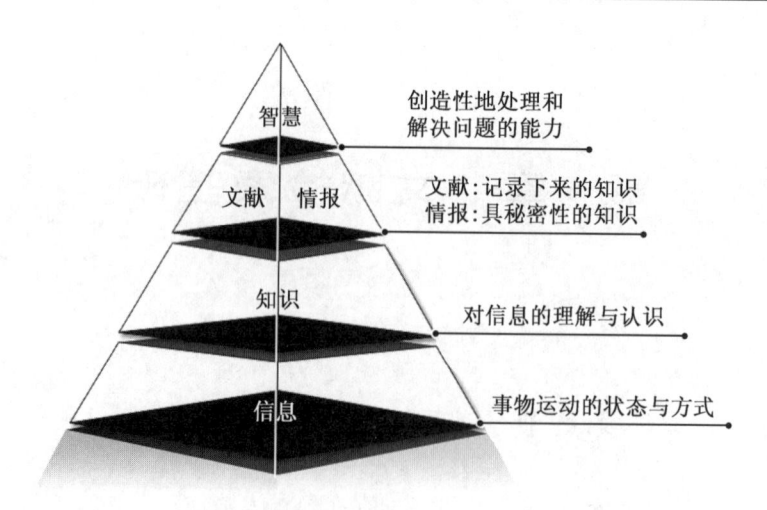

图1-1 与文献相关的几个概念之间的关系

第二节 科技文献的主要类型

一、按出版类型划分

（一）科技图书

科技图书大多是对已发表的科研成果、生产技术和经验，或者某一知识领域进行系统论述或概括的图书。它往往以期刊论文、会议论文、研究报告及其他第一手资料为基本素材，经过作者的分析、归纳、重新组织编写而成。不少科技图书的内容还包括一些从未发表过的研究成果或资料。

科技图书的特点是：内容比较系统、全面、成熟、可靠，有一定的新颖性，但有时撰写、出版时间较长，传递信息的速度较慢。科技图书是综合、积累和传递科技知识，教育和培养科技人才的一种重要手段。它可以帮助人们比较全面系统地了解科学技术在特定领域中的历史和现状，可以将人们领入自己所不熟悉的领域，还可以作为一种经常性的查考工具。

识别图书的主要依据有：书名、著者、出版地、出版社、出版时间、总页数、国际标准书号（ISBN）等。

科技图书又可分为两大类型。

1. 阅读性图书

阅读性图书给人们提供各种系统、完整、连续性的信息，供人们学习，包括教科书、专著、一般生产技术图书、论文集、科普图书等。

（1）教科书

教科书，也叫教材、课本。教科书是依据教学大纲编写的教学用书，是教师进行教学、学生进行学习、考核教学成绩、检验学习成绩的教学用书。它根据各学科教学大纲编写，需经过有关专家审定，刊载的知识比较成熟可靠，有较强的系统性、严密性和逻辑性。

（2）专著

专著是在对某学科领域、专题或某方面问题进行较为深入系统研究的基础上，撰写的专业性、探索性、理论性或应用性较强、有独到学术见解的专门著作。

（3）科普图书

科普图书指以非专业人员为阅读对象，以普及科学技术知识、倡导科学方法、传播科学思想、弘扬科学精神为目的，在新闻出版机构登记、有正式书号的科技类图书，具有图文并茂，通俗易懂和有趣等特点。

（4）论文集

论文集是由作者的多篇论文或报告汇辑而成的图书。

2. 参考工具书

包括百科全书、大全、年鉴、手册、辞典、指南、名录、图册等。参考工具书给人们提供各种经过验证和浓缩的、离散性的信息，供人们解决疑难问题使用。它们都是重要的情报来源，有其各自的用途，其内容可能是数据、事实、表格、图解，也可能是文章，按一定的顺序编列，并有详细的索引，以便人们迅速查到其中的某些内容。

（二）科技期刊

期刊是指有固定的名称，有统一的出版形式和装帧，有一定的出版规律，每年至少出一期，每期载有不同作者写的文章，至少两篇以上，按一定的编号顺序连续出版的一种出版物。

科技期刊是随着近代科学的产生而出现的一种文献类型。它已有300多年的历史，其发展速度之快，类型之多，作用之大，是其他文献类型无法比拟的。据《中国出版年鉴2020》统计，2019年全国自然科学、科技类期刊共有5 062种。由于科技期刊具有品种多、数量大、内容新颖、出版周期短、发行面广、连续性强等特点，所以它在科技文献中占有非常突出的地位，是传播科技信息的重要工具。有人统计，在科技人员所用的全部科技信息中，科技期刊提供的约占70%。有人称赞科技期刊是"整个科学史上最成功的、无处不在的科技情报载体"。

1. 期刊识别依据

期刊识别依据主要有期刊名称，期刊出版的年、卷、期，国际标准刊号（ISSN）和国内统一刊号等。期刊名称是相对固定的，但随着科学技术的进步，名称也可能相应更改。如《植物生理与分子生物学学报》1964年创刊时名为《植物生理学报》，2002年起改为《植物生理与分子生物学学报》，2008年起改为英文版的 *Molecular Plant*。ISSN 是 International Standard Serial Number（国际标准连续出版物编号）的缩写，是根据国际标准 ISO3297 制定的连续出版物国际标准编码，其目的是使世界上每一种不同题名、不同版本的连续出版物都有一个国际性的唯一代码标识。ISSN 由 8 位数字分两段组成,如 1674—3466,前 7 位是期刊代号,末位是校验号。期刊名称更改后,其 ISSN 号需要相应更改。如《植物生理与分子生物学学报》的 ISSN 为 1671—3877,更名前的《植物生理学报》的 ISSN 为 0257—4829,更名后的 *Molecular Plant* 的 ISSN 为 1674—2052。原《植物生理学通讯》(ISSN 为 0412—0922),2011 年更名为《植物生理学报》,其 ISSN 为 2095—1108,与原来的《植物生理学报》同名不同号。类似的例子还有《植物学报》(原《植物学通报》)等等。

国内出版的正式期刊,都有国内统一刊号,它以中国国别代码"CN"为识别标志,由报刊登记号和《中图法》分类号组成,如《机械工程学报》的国内统一刊号为 CN11—2187/TH。其中"CN"是中国国别代码,CN 后面的两位数字代表各省(区、市)区号,如 CN11 为北京发行的期刊,CN32 为江苏发行的期刊。2187 是由报刊登记所在的省、自治区、直辖市新闻出版行政管理部门分配的号码。TH 为分类号,用以说明报刊的主要学科范畴。分类号以《中国图书分类法》的基本大类给出,如 O 代表数理化学科,Q 代表生物学,R 代表医学,T 代表工程学,TH 为机械、仪表工业类,详见附录一中图分类法。

国内正式期刊都包含有国际标准刊号(ISSN)和国内统一刊号两部分。目前市场上有一些非法期刊,它们只有 ISSN 国际刊号而无国内统一刊号,或者印有"CN(HK)""CNXXX(HK)/R"等不合法的国内统一刊号,应加强识别并可向公安机关反映或举报。

期刊的卷号一般是指期刊从创刊年度开始按年度顺序逐年累加的编号,期刊的期号是指一个年度中依时间顺序发行的期数的编号。例如《电子测量与仪器学报》1997 年 12 月出版的一期为第 11 卷第 12 期,这里的 11 为卷号,12 为期号。1997 年 12 月出版的为 12 期,表明其为月刊。

期刊起止页是指每篇论文的第一页和最后一页。

2. 期刊的类型

从不同的角度进行划分,期刊可以分为不同的类型。

① 按出版周期可分为:日刊、周刊、旬刊、双周刊、半月刊、月刊、双月刊、季刊、年刊等。

② 按照科技期刊报道的内容和读者对象划分可分为:学术性期刊、科普性期刊、教学辅导性期刊、检索性期刊、资料性期刊、技术性期刊、行业性期刊等。

③ 按照期刊内容加工处理的深度不同分,可分为一次文献期刊、二次文献期刊以及三次文献期刊。

④ 按照学科性质可以划分为:社会科学期刊、自然科学期刊、应用技术期刊和综合性期刊。

⑤ 按照载体形式划分可分为:印刷型期刊、缩微型期刊、机读型期刊、视听型期刊、光盘型期刊、电子期刊等。

3. 几种主要的科技期刊

按照科技期刊所刊载的内容,科技期刊一般分为五大类:综合性科技期刊、学术性科技期刊、技术性科技期刊、检索性科技期刊和科普性科技期刊。

(1) 综合性科技期刊

主要刊登国家科技发展战略、方针政策、法律法规、预测评价、管理动态或某一科学技术领域中多学科专业的研究成果和发展动态等方面内容的论文。其特点是政策性、指导性和业务性强,适合科技领导干部和管理干部、科研人员和技术人员阅读,如《中国基础科学》《科技导报》《高技术通讯》等。

（2）学术性科技期刊

主要刊登具有学术研究性质的研究报告、学术论文、综合评述等方面内容。其特点是学术性、理论性、专业性强，反映各学科的前沿研究成果。此类期刊的信息量大，情报价值高，是科技期刊的核心部分，适合中高级科技人员、科研管理干部、高等院校教师和学生阅读。

学术性科技期刊的刊名中常出现"Acta"（学报）、"Journal"（会志、杂志）、"Transactions"（会刊）、"Proceedings"（进展、院报）、"Bulletin"（通报、公报）等字样。学术性科技期刊的例子如《北京大学学报》、《科学通报》、《中国科学》（系列期刊）、《软件学报》、*Acta Genetica Sinica*（遗传学报）、*Chemical Engineering Transaction*（化学工程会刊）、*Proceedings of the National Academy of Sciences of the United States of America*（美国国家科学院院报）和 *Epidemiological Bulletin*（流行病学通报）等。

在学术性期刊中，有一类期刊专门登载综述、述评性论文，期刊名称中常有进展、评论等，这类期刊常被称为综述性期刊，如《化工进展》、*Chemical Reviews*（化学评论）、《物理学进展》《生命科学》《气象科技进展》《资源信息与工程》等。

（3）技术性科技期刊

主要刊登具有技术创新性的技术、工艺、设计、材料等方面内容，同时也刊登少量的学术论文。其特点是技术性、专业性、实用性强，如《航空制造技术》《航空精密制造技术》等。

（4）检索性科技期刊

有关学术机构、图书馆或出版编辑单位为了帮助科技人员从浩如烟海的文献中查到所需文献，编辑出版有各种检索性期刊。期刊主要刊登的是对原始科技文献进行加工整理后，根据一定著录规则编辑而成的题录、文摘、简介、索引等方面的内容。由于检索性期刊专门登载二次文献，是报道、查找文献线索的工具，因此我们也称它为检索工具。如 *Chemical Abstracts*（CA）、*Biological Abstracts*（BA）、*Abstracts of Chinese Geological Literature*、《中国地质文摘》和《中国医学文摘（内科学分册）》*China Medical Abstracts*（*Internal Medicine*），等等。

（5）科普性科技期刊

主要刊登科普知识论文。其特点是内容浅显，体裁多样，图文并茂，通俗易懂，适合各类人员阅读。这类期刊以学生、非专业领域人员和业余科技爱好者为对象，以普及科学技术知识为宗旨，如《航空知识》《中国国家地理》《电脑爱好者》和《生命世界》等。

4．电子期刊

电子期刊是指以电子（或称数字）形式出版发行的期刊，英文简称"E-journal"。

按照载体形式，电子期刊可以分三大类：磁盘期刊、光盘期刊、网络期刊。前两种指以电子方式存储内容，以磁盘或光盘为载体发行的电子期刊。网络期刊是指以网络为载体和传播渠道的电子期刊。目前的电子期刊多指网络期刊。

网络期刊可分为两类：一类是编辑、发行、订购、阅览的全过程都在网络中进行，从开始创刊起，就只有电子版本，无印刷版本，完全依托计算机、网络和通信技术编辑、出版和发行。如 PLoS 期刊、Scientific Reports 等近年来涌现的大批网络开放存取期刊（Open Access Journals）。另一类是将印刷期刊数字化并上网发行的电子期刊，其主要内容与印刷版相同，但利用网络和计算机技术增加了很多服务功能，如文本链接、交互式服务、相关学科介绍等。目前,我国网络电子期刊大多属于后者,如清华同方的《中国期刊全文数据库》、万方数据库数字化期刊系统、重庆维普的《中文科技期刊数据库》、龙源期刊网等。国外的如《科学》杂志的电子版《科学在线》(Science Online)、Nature 系列的电子版等。

5. 专业核心期刊

专业核心期刊是指刊载该专业论文数量较大(信息量较大)、学术水平较高的,能反映本学科最新研究成果及本学科前沿研究状况与发展趋势的,受该学科专业读者重视的期刊。

目前,对国内期刊进行文献计量学分析和评价并提供期刊影响因子的有四个机构,以下就各机构在这方面的工作进行简要介绍。

(1) 中国科学引文数据库(CSCD)(中国科学院文献信息中心)

中国科学引文数据库收入我国数学、物理、化学、天文学、地学、生物学、农林科学、医药卫生、工程技术、环境科学和管理科学等领域出版的中英文科技核心期刊和优秀期刊近千种,其中又包括核心库期刊(备注栏中标记为 C)和扩展库期刊(备注栏中标记为 E)两部分,被誉为"中国的 SCI"。

该数据库对收录期刊的影响因子进行了排名(主要是影响因子排名在前 300 名的期刊)。

(2)《中国科技论文统计源期刊》与《中国科技期刊引证报告》(中国科技信息研究所与万方数据库)

《中国科技论文统计源期刊》(又称"中国科技核心期刊")是中国科技信息研究所(ISTIC)受国家科技部委托,按照美国科学情报研究所(ISI)《期刊引证报告》(JCR)的模式,结合中国科技期刊发展的实际情况,每年确定一千余种中国出版的科技期刊作为统计源期刊,选择了总被引频次、影响因子、平均引用率、基金资助论文比例等十几种期刊评价指标,利用中国科技论文与引文数据库十几年积累的数据,每年编辑出版一本《中国科技期刊引证报告》。该引证报告给出了国内 1 000 余种期刊的影响因子(各年度有差异)。

另外,中国科技信息研究所与万方数据库对我国 6 000 余种期刊的文献计量指标进行了统计分析,同时,给出了这些期刊的影响因子。

(3) 北大中文核心期刊

北大核心是北京大学图书馆为主,联合各方面专家对学术期刊进行甄选的一种形式。北大核心期刊每四年由北大图书馆评定一次,并出版《北大核心期刊目录要览》一书。被列入该目录中的期刊,被认为是学术水平较高、影响力较大的期刊。《中文核心期刊要目总览》已于 1992、1996、2000、2004、2008、2011、2014、2017、2020 年各出版过九版。目前最新的 2020 年版,即第九版《中文核心期刊要目总览》采用了定量评价和定性评价相结合的分学科评价方法。

二维码 1-6
扫一扫可见
"北大核心期刊
2020 版目录"

(4) 三高论文和中国科技期刊卓越行动计划入选期刊

科技部于 2020 年 2 月印发的《关于破除科技评价中"唯论文"不良导向的若干措施(试行)的通知》提出,鼓励发表高质量论文,包括发表在具有国际影响力的国内科技期刊、业界公认的国际顶级或重要科技期刊的论文以及在国内外顶级学术会议上进行报告的论文(简称"三高论文")。《通知》又指出,具有国际影响力的国内科技期刊参照中国科技期刊卓越行动计划入选期刊目录确定;业界公认的国际顶级或重要科技期刊、国内外顶级学术会议由本单位学术委员会结合学科或技术领域选定。

中国科技期刊卓越行动计划由中国科协、财政部、教育部、科技部、国家新闻出版广电总局、中国科学院、中国工程院等七部门于2019年9月正式启动实施。同年11月,中国科技期刊卓越行动计划办公室发布《关于下达中国科技期刊卓越行动计划入选项目的通知》,《分子植物》《工程》等285个项目入选。在此基础上,中国科技期刊卓越行动计划办公室于2020年和2021年又增补了两批高起点新刊项目。详细入选项目名单可在中国科学技术协会等网页上查阅,或扫描本章二维码1-7(中国科技期刊卓越行动计划入选项目和高起点新刊项目名单)。

(5) 分领域高质量期刊分级目录

为形成全面客观反映国内外期刊学术水平的评价标准,在中国科协的统一部署下,国内各大学会、协会、组织机构通过科技工作者推荐、专家评议、结果公示等规定程序,从2020年起,发布了分领域科技期刊分级目录。每个学科领域的期刊分为T1级、T2级和T3级三个级别,T1类表示已经接近或具备国际一流期刊,T2类是指国际知名期刊,T3类指业内认可的较高水平期刊。详细的分领域期刊分级目录,可在各大学会或组织机构(如中华医学会、中国电机工程学会、中华中医药学会、中国自动化学会、中国地理学会、中国地质学会、中国农学会、中国植物学会等)的网页上查阅。截至2020年度的分领域高质量期刊分级目录可扫描二维码1-8查看。

(三) 会议文献

指在各种学术会议上交流的论文、报告等。级别有国际、全国、省级、地区级等。

该类出版物的形式:会议论文集(文摘型和全文型)、现场报告、墙报。

(四) 科技报告

也称研究报告,是指科研成果的总结或研究过程中的实际记录。如各类纵向项目和横向项目的结题报告等。

(五) 学位论文

是指高等学校或研究机构的学生为取得某种学位,在导师的指导下撰写并提交的学术论文,分博士学位论文、硕士学位论文、学士学位论文等。

（六）专利文献

1. 专利文献定义

广义的专利文献是各国专利局及国际专利组织在审批专利过程中产生的官方文件及其出版物的总称。作为公开出版物的专利文献主要有：专利说明书、专利公报、专利索引等。狭义的专利文献仅指专利说明书。

专利说明书即发明者为了获得某项发明的专利权，在申请专利时向专利局呈交的有关该发明的详细技术说明书。专利说明书详细描述了该项发明的目的、用途、特点、效果及采用何种原理与方法等。专利说明书是专利文献的核心，其主要作用一是公开技术信息，二是限定专利权的范围。任何专利信息用户在检索专利文献时，最终要获取的也是这种全文出版的专利文件。目前各国专利说明书的内容已逐渐趋于一致，并形成了固定的格式，一般可由三部分构成，即扉页、权利要求书和正文。

与一般文献相比，专利文献具有及时性、新颖性、详尽性、系统性、实用性、可靠性等特征，它既是技术文件又是法律文件，是重要的技术经济信息来源。

2. 专利的种类

包括发明专利、实用新型专利和外观设计专利。

（1）发明专利

指对产品、方法或其改进所提出的新的技术方案。发明专利具有创造性、先进性和实用性的特点。发明专利保护期限为 20 年。

（2）实用新型专利

对产品的形状、构造或者其组合所提出的适于实用的新的技术方案。实用新型专利只保护具备一定形状的物品发明，它的创造水平低于发明专利，但实用价值较大，保护期限为 10 年。

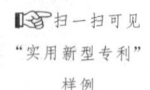

（3）外观设计专利

指对产品的形状、图案、色彩或其结合上所做出的富有美感并适于工业应用的新设计。其保护对象是产品的装饰性或艺术性外表设计，此种专利鼓励人们不断地为各种产品设计出美观的新式样，保护期限为 10 年。

以上三种类型的专利，发明专利与实用新型专利是主要的，占到专利的 90% 以上。发明专利的技术水平最高，审查期限长，授权慢。实用新型专利和外观设计专利技术含量低，只需进行形式审查，授权快，但经济价值却不一定小。在我国，实用新型专利的申请量最大。

对于三种专利在实际生活中的应用，我们可以举例来说明。例如，当电子表刚问世时，它与原有的机械表相比是一种完全不同的技术，所申请的就是发明专利。如有人将电子表增加了秒表、报时、计算器等其他功能，所申请的就是实用新型专利。如果把电子表做成圆形、方形等外观形状或对其色彩进行设计，所申请的则可称为外观设计专利。

（七）标准文献

标准是对产品、工程及其他技术基础上的质量、品种、检验方法及技术要求等所做的统一规定，是有关方面共同遵守的技术依据和准则。

标准文献是反映标准的技术文献，是一种经权威机构批准的规章性文献，具有一定的法律约束力和一定的有效时间，需要随着技术发展而不断地修订、补充或废除，更新比较频繁。广义的标准文献指包括标准原始文件的一切标准化的书刊、目录和手册等。狭义的标准文献仅指"标准""规范""技术要求"等标准原始文件。

标准文献的类型：

按使用范围可分为国际标准、地区标准、国家标准、行业标准和企业标准；

按内容可分为产品标准、检验标准、基础标准、方法标准和安全标准；

按其成熟度可分为试行标准、推荐标准和法定标准等。

按标准的层次，将标准分为强制性标准(GB)、推荐性标准(GB/T)和国家标准指导性技术文件(GB/Z)等。

（八）技术文档

技术文档主要指一些非公开的文献，如企业的技术文件资料、图纸、设计制造检测标准等。技术文档大体上可分为两类，一类是企业在开发过程中要用到的研发文档，另一类是给客户看的客户文档。

二、按加工深度划分

文献因加工深度不同可分为以下4个层次。

（一）零次文献

零次文献指未经出版发行的或未进入社会交流的最原始的文献，如私人笔记、底稿、手稿、个人通信、工程图纸、考察记录、实验记录、调查稿、原始统计数字、技术档案、未经记载或出版的谈话、未经出版的会议论文或摘要集、电子邮件等。此类文献与一次文献的主要区别在于其记载的方式、内容的价值以及加工深度有所不同。其主要特点是不公开交流，难以获得。

（二）一次文献

一次文献指以作者本人的研究成果为依据而创作的原始文献，不论撰写时是否参考或引用了他人的资料，也不论其载体或出版类型如何。一次文献也常被称作原始文献，Research paper 或 Original literature 等。如期刊上的原始研究论文、技术性论文、大部分学位论文、科技报告、专利说明书、技术标准等。一次文献是人们学习参考的最基本的文献类型，也是最主要的文献情报源，是产生二、三次文献的基础，是文献检索和利用的主要对象。一次文献具有创造性的特点，参考价值大，但数量庞大、分散。

(三) 二次文献

二次文献是指对一次文献及三次文献进行加工整理的产物,如书目、题录、文摘等检索工具或文献型数据库以及书后索引等。此类文献将分散的、无组织的、各种形式的一次文献或三次文献予以系统化、条目化,帮助人们在较少时间内获得较多的文献信息,从而成为检索文献的"工具"。它具有报道性、检索性、汇编性和简明性的特点。例如,当读者进入图书馆借阅图书时,所使用的书目检索系统就是一种二次文献(如图 1-2)。

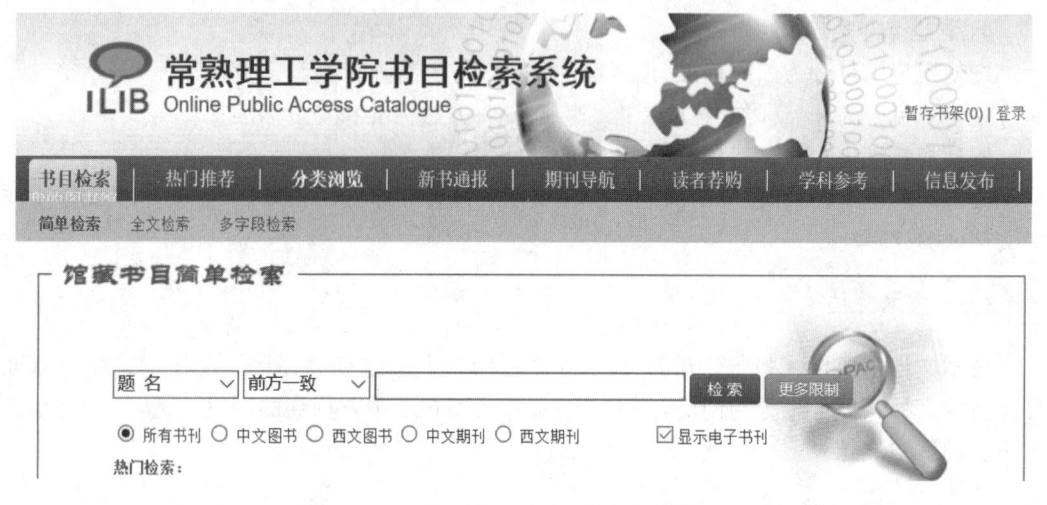

图 1-2 二次文献——书目检索系统界面图

著名的科学引文索引(SCI)、工程索引(EI)、科学技术会议录索引(ISTP)、CALIS 西文期刊目次库、PubMed 等都属于二次文献电子数据库。BA 和 CA 等检索性期刊也属于二次文献。

(四) 三次文献

三次文献指针对某一专题,利用二次文献作为检索工具,系统地检索出一批相关的文献(其中既有一次性文献,又有三次文献),在此基础上,运用科学方法和专业知识进行深入的筛选、分析、研究后重新加工、撰写的文献。

二维码 1-17
扫一扫可见"三次文献"样例

三次文献主要包括三种类型:一是综述研究类,如专题述评、总结报告、动态综述、进展通讯、信息预测、未来展望等。综述和评述性期刊以及科普性期刊上刊登的大多数论文,都属于三次文献。二是参考工具类,如年鉴、手册、百科全书、词典、大全等,如《中国冶金百科全书》。三是文献指南类,如索引与文献服务目录、书目之书目、工具书目录等。

在上述四个级别的文献分类中,零次文献由于没有进入出版、发行和流通渠道,收集利用十分困难,一般不作为我们利用的文献类型。而后三种文献是一个从分散的原始文献到系统化、密集化的过程。一般来说,一次文献是基础,是检索利用的对象。二次文献是检索一次文献和三次文献的工具，故又称之为检索工具。三次文献是利用二次文献作为检索工具，将一次文献以及三次文献内容经过阅读、分析、整理和概括而编成的文献，也是我们利用的一种重要信息源。各种文献类型及科技文献加工层次结构如图1-3所示。

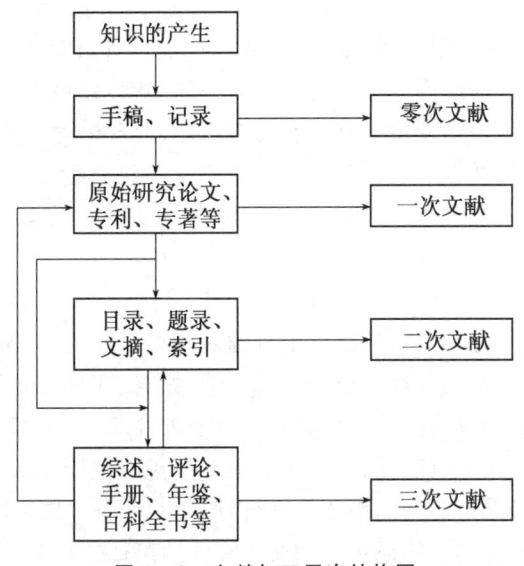

图1-3 文献加工层次结构图

三、按文献载体划分

文献依其载体的物理形态可分为五种类型，即纸介型、缩微型、声像型、电子型和多媒体文献。

（一）纸介型文献

纸介型文献是传统的文献形式，以纸张为记录与存储介质，以手写、打字、印刷、复制等为记录手段。它又可分为手抄型、印刷型和复制印刷型三种。手抄型文献是以手写为记录手段形成的一类文献，如古籍文献、抄本、未经付印的手稿以及技术档案之类的资料。印刷型文献是通过打印、铅印、油印、胶印等手段，将知识固化在纸介上而形成的一类文献，如图书、期刊以及各种印刷资料等。这是一种历史悠久的传统文献形式，是文献信息传递的主要载体。复制印刷型，指通过复印机和扫描仪等仪器设备，将印刷型原件进行复印或扫描后打印所形成的照相复印品，常用于手稿、档案资料、工作文稿等小批量加工即可满足需要的复制品。

纸介型文献传递知识方便灵活、广泛，保存时间相对较长，具有便于阅读和流传等优点；缺点是存贮密度低，体积庞大，加上纸张的化学、物理特性，难以收藏保存。

（二）缩微型文献

缩微型文献是以感光材料为载体，通过光学摄影方式将文献的影像固化在感光材料上形成的一类文献，如缩微胶卷、缩微平片等。这类文献特点是体积小、信息密度高、轻便、易于传递、保存容易，可节省书库面积达90%以上；缺点是不能直接阅读，必须借助缩微阅读机才能阅读。

（三）声像型文献

声像型文献，也称作视听型文献。它是指通过特定设备，使用声、光、磁、电等技术将信息转换为声音、图像、影视和动画等形式而产生的一类文献，如唱片、录音（像）带、影视片、高密度存储的唱盘和视盘等。声像型文献具有直观真切、形象生动等优点。在科技活动中，人们常将科技研究过程和科技会议发言等通过声像型文献进行记载。通过这类资料的播放，可收到如见其形、如闻其声的真切效果。

（四）电子型文献

电子型文献，原称机读型文献，是指以键盘输入或光学字符扫描等为记录手段，并通过计算机对电子信息进行存取处理后生成的一类文献，如电子图书、电子期刊、网络数据库、电子新闻、光盘数据库产品、电传视讯、电传文本和电子邮件等。电子型文献具有存贮密度高，自动存取速度快，原有记录可以改变、抹去或更新等优点。电子文献的存贮、阅读和查找利用都需通过计算机，一般需要借助网络才能进行，所以对设备和网络的依赖性比较高。电子出版物的产生，被认为是人类在知识生产和交流方面的第四次革命。

（五）多媒体文献

多媒体是一种崭新的文献载体。它采用超文本或超媒体方式，把文字、图片、动画、音乐、语言等多种媒体信息综合起来，在内容表达上具有多样性与直观性，并且有人机交互的友好界面。因此，多媒体既属于电子型文献，也属于声像型文献。多媒体出版物在科技、教育、出版和新闻等领域正在得到日益广泛的应用。

第三节　科技图书的分类

一、《中国图书馆分类法》

《中国图书馆分类法》（简称《中图法》）是我国图书馆和情报单位普遍使用的一部综合性分类法。从1975年出版了第一版后，《中图法》已于1980年、1990年、1999年先后修订出版。目前最新版为2010年9月由国家图书馆出版社出版的第五版。

中图法是对文献进行分类的基本大法，各个图书馆和情报资料部门基本依据中图法对图书、期刊等文献进行分类和排架，我国各大文献数据库《中国科学引文数据库》《中国学术期刊综合评价数据库》以及数字化图书馆、中国期刊网等都要求学术论文按《中图法》标注中图分类号。

除《中图法》以外，目前我国常用的还有《中国图书资料分类法》（简称《资料法》），《资料法》是在《中图法》的基础上，由中国科学技术信息研究所会同有关单位，根据科学技术文献资料的需要，适当修订而成。《资料法》在体系结构、类目设置和标记符号等方面，都与《中图法》保持一致。

国外文献分类法的种类很多,其中主要的大型综合性图书分类法为《国际十进分类法》(Universal Decimal Classification)(简称 UDC)。《国际十进分类法》最初发表于 1905 年,一直由国际文献联合会负责修订,其重点放在科学与技术各类,有目的地按类扩充细目,独立分编成册,专门供图书馆和科技情报部门使用。我国科技情报界曾在 20 世纪 50—60 年代推广使用 UDC。

二、中图分类号

中图分类号是指采用《中国图书馆分类法》对科技文献进行主题分析,并依照文献内容的学科属性和特征,分门别类地组织文献所获取的分类代号。

依据中图法,首先将图书分为:马列主义、毛泽东思想,哲学·宗教,社会科学,自然科学和综合五大部类 22 基本大类。在各大类下,采用汉语拼音字母与阿拉伯数字相结合的混合号码,给予各个学科文献特定的号码。中图分类号用一个字母代表一个大类,以字母顺序反映大类的次序,在字母后用数字作标记。为适应工业技术发展及该类文献的分类,对工业技术二级类目,采用双字母。

中图分类号的五大部类、22 大类如图 1-4 所示。

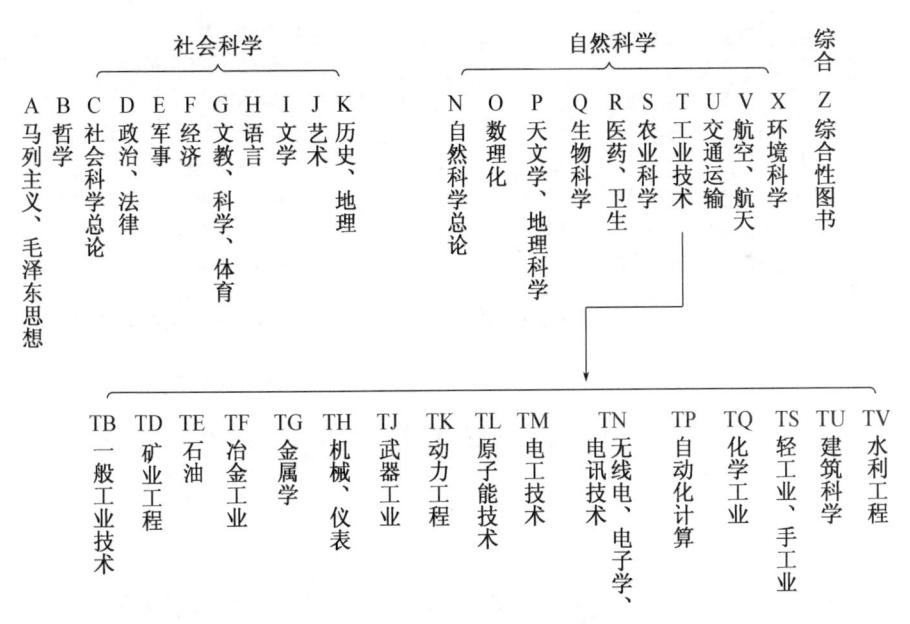

```
                社会科学                              自然科学                综合
A   B   C        D   E   F   G        H   I   J   K   N    O    P    Q    R   S   T   U   V   X   Z
马   哲  社       政   军  经  文       语  文  艺  历   自    数    天   生   医  农  工  交  航  环  综
列   学  会       治   事  济  教       言  学  术  史   然    理    文   物   药  业  业  通  空  境  合
主       科       、           、                    、   科    化    学   科   、  科  技  运  、  科  性
义       学       法           科                    地   学          、   学   卫  学  术  输  航  学  图
、       总       律           学                    理   总          地        生              天      书
毛       论                    、                         论          理
泽                             体                                    科
东                             育                                    学
思
想

                                        TB  TD  TE  TF  TG  TH  TJ  TK  TL  TM  TN   TP   TQ  TS  TU  TV
                                        一   矿  石  冶  金  机  武  动  原  电  无    自   化   轻  建  水
                                        般   业  油  金  属  械  器  力  子  工  线    动   学   工  筑  利
                                        工   工       工  学  、   工  工  能  技  电    化   工   业  科  工
                                        业   程                仪   业  程  技  术  、    计   业   、  学  程
                                        技                     表                术      算        手
                                        术                                        电                工
                                                                                  子                业
                                                                                  学
                                                                                  、
                                                                                  电
                                                                                  讯
                                                                                  技
                                                                                  术
```

图 1-4 中图分类号的部类和大类分类图

在各类下,又根据学科属性划分为更细的类目,并赋予相应的分类级别分类号。以 Q 生物科学和 Q94 植物学为例,将各级类目解释如下。

Q 生物科学 ·· 一级类目
Q1 普通生物学 ·· 二级类目
Q94 植物学 ·· 三级类目

Q944 植物形态学 ……………………………………………………… 四级类目
Q944.4 植物胚胎学(植物发生学) ……………………………………… 五级类目
Q944.48 世代交替 ………………………………………………………… 六级类目

图书分类号将文献以不同学科体系进行编排,并赋予相应的分类号。作为学习者,除重点关注本学科、本专业的分类号以外,还应该对相关的分类号有所了解。如以酿酒技术为例,除了 Q81 生物工程学(生物技术)类目下的发酵工程(Q815)(如图 1-5)以外,TS2 食品工业类目中的酿酒工业(TS261)(如图 1-6)也有与此直接相关的文献。

需要注意的是,中图分类法中的图书类目与学科分类、专业分类方法并不完全一致。如中图分类法中并没有单独列出食品类目,食品质量与安全、食品科学与工程等专业学生在图书馆中找不到明确标示有本专业的一大类书目。这就需要学习者用心积累,逐渐了解和掌握所学专业各知识体系相对应的图书分类号。

二维码 1-18
☞扫一扫可见
"食品质量与安全专业"
涉及的图书类目

Q81 生物工程学(生物技术)
　Q811 仿生学
　Q812 基因工程(遗传工程)
　Q813 细胞工程
　Q814 酶工程
　Q815 发酵工程(微生物工程酶)
　Q816 蛋白质工程
　Q819 生物工程应用

TS26 酿造工业
　TS261 酿酒工业
　　TS261.1 酿酒微生物
　　TS261.2 原料
　　TS261.3 机械与设备
　　TS261.4 酿酒工艺
　　TS261.7 产品标准与检验
　　TS261.8 制酒厂
　　TS261.9 副产品加工与利用
　TS262 各种酒及其制造
　TS264 调味品的生产

图 1-5　Q81 生物工程学(生物技术)类目图　　　图 1-6　TS2 食品工业类目图

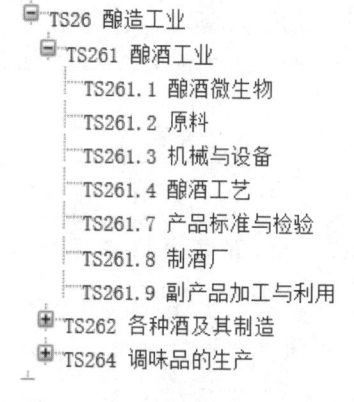

第四节　文献检索的方法与途径

一、文献检索的定义和作用

文献检索是对文献资料的查找与获得,是检索者运用一定的检索策略和方法获取文献的过程。文献检索以获取文献为目的,是从已存储的文献资源中搜索出与需求相匹配的文献的过程。文献检索的结果的优劣可从查全率、查准率、相关度和文献质量等方面来衡量。

文献检索具有继承和借鉴前人成果,避免科研重复劳动和节省时间及精力的作用。

二、文献检索工具

文献检索工具是指用以报道、存贮、查询文献信息及其线索的工具。按照不同的分类标

准可以将文献检索工具做出不同的分类,其中按照著录格式的不同可将检索工具分为以下几种类型:

(一) 目录型检索工具

文献的目录是对文献的外部特征的揭示,通常会揭示包括书(篇)名、著者、译者、出版者、出版时间、版本等文献的外部特征。如图书馆的书目检索系统就属于电子型目录检索工具(如图1-2)。读者可通过题名、作者、分类号等信息,借助计算机或移动设备进行文献检索。《全国总书目》《全国中文期刊联合目录》《青藏高原科技文献目录大全》等属于印刷型目录检索工具。

(二) 题录型检索工具

题录型检索工具是以单篇文献为基本著录单位来描述文献外部特征的文献记录,往往由一组著录项目构成一条文献记录,如文献题名、作者、文献来源、发表时间等。题录往往无内容摘要,是快速而精炼地报道文献信息的一类检索工具。题录与目录有区别也有联系。两者的主要区别在于著录的对象不同:目录著录的对象是单位出版物,如一本书或一本期刊;而题录的著录对象是单篇文献,如图书中的一章或一节、一本期刊中的一篇论文等。

题录的举例如下:

> 徐娟,邓秀新.红肉脐橙果肉中主要色素的定性及色素含量的变化[J].园艺学报,2002,29(3):203-208.
> 白书农.植物开花研究[G]//李承森.植物科学进展(第1卷).北京:高等教育出版社,1998:146-163.
> 郝建华,张昊.加拿大一枝黄花的传粉生物学研究[C]//中国植物学会.中国植物学会七十五周年年会论文摘要汇编(1933—2008).兰州:兰州大学出版社,2008:54-55.

(三) 文摘型检索工具

是将文献的重要内容进行简略而确切地摘述,并按照一定著录规则和排列方式系统编制而成的检索工具,如 *Biological Abstract*、*Chemical Abstract* 等。文摘型检索工具不仅包含文献的题录如篇名、作者、来源、发表时间等信息,还包括文献的摘要内容,使得文献检索者能从中概要性地了解该研究文献的研究方法、获得的重要研究结果和目的意义等。与目录和题录型工具相比,它既包含了文献的外部特征,也包含文献的内容特征,因此,在揭示文献的深度和检索功能方面更为优越(如图1-7)。

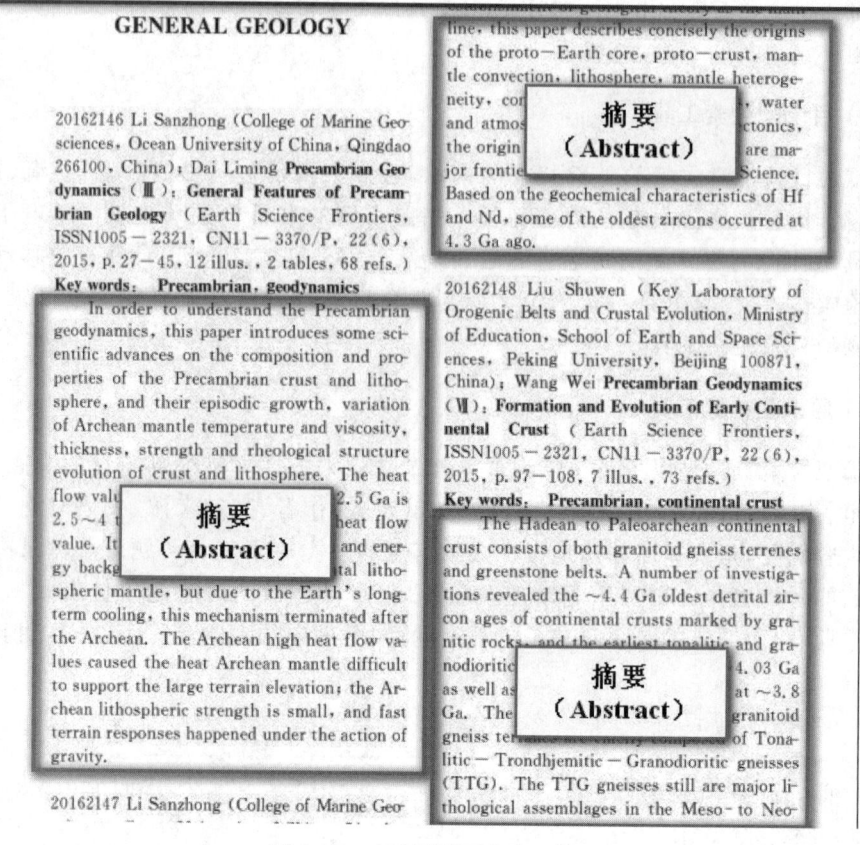

图 1-7　文摘型期刊内容示例

（四）索引型检索工具

索引型检索工具是根据研究的需要，把特定范围内的某些重要文献中的有关条目或知识单元标引出来，再按照一定的排列规则进行编排组织，为文献使用者提供文献检索的一种检索工具，如本书附录后的索引。

（五）文献数据库

随着计算机技术发展，原有的以印刷版为主的文献检索工具转化为以计算机、网络为主的信息检索系统或数据库，常用的文献检索数据库有文摘型数据库、全文型数据库、引文数据库、事实型数据库等。如 Web of Science（SCI）、Engineering Index（EI）和 PubMed 等为文摘型数据库，中国知网、读秀、万方数据、SpringerLink、Science Direct（Elseviwer）等数据库本身包含了文献原文，属于全文型数据库。有的文献数据库开发有相关的移动客户端，方便文献使用者利用手机或其他移动设备进行检索和阅读。中国知网的移动客户端为"全球学术快报"，读秀的客户端为"移动图书馆"。

三、检索字段

文献检索时，需要利用文献各种内外特征，作为检索出发点，从不同角度来检索文献信息。文献内外特征常见的有：篇名（或题名）、作者（文章的责任者）、机构（作者单位）、关键词、主题、摘要、引文（即参考文献）、基金、文献来源（出版社名称、刊名）、全文（或者全记录）、发表时间（或段）、学科分类（分类号）等。检索工具中常将上述特征作为检索项目，供检索者根据需要选用。这些检索工具中提供的用来匹配条件的特征项目即被称为检索字段或检索入口。以中国知网为例，其中的检索字段如图1-8所示。

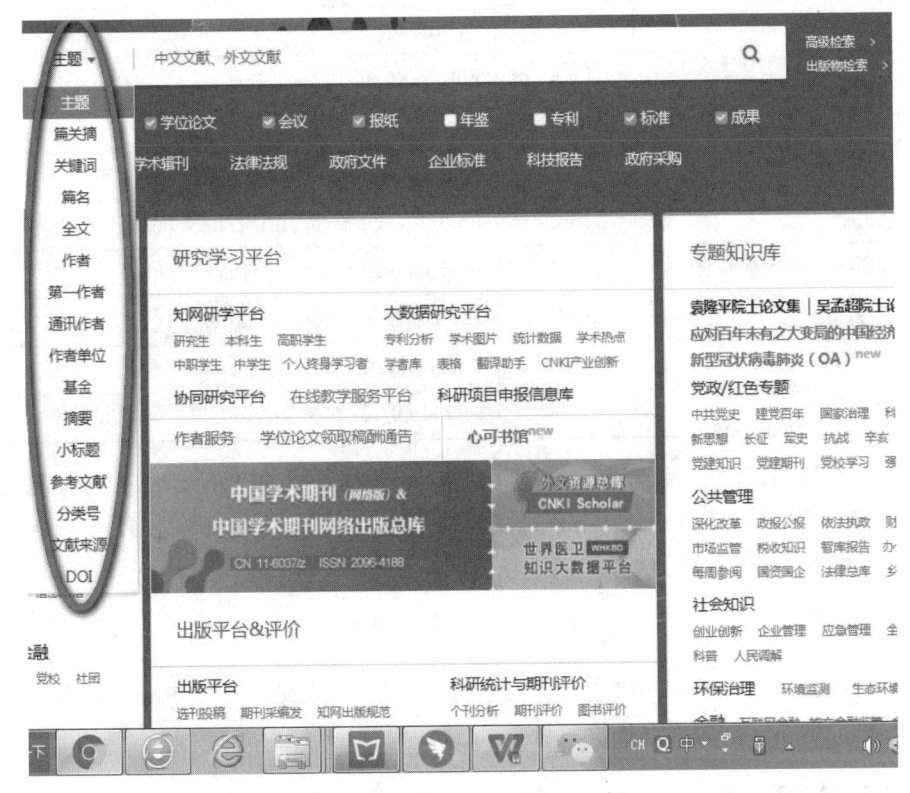

图1-8 中国知网检索字段示例

检索字段可分为基本检索字段和辅助检索字段两大类。基本检索字段是表述文献内部特征的一些字段，如题名（篇名，Title）、摘要（Abstract）、主题（Subject）、关键词（Keywords）、分类号等。其中的主题字段是用来表达和描述与研究主题相关的词语，它往往涵盖了题名、摘要和关键词等字段中的信息。关键词是原文献中提供的具有专业特征的术语。中国知网的检索字段中，设立了"篇关摘"检索字段，是指篇名、关键词和摘要中出现过的词语。辅助检索字段是描述文献外部特征的，比如作者（Author）、机构（Author Affiliation）、文献来源（Source Name或Source Title）、DOI等。其中的文献来源字段是指期刊的刊名、会议论文集的名称或图书的出版社名称等。DOI是数字对象标识符（Digital Object Identifier）的缩写，是对文献的数字信息进行标识的号码，被称为文献的"身份证"。DOI常用数字10开头，如10.11844/cjcb.2015.01.0218代表《中国细胞生物学学报》上的一篇期刊论文。现将中、外文数据库常用的检索字段总结于表1-1。

表1-1 中、外文数据库常用字段

中文数据库常用字段	外文数据库常用字段	
	字段代码	字段
主题	SU	Subject
篇名(题名)	TI	Title
关键词	KW	Key Words
摘要	AB	Abstract
全文	FT	Full Text
作者	AU	Author
作者单位(机构)	AF	Author Affiliation
国际标准书号	ISBN	International Standard Book Number
国际标准连续出版物编号	ISSN	International Standard Serial Number
文献来源	ST	Source Name 或 Source Title
出版年	PY	Publication Year
DOI	DOI	Digital Object Identifier

需要注意的是,各个文献数据库所设立的检索字段有时并不相同,同一字段有时也可能采用不同的字段代码表示。因此,在进行字段检索时,为了避免出现检索误差,应先看一下该数据库的使用指南或说明。

四、检索词

检索词是表达信息需求和检索课题内容的基本单元,也是与系统中有关数据库进行匹配运算的基本单元。检索词选择恰当与否,直接影响检索效果。

(一) 检索词的分类

1. 从词的性质来划分

根据检索词的性质,检索词可划分为以下四类:

(1) 表示主题的检索词,如标题词、单元词、叙词、关键词。

(2) 表示作者的检索词,如作者姓名、机构名等。

(3) 表示分类的检索词,如分类号。

(4) 表示特殊意义的检索词,如 ISBN、ISSN、引文标引词等。

2. 从语言的规范性来划分

根据语言的规范性,检索词可划分为以下两类:

(1) 受控词(controlled term),是经过规范化处理的检索语言,又叫人工语言,取自主题词表、叙词表、分类表等。如标题词、叙词等。

(2) 非受控词(uncontrolled term)，是指非规范化的自然语言，如关键词。

(二) 检索词的选择和确定

检索词是信息检索中最重要的元素，直接影响检索结果。如何选择和确定正确的检索词，是实际检索中的重要课题之一。以下几种方法，可以作为选择和确定检索词的参考。

1. 提取课题中必须满足的显性概念，并尽量拆分成最小单元

实际检索中选择和确定检索词时，应找出能表达主要检索特征的显性概念，并尽量拆分成最小单元。如"响应面法优化金乌贼眼透明质酸的提取工艺"这一课题中，检索时可将显性概念拆分为"响应面法""金乌贼""眼睛""透明质酸""提取"等；"菊科入侵植物三叶鬼针草的繁殖特征及其与入侵性的关系"这一课题，可拆分为"菊科""入侵植物""三叶鬼针草""繁殖特征""入侵性"等显性概念。不可将整个课题名称或部分课题名称作为关键词或主题词进行检索。

2. 少用或不用对课题检索意义不大的词

实际检索中拟定检索词时，应找出能表达主要检索特征的显性概念，尽量少用或不用不能表达课题实质的高频词，如"分析""研究""应用""利用""方法""发展""展望""趋势""进展""现状""动态""影响"等词。一般不选用动词和形容词，不使用禁用词。例如上述两例中，不能单独将课题中的"工艺"或"关系"作为检索词。第一例中的"提取"或"提取工艺"单独不能作为显性概念，只能与其他能表达主要检索特征的检索词一起组配使用。

3. 深入分析课题，挖掘课题中的隐性主题术语

所谓隐性主题，就是在题目中没有文字表达，经分析、推理得到的有检索价值的概念或主题。如课题"能取代高残杀菌剂的理想品种"，其主题似乎只有"杀菌剂、(新)品种"，它没有直接表达，但实际隐含有"高效低毒农药"的隐性主题，因此，在检索中加上"高效低毒农药"这样的术语。又如"高温合金"的隐性主题词有"耐热合金""镍铬耐热合金""超耐热合金""镍耐热合金"等同族术语。

4. 利用搜索引擎、数据库功能等辅助工具查找同义词、上位词、下位词、相关词

同义词和近义词在检索中占有重要地位。如外来入侵植物"小蓬草"又名"小飞蓬""加拿大蓬""*Conyza canadensis*"或"*Erigeron canadensis*"；设备的英文有 apparatus、equipment、device 等。它们每个下面均能找到文献。但若只采用其中一个检索词去检索，很可能导致漏检、误检。实际检索过程中，运用的同义词、近义词越全，文献查全率越高。

所谓上、下位词，就是具有上下位关系的词。如"血细胞"是"红细胞""白细胞"及"血小板"的上位词，反过来"红细胞""白细胞"及"血小板"是"血细胞"的下位词。而"白细胞"的下位词有"粒细胞""单核细胞"和"淋巴细胞"，应用"血细胞"的上下位词并用，扩展检索篇数明显大于用"血细胞"检索的篇数。

对于生命科学类研究，需要注意学名、俗名与别名的区别。按照双名法的规定，生物物种的学名必须用拉丁语书写，一个完整的学名包含属名＋种加词＋命名人三部分，其中属名和种加词书写为斜体，属名的第一个字母大写。如银杏的学名为 *Ginkgo biloba* L.、水稻的学名为 *Oryza sativa* L.、大豆的学名为 *Glycine max* (Linn.) Merr.。与学名相对应的中文物种名称为中文俗名。对同一个物种，常常有不同的别名，如大豆与黄豆、马铃薯与土豆

或洋芋、番茄与西红柿或洋柿子、甘薯与红薯或地瓜等。

对同一个化合物，也常有不同的名称，如乙酰水杨酸与阿司匹林、氢氧化铵与氨水等。有的化合物还有商品名，例如二溴羟基苯基荧光酮的商品名为新洁尔灭。在检索文献时如能将学名、俗名、别名、商品名等视情况考虑进去进行组配检索，就能有效避免漏检。

在实际检索中，可利用搜索引擎、主题词表或文献数据库功能查找同义词、上位词、下位词、相关词等。如在百度里搜索"$Erigeron\ canadensis$"，可检索到"$Conyza\ canadensis$"；进入中国知网的"知识元检索"，勾选"百科"复选框（如图1-9），可检索到"小蓬草""小飞蓬""$Conyza\ canadensis$""$Erigeron\ canadensis$"等同义词；在读秀的"知识"检索工具下，也能得到类似的结果（如图1-10）。

图1-9　中国知网知识元检索的同义词检索示例

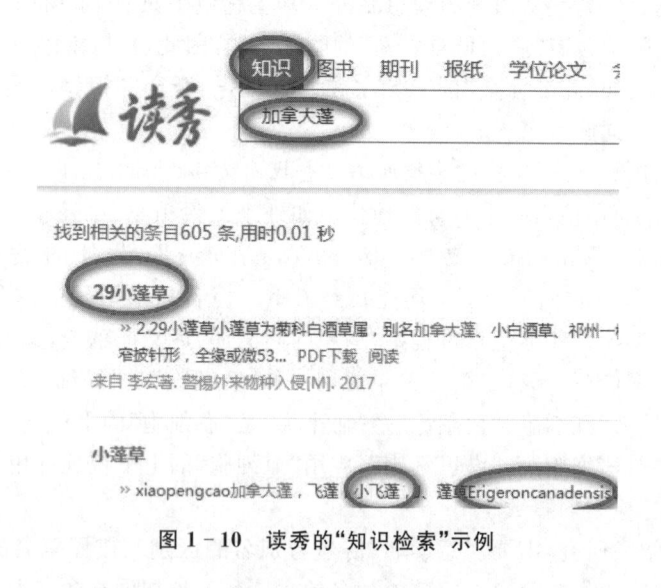

图1-10　读秀的"知识检索"示例

五、检索式的编制

(一) 布尔逻辑检索

布尔逻辑检索是指利用布尔逻辑算符连接各个检索词,然后由计算机进行相应逻辑运算后获得检索结果的过程,是数据库检索和其他电子文献信息资源检索的基本方法。布尔逻辑算符有三种:

1. 逻辑"与"

用"and"或"*"连接检索概念。A and B(A*B)表示两个概念的交叉,即记录中必须同时含有检索项 A 和 B。用逻辑"与"组构的检索词越多,检索范围越小,查准率越高。例如检索"猕猴桃果酒和果酱"的文献,其逻辑表达式为"猕猴桃 and 果酒 and 果酱",表示检索的文献信息必须同时包含猕猴桃、果酒和果酱三个检索词才算命中。

2. 逻辑"或"

用"or"或"+"连接检索概念。A or B(A+B)表示两个概念并列,即记录中凡单独含有检索项 A 或检索项 B,或者同时含有 A、B 两者,均为命中记录。逻辑"或"检索可扩大检索范围,提高查全率。例如检索"奥密克戎病毒"的文献,其逻辑表达式为"奥密克戎病毒 or Omicron virus",这样检索到的文献更全面。

3. 逻辑"非"

用"not"或"-"连接检索概念。B not A (B-A)表示在检索项 B 的结果中去除含有检索项 A 的记录。逻辑"非"检索缩小了检索范围,提高了查准率。例如检索"除酵母菌以外的其他真菌"的文献,其逻辑表达式为"真菌 not 酵母菌"。

布尔逻辑算符的作用是把检索词连接起来,构成一个逻辑检索式。现将三种布尔逻辑算符表示于图 1-11。

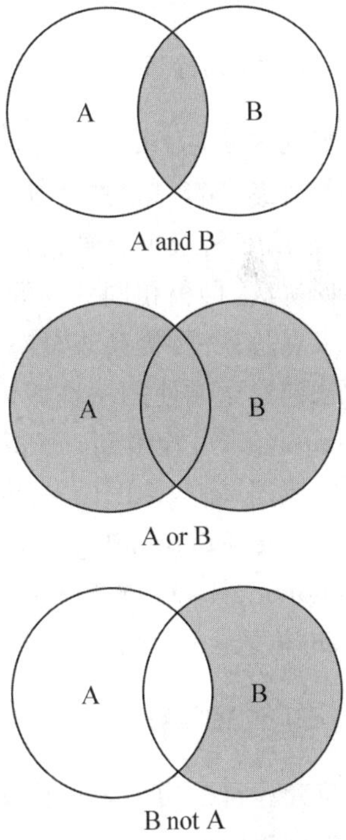

图 1-11 三种布尔逻辑算符

目前一些文献数据库如万方数据库不再支持运算符(*/+/-)的检索,只能使用大小写的(and/or/not)进行布尔逻辑检索。

(二) 字段限制检索

字段限制检索是指在计算机检索时将检索词限定在数据库的特定字段中的过程。如作者已获知文献的题录信息时,可将全部或部分篇名作为检索词后,将检索字段限定为篇名进行检索;或将作者姓名作为检索词,将检索字段限定为作者进行检索。

在进行字段检索时,不仅要注意检索字段的选取,还要注意限定字段的一些限定符号。例如对时间的限定一般采用">""<""≥""≤""-"和"=""( )"等。例如出版年(py)=2020,表示要检索 2020 年发表的文献;出版年(py)>2020,表示要检索 2000 年以后发表的文献；出版年（py）<2020，表示要检索 2020 年以前发表的文献。又如 TI＝virus，表示要检索的是题名当中含有 virus 这个单词的所有文献。

（三）短语检索

短语检索是将一个短语或词组作为一个独立运算单元进行匹配，以提高检索精确度的方法。在实际应用时，常采用双引号将短语或词组括起来，表示这是一个完整精确的词组，不能拆分。检索结果中只出现与""当中形式完全相同的短语或词组的记录。例如将加上双引号的"新冠肺炎疫苗"作为短语检索，那么检索结果会得到含有完整词组的记录，而不是拆分为"新冠""肺炎"疫苗"等的记录。需要注意的是，检索者需要保证所使用的短语是专业领域内的一些特别的专有名词，特别是在进行外文数据库检索的时候不要轻易地给短语加上双引号，以免出现检索不到结果的情况。

（四）截词检索

截词检索（Truncation）是用截断的词的一个局部进行的检索，并认为凡满足这个词局部中的所有字符（串）的文献，都为命中的文献。按截断的位置来分，截词可有后截断、前截断、中截断三种类型。截词检索在外文数据库中广泛使用，检索词的单复数形式、同一词英、美不同拼法，词根相同的词等都可用截词检索。使用截词检索既可减少检索词的输入量，又可扩大查找范围，提高查全率。

截词检索常使用一些截词符（?）和（＊）等来进行。截词符（＊）可以代表多个字母，如输入 comput＊，可检索到 computer、computers、computerize、computerization 等以 comput 为词根的单词；输入 Micro＊ 可检索到 Micro 开头的所有单词，如 Microcystis、Microsoft、Microscope、Microbiology 等；输入 immun＊ 可检索到 immunity、immunology、immune、immunological 等。通配符（?）可以代表一个字母，例如输入 wom?n，可以找到 woman 或 women；输入 analy?e，可以找到 analyze 或 analyse 的数据。

（五）位置算符

位置算符是用来表示检索词间位置关系的符号，可以是检索词间的距离，也可以是检索词的先后顺序等。

位置算符主要应用于外文检索，用以弥补布尔逻辑运算符的不足，提高查准率。常用的位置算符有：Near、With、ADJ、PRE、FAR、SAME 等。详细使用方法可查看网上相关资料。

六、文献检索的方法和途径

（一）利用文献资源数据库进行检索

1. 简单检索

简单检索又称为基本检索（Basic Search）、快速检索（Quick Search）或一框式检索，是指数据库为用户提供的一个简单的检索界面，方便检索者快速方便地检索出结果。简单检索界面上只有一个检索框，可以实现快速检索。

2. 高级检索

高级检索（Advanced Search）也称复杂检索，是指数据库为用户提供的多个检索条件框，经过布尔逻辑算符连接后形成的检索。高级检索可实现多个检索条件的逻辑组配检索。

3. 专业检索

专业检索（Professional Search）指数据库为用户提供的、可以按照检索需求自行构建检索表达式以便进行更精确检索的过程。检索表达式是一种表示检索条件的公式，一般由检索字段代码、检索词、布尔逻辑算符和限定符号共同构成。其中的检索词可根据用户需求，参考本节第四部分进行选择和确定。例如，要在知网中检索"利用发酵工程生产果汁，但篇名中不含行业"的文献，可制定如下的专业检索表达式：

SU＝（发酵工程 or 生物技术）and SU＝（饮料 or 果汁）and FT＝（生产 or 制备）not TI＝行业

其中的"SU""TI"和"FT"分别为主题、篇名和全文的检索字段代码，"发酵工程""生物技术""果汁"和"饮料"等为根据检索需求确定的检索词，"and""or"和"not"为布尔逻辑算符，"＝"和"（）"为限定检索符号。该检索式中对检索词进行了扩充以避免漏检，如"发酵工程"扩充了检索词"生物技术"，"果汁"扩充了检索词"饮料"。

（二）利用搜索引擎进行检索

搜索引擎是利用网络自动搜索技术对互联网上各种资源进行标引，并为检索者提供检索服务的系统。目前国内外最重要的两个搜索引擎是百度和谷歌，它们均设有专门的学术子站，专门提供科研学术文献的信息。

1. 百度学术搜索

百度学术搜索是百度搜索引擎的学术资源搜索平台，2014年6月初上线，涵盖了各类学术期刊、会议论文，旨在为国内外学者提供中英文文献检索平台。百度学术可以通过点击百度首页的"学术"链接进入，或点击百度首页上的"更多"选项中选择"百度学术"后进入。其首页页面如图1-12所示。

图1-12　百度学术主页面截图

通过点击检索框左侧的"高级检索",可展开各项检索选项(如图 1-13)。

图 1-13 百度学术高级检索页面

在检索框中输入检索词如"遗传多样性",则出现如图 1-14 所示的检索结果页面。系统默认的排序方式为"按相关性",点击右侧的方框位置,可选择"按被引量"或"按时间降序"排列。

通过点击左侧的各种选项,可对检索结果中的文献进行时间范围、学科专业领域、核心和重要期刊、获取方式、关键词、文献类型、作者、机构和期刊名称等的二次筛选和精炼(如图 1-14)。

当需要引用该文献时,点击"引用"就能自动生成引用格式。使用者可复制并粘贴自己想要的参考文献格式(如 GB/T 7714)(如图 1-15)或利用其中一个链接导入到文献管理软件中。导入文献管理软件中的方法详见本教材第四章。

当需要下载该文献时,可通过点击"免费下载"项,跳转到其他链接地址下载,如图 1-16 所示。也可以到全文文献数据库进行检索和下载。

图 1-14 百度学术检索结果页面

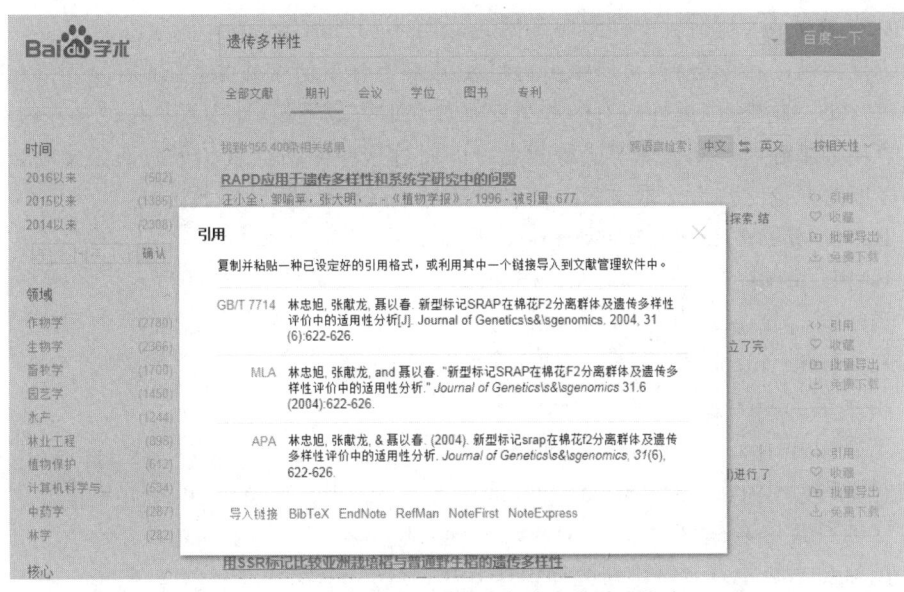

图 1-15 点击"引用"就能自动生成引用格式

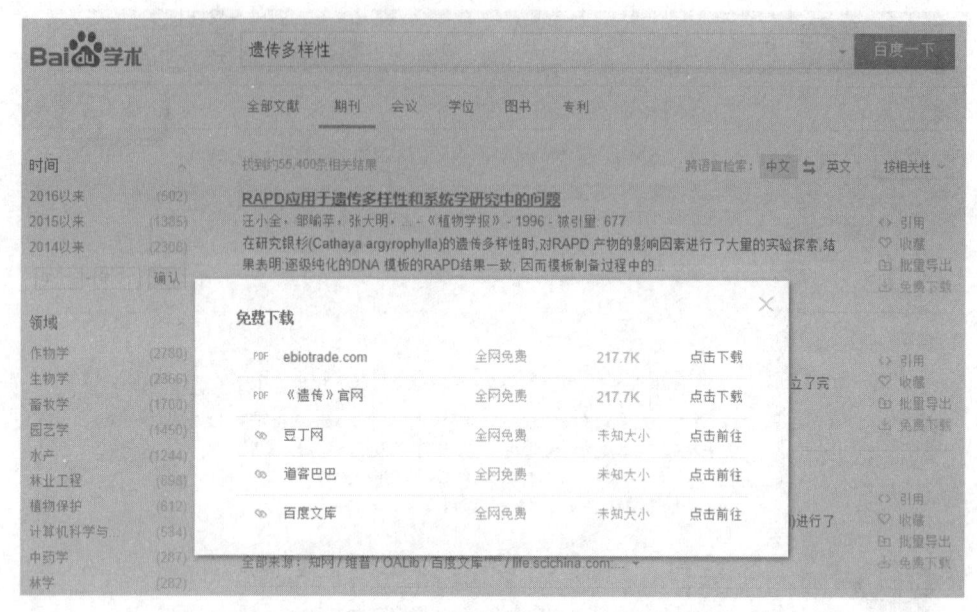

图 1-16　点击"免费下载"项转至其他文库进行下载

2. Google 学术搜索

Google 学术搜索是一个可以免费搜索学术文献的 Google 网络应用。2004 年 11 月，Google 第一次发布了 Google 学术搜索的试用版。该项索引包括了世界上出版的绝大部分学术期刊，提供了可广泛搜索学术文献的英文平台。用户可以搜索众多学科的论文、图书等学术文献。

二维码 1-19
扫一扫可见
Google 学术搜索步骤

（三）利用科研社交网络或开放获取资源服务网站进行检索

国内外都有一些科研社交网络服务网站，如 Research Gate 和小木虫等。这些网站旨在推动科学合作，科研人员可以在网站上分享研究成果，了解研究动态，交流科研思路和方法。此外，国内外也有一些免费开放获取资源网站，如中国科技论文在线和国家自然科学基金基础研究知识库等。检索者可以通过这些网站检索和下载部分文献，也可以通过留言板向原论文作者索取文献。读者可通过下列网址进行访问。

1. ResearchGate：https://www.researchgate.net/
2. BASE：http://www.base-search.net/
3. Figshare：https://figshare.com/
4. Academia：https://www.academia.edu/
5. 小木虫：http://muchong.com/
6. 丁香园：https://portal.dxy.cn/
7. 科学网：http://www.sciencenet.cn/
8. 中国科技论文在线 http://www.paper.edu.cn/
9. 国家自然科学基金基础研究知识库 http://ir.nsfc.gov.cn/

此外,清华大学图书馆网页汇集了一些实用的免费学术资源和免费生命科学学术站点,检索者可通过 http://lib.tsinghua.edu.cn/info/1184/3627.htm 查看。

值得一提的是 Sci-hub(目前网址为 https://sci-hub.se/)。Sci-hub 为代表的网站试图通过论文公开免费下载的方式促进知识的公共化,但由于其大部分文献来源于已经由商业杂志社整理出版的作品,因此,存在着知识产权方面的争议,网址经常变更。详细介绍可查看(https://36kr.com/p/1390833037359875)等网文或帖子。检索者可以探讨如何在严格遵守知识产权法和作者版权的前提下,获得尽可能全的文献。

(四)利用预印本网站进行检索

近些年,科学发展十分迅猛,传统的学术传播方式已无法满足需求,这催生出了更方便快速的科学交流形式,如采取以预印本形式发表著作或共享数据及公开同行评审等。

预印本通常指未公开发表的、出于同行交流的目的而在互联网上发布的学术文献。其中包括没有投稿的论文,投稿了但未被录用的论文,以及已经被录用但尚未发表的学术论文。而预印本网站,就是接收这些预印本文章的网络服务器。目前国内外的主要预印本网站主要有:

中国科学院科技论文预发布平台 ChinaXiv http://chinaxiv.org/home.htm
arXiv:https://arxiv.org/
Biorxiv:https://www.biorxiv.org/
Peerage of science:https://www.peerageofscience.org/
Zenodo:https://zenodo.org/
https://peerj.com/preprints/

预印本由于不需要同行评审,可以第一时间将研究者的研究成果公布出来,与传统学术期刊形式相比,快速发表是其显著优势。另外,与开放性获取期刊需要收取不菲的版面费不同,预印本可以免费发表。但由于不经过同行评审,导致文章质量鱼龙混杂。对于检索者来说,需要明确:① 预印本不是正式学术成果,不能被列入参考文献表中进行引用。只有当其被正式刊物录用发表后,才能正式引用。② 需要理性分析预印本网站发布的文章,要观察其结论是否可靠,数据和结果是否真实等,对于学术研究时刻保持自己的判断力。严格审稿和同行评审是提高和保障论文质量的必要环节。对预印本的评论可参考 https://zhuanlan.zhihu.com/p/129798462 等其他网文。

(五)利用文献管理软件进行检索

利用 NoteExpress、EndNote、知网研学等文献管理软件,不仅可实现文献的快速检索,还能将检索到的文献进行管理。详见本书第四章的内容。

七、综合性研究课题的检索

(一)检索策略的制定

检索策略是指根据检索需求而制定的文献范围、检索工具和检索表达式。

针对特定的研究课题和文献类型,确定适合的检索工具。如中文图书文献优先使用读秀知识库检索,中文期刊文献优先使用中国知网检索,医学文献优先在万方医学网检索等。

检索式由检索字段代码、检索词、布尔逻辑算符和限定符号等共同构成,可参考本节相关部分的描述。

(二) 检索策略的实施并修改

将制定好的检索策略在检索工具中实施。操作时可利用高级检索功能,选择恰当的检索字段、输入正确的检索词、选择匹配的逻辑关联词进行检索。此外,还可利用专业检索功能,制定恰当的检索式进行更深入的检索。

当检索结果不理想时,检索者可从初次检索结果所列的相关文献中查找重要线索,修改检索策略后再进行第二次、第三次检索,直到获得满意的检索结果。

(三) 文献线索的查找

文献线索是用以指导获得原始文献的信息,一般包含文献的名称、作者、文献来源、发布时间等信息。通过检索工具或文献管理软件的在线检索等功能,实施检索策略后,就可以查找到文献的线索。

(四) 全文的获取

全文如为纸质文献,则去图书馆借阅、复印或通过图书馆老师进行馆际互借获得。

全文如为电子文献,则尝试通过以下途径获取。

1. 数据库全文链接直接获取全文

可在全文型文献数据库,如读秀、中国知网、万方、Sciendirect、SpringerLink、Jstor 等数据库中下载原文。需要注意的是,中国知网和万方等全文型数据库包含了期刊、学位论文、会议、报纸、年鉴、专利、标准等不同的子库,只有在所在机构的图书馆购买了相应子库的使用权后,才能下载到相应的全文。具有全文下载权的子库一般在库名前有复选框的勾选标记,以区别于未具有全文下载权的其他子库。如图 1-17 所示的机构图书馆购买了中国知网的学术期刊等 8 个子库。其他子库可以检索到相关信息,也可以浏览摘要,但无法免费下载全文。

图 1-17 中国知网首页

2. 通过读秀和百链云数据库进行全文传递

充分利用读秀和百链云数据库中的"文献传递"功能,获取所需要的全文。

3. 通过学术搜索引擎或其他方式获取全文

百度学术、Google Scholar 等学术搜索引擎中,有时能直接检索到附有全文的文献。此外在 Open Access Library（https://www.oalib.com/）、Sci-hub（目前网址为 https://sci-hub.se/）、ResearchGate（https://www.researchgate.net）等网站中也能下载到部分全文。

科研社交网络或中国科技论文在线 http://www.paper.edu.cn/等免费开放获取资源服务网站中也可以尝试获取部分全文。

4. 通过 QQ 或微信群等社交网络求助

5. 向作者索取

通过向作者发送 email 或通过 ResearchGate 上的留言板,可向作者索取全文。

思考题

1. 在本校或本地图书馆的理工科借阅室或工具书阅览室中查找科技类的专著、教材、科普读物、工具性图书各一本,分别写出著者、书名、版次、出版地（城市名）、出版社、出版时间、总页数和 ISBN 号等信息。

2. 图书中的专著、科普图书和工具书分别属于几次文献？

3. 你知道的二次文献有哪些？

4. 在本校或本地图书馆的理工科期刊阅览室中查找本专业的原始研究论文、科普类论文和综述性论文各两篇,并写出该论文的作者、篇（题）名、期刊名、ISSN 号、CN 号、年、卷、期和起止页等信息。

5. 查找科技方面专利和文献标准各两个,分别写出其识别项目。

6. 文献检索的主要方法和途径有哪些？

7. 查找一个本专业的研究课题,制定检索策略并进行文献检索。

二维码 1-20

扫一扫可见检索标准汇编类图书的方法

第二章 国内重要专业文献资源检索

经过多年的发展,目前我国具有一定规模并能提供服务的中文科技文献数据库已有数十种。随着文献信息资源数字化的发展,许多数据库的资源不断丰富,呈现方式日益多样,已经成为支撑国内科技创新和发展的重要力量。本章将介绍目前国内最有影响力的几种大型综合性中文科技文献数据库的使用方法。

第一节 中国知网(CNKI)

一、概述

中国知识基础设施工程(China National Knowledge Infrastructure,简称CNKI)1999年6月由清华大学、清华同方发起并建立,是以实现全社会知识信息资源共享为目标的信息化重点工程。目前,CNKI平台已经发展成为集期刊论文、博硕士论文、会议论文、报纸、图片、年鉴、统计数据、专利、成果、标准、海外文献资源和工具书等为一体的网络出版平台。

二、数据库的检索

登录CNKI中国知网(http://www.cnki.net),可浏览和检索数据库中的文献,但下载全文受到权限的限制。包库用户(各高校或科研院所图书馆校内读者)访问CNKI,可以先登录机构的图书馆主页(例如常熟理工学院图书馆 http://lib.cslg.edu.cn/),找到"中国知网"的链接,即可进入平台主页,免费检索、浏览数据库中的文献,但文献下载权限取决于各机构图书馆购买资源的数量。

CNKI首页为用户提供模块化结构,主要有数据库检索、行业数据库、研究学习平台、专题知识库、教育、大众阅读及软件产品等模块。

CNKI为用户提供多检索入口,主要有文献检索、知识元检索和引文检索三个入口。其中文献检索按照文献类型重新组织中外文资源,实现了中外文文献的合并检索和统一排序。读者也可以按照自己的需求,在检索结果中切换显示"中文文献"或"外文文献"。文献检索既可跨库检索,也可单库检索。系统默认的检索范围为跨库检索,此时显示的数据库标签为"总库"。若选择"学术期刊""学位论文""会议"等特定数据库标签,可以直接进入单一数据库进行检索。若需要选择多个单库,可通过跨库行中所列数据库进行多选。中国知网首页如图2-1所示,读者可以方便地进行检索。

图 2-1　中国知网数据库主页

（一）快速检索

登录中国知网首页，文献检索中以系统默认数据库为检索范围，选择适合的检索字段，在检索框中输入检索词，即可以进行快速检索。

【检索实例 2-1】检索细胞转录方面的文献。（见二维码 2-1）

第一步　分析检索课题，可输入的检索词：细胞转录。

第二步　选择检索字段，CNKI 提供的检索字段有：主题、篇关摘、关键词、篇名、全文、作者、第一作者、通讯作者、作者单位、基金、摘要、小标题、参考文献、分类号、文献来源、DOI 等。本实例中的检索字段选择"主题"。

第三步　输入检索词：检索框中输入"细胞转录"。

第四步　检索：单击"检索"按钮后，即可得出检索结果，如图 2-2 所示。

二维码 2-1
☞ 扫一扫可见
检索实例 2-1

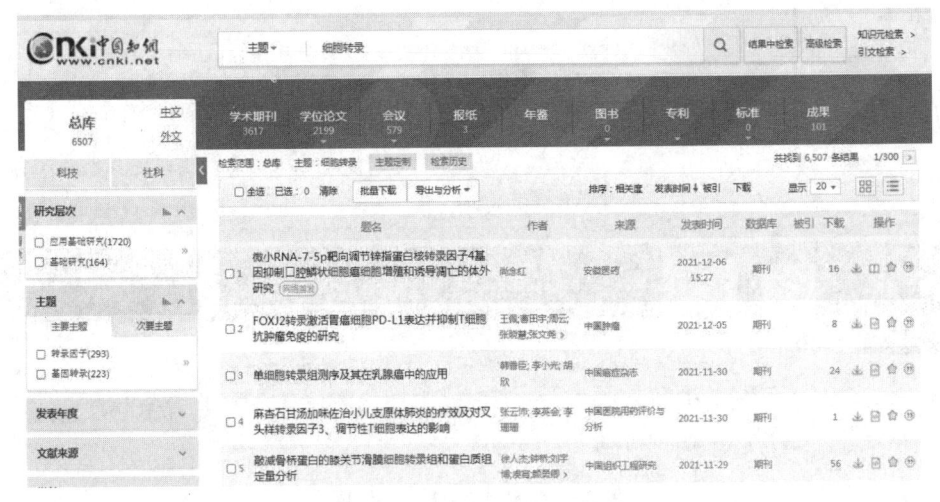

图 2-2　实例 2-1 检索结果

第五步　检索结果处理：在图2-2的检索结果页面，用户可以按不同模式分组浏览主题、发表年度、文献来源、学科、作者、机构、基金和文献类型。同时可以按照相关度、发表时间、被引、下载情况进行排序，选中相关文献后可进行导出/参考文献、分析/在线阅读和下载文献等操作。

（二）高级检索

在知网首页的检索框右侧点击"高级检索"标签，即可进入高级检索界面。

【检索实例2-2】检索2011年到2021年钙离子信号传导途径方面的文献。（见二维码2-2）

第一步　分析检索课题，确定检索词：钙离子、信号传导。

第二步　设定检索条件：在页面左侧"文献分类"下，学科领域选择"基础科学""农业科技""医药卫生科技"；检索输入框下方设定时间范围为2011—2021年，来源类型默认全部。

第三步　选择检索字段：选择"主题"。

第四步　输入检索式：在第一个检索框中输入"钙离子"，逻辑算符选择"并含"，第二个检索框输入"信号传导"。

第五步　检索：单击"检索"按钮后，即可得出检索结果，如图2-3所示。

第六步　检索结果处理：在检索结果页面，用户可以按照相关度、发表时间、被引、下载情况进行排序；选中相关文献导出/参考文献、分析/阅读；下载、在线阅读文献；对结果不满意可以进行二次检索。

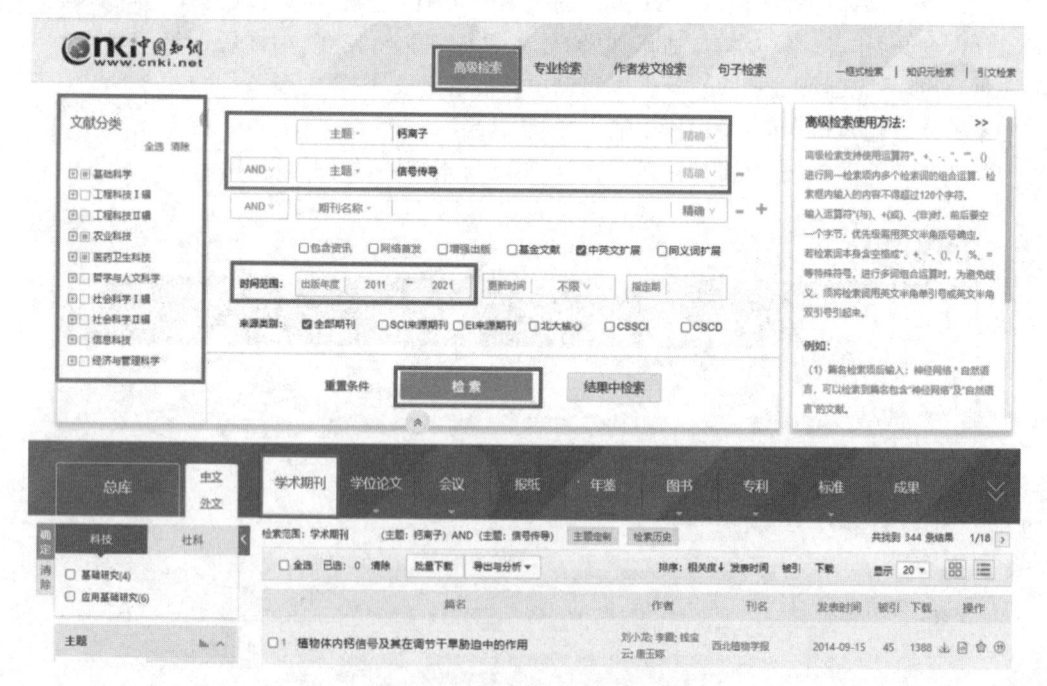

图2-3　实例2-2检索结果

（三）专业检索

在知网高级检索页面中选择专业检索，根据右侧的"专业检索使用方法"的提示，输入检索表达式，即可进行专业检索（如图2-4，见二维码2-3）。

【检索实例2-3】检索高温胁迫下细胞转录调控方面的文献。

第一步 分析检索课题，确定可输入的检索词："高温胁迫"及其同义词"热胁迫""细胞转录"及其同义词"转录表达""调控"。

第二步 选择适合的数据库范围，进行单库或跨库检索。本实例中选择默认数据库，即跨库检索。

第三步 选择合适的文献类目：在页面左侧"文献分类"下，学科领域选择"基础科学""农业科技"和"医药卫生科技"。

第四步 选择检索字段。本实例中的高温胁迫和热胁迫选择"主题"字段，细胞转录和转录表达选择"关键词"字段，调控选择"篇关摘"字段。

第五步 输入检索表达式：SU=（高温胁迫 OR 热胁迫）and KY=（细胞转录 OR 转录表达）and TKA=调控，如图2-4所示。

第六步 检索：单击"检索"按钮后，即可得出检索结果。

图2-4 中国知网的专业检索页面

（四）出版物检索

在知网首页的检索框右侧点击"出版物检索"，可进入"出版来源导航"页面，如图2-5所示。在"出版来源导航"中，可选择期刊导航、学术辑刊导航、学位授予单位导航、会议导航等标签，进入不同文献类型的检索界面。"出版来源导航"页面左侧提供了学科导航目录供用户选择。

图 2-5 中国知网的出版来源导航页面

用户如选择期刊导航标签，可通过期刊刊名（曾用刊名）、主办单位、ISSN 号或国内统一刊号等途径检索目标期刊，并浏览该期刊的相关信息。如以《地理研究》为例，可查看其是否被核心期刊目录收录（该刊核心期刊和 CSCD 标识，表明为本学科重要期刊）、主办单位、影响因子等期刊信息。通过点击刊期浏览和栏目浏览等标签，可详细查看各期或各栏目中刊载的论文，点击统计与评价标签，可查看该刊的载文量及其变化趋势等信息（如图 2-6）。

图 2-6 中国知网的期刊导航页面

第二节 万方数据知识服务平台

一、概述

万方数据资源系统是我国大型综合性信息资源系统,以完整的科技信息为主,同时涵盖经济、文化、教育等相关信息,提供我国学位论文、会议论文、期刊、专利和标准等多种全文数据库,提供科技信息、科技成果、商务信息、法律法规等系列文摘和题录数据库。

二、数据库的检索

万方数据知识服务平台中绝大部分数据库均提供快速检索、高级检索和专业检索三种方式,部分数据库还提供分类检索、浏览全库等浏览方式。

(一)快速检索

用户登录万方数据知识服务平台的首页,如图 2-7 所示,即可进行文献的快速检索。快速检索只有一个检索行,检索行下方为可供选择的数据库标签。下面以检索实例介绍其快速检索过程。

图 2-7 万方数据知识服务平台首页

【检索实例 2-4】检索电化学阻抗谱的研究进展。(见二维码 2-4)

第一步 分析检索课题,确定检索词:电化学阻抗谱。
第二步 输入检索词:检索框中输入"电化学阻抗谱"。
第三步 检索:点击"检索"显示检索结果,如图 2-8 所示。
第四步 检索结果处理:选择相关文献在线阅读或者下载全文。

二维码 2-4
扫一扫可见
检索实例 2-4

图 2-8 万方数据库快速检索示例

（二）高级检索

点击万方数据知识服务平台首页检索框右侧的"高级检索"即可进入高级检索界面，如图 2-9 所示。在该检索页面"文献类型"栏，用户可以选择一种或者多种文献类型如"期刊论文""学位论文"和"会议论文"；在该检索页面"检索信息"栏，根据用户需求选择检索字段并输入检索词。系统默认提供三个检索框，用户可根据需要点击左边的"+"图标增加一行检索框，最多可同时使用 6 个检索框；点击"-"图标将减少一行检索框。不同的检索框之间可用布尔逻辑关联词（与、或、非）相关联。万方数据库的检索字段主要包括主题、题名或关键词、题名、作者、作者单位、关键词等。（万方数据的高级检索见二维码 2-5）

二维码 2-5
扫一扫可见
万方数据高级检索

图 2-9 万方数据知识服务平台高级检索

(三) 专业检索

专业检索需要直接输入检索式,在检索界面的上方"文献类型"中选择所需要的文献类型。用户根据检索字段在检索框中输入检索式即可,如图2-10所示。制定检索式时,可参考页面右上方的"教你如何正确编写表达式"和"推荐检索词"进行编制。(见二维码2-6)

图 2-10 万方数据知识服务平台专业检索

第三节 读秀学术搜索

一、概述

读秀学术搜索是超星数字图书馆研发的新产品,其以430多万种中文图书、10亿页全文资料为基础,为用户提供深入内容的章节和全文检索,部分文献的原文试读,以及高效查找、获取各种类型学术文献资料的一站式检索,周到的参考咨询服务,是一个大型学术搜索引擎及文献资料服务平台。

读秀学术搜索将超星已经数字化加工制作完成的电子图书全部打碎,并以目次、章节重新组合成一本大书,一本拥有430多万种中文图书、10亿页全文的"大百科全书"。读者搜索的任何一个知识点、一个关键词、一句话、一个字、一个词、一段文字、一张图片等,都可以在图书中找到它的出处及前言后语等,搜索到的图书可直接定位到"本馆电子全文"下载至本地阅读,或链接到本馆书目OPAC系统查阅纸质图书,或借助文献传递功能通过个人邮箱获取图书的全文链接,实现知识搜索、文献服务。规定读者每次文献传递不得超过本书的20%或单次不超过50页。

读秀学术搜索还链接有期刊、报纸、学位论文、会议论文等外部文献资源，借助全文传递系统可以获得上述类型的文献。下面为大家重点介绍读秀学术搜索的检索功能。

二、数据库的检索

（一）基本检索

用户登录读秀学术搜索后，默认的检索方式为基本检索，在检索框上方有不同的数据库可供选择：知识、图书、期刊、报纸、学位论文、会议论文、音视频、文档和电子书等，输入想要检索的关键词，选择特定的数据库如"图书"，单击"中文搜索"按钮，即进入中文图书搜索结果页面，如图2-11所示。

图2-11　读秀学术搜索基本检索

（二）高级搜索

如果需要精确地搜索某一本书或期刊，可以进行高级搜索。单击图2-11右侧"高级搜索"，进入"高级搜索"界面。在检索框中输入书名、作者、主题词、ISBN号等两个或两个以上检索词，各检索条件之间的逻辑关系是"并且"，进行准确的高级搜索，检索结果将一步到位。

（三）检索结果获取

在图书检索结果页面中，读秀把与检索条件相关的图书全部列表，可以直接选择目标图书或者通过全部字段、书名、作者等检索字段对检索结果再次进行精确筛选。同时，读秀还提供搜索本馆电子图书或馆藏纸书的选择。读秀能够为用户提供图书前部分页（包括封面页、版权页、前言页、目录页、正文）的原文显示。

【检索实例 2-5】检索 2010 年以来分子生物学方面的图书资料。（见二维码 2-7）

第一步　选择数据库，本例中选择"图书"。
第二步　点击检索框右侧的高级检索按钮，出现高级检索界面。
第三步　在主题词检索框中输入检索词，本例中为"分子生物学"。
第四步　输入时间范围，本例中的年代选项为 2010 年至 2021 年。
第五步　点击"高级检索"按钮后，即可得到检索结果。
第六步　检索结果处理：如果搜索的图书是"包库全文"，读者可以网页阅读或全文下载阅读，全文下载前需要安装"超星阅读器"（安装软件更新的最新版本，以免影响使用）；若搜索结果为"试读"，读者阅读图书目录后，点击"图书馆文献传递"，输入所需的页数及有效的邮箱地址，通过传递至邮箱的链接进行阅读，如图 2-12 所示；若检索结果为"馆藏纸本"，则可去图书馆借阅。

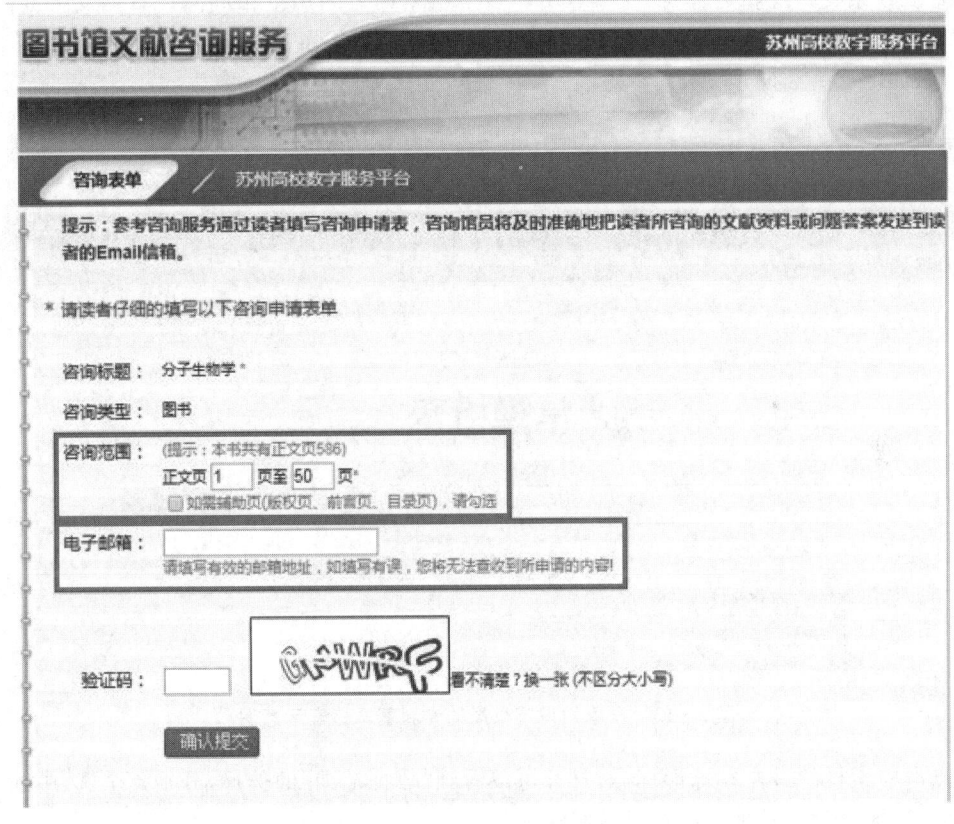

图 2-12　读秀学术搜索实例 2-4 文献传递

第四节 专利文献检索

国家知识产权局的专利检索系统，网址为 http://pss-system.cnipa.gov.cn/sipopublicsearch/portal/uiIndex.shtml，点击网址进入专利检索系统，主要有常规检索、高级检索、导航检索、药物检索、热门工具、命令行检索、专利分析等选项。(见二维码 2-8)使用国家知识产权局的专利检索系统，首先需要注册。

二维码 2-8
扫一扫可见
专利文献检索

一、常规检索

常规检索可以点击检索栏的三角按钮切换检索模式，分别有：自动识别、检索要素、申请号、公开号、申请人、发明人、发明名称。

常规检索支持逻辑运算符 AND、OR。多个检索词之间用空格间隔。日期支持间隔符"—"和"."。支持半角()算符，如果检索条件中包含空格、保留关键字或运算符，需使用半角双引号，如图 2-13 所示。

图 2-13　国家知识产权局的专利基本检索示意图

点击检索栏的最左端球形标志，打开可以看到"数据范围"的选择，分别是全选、中国、主要国家/地区/组织、其他国家/地区/组织。

二、高级检索

高级检索分为两栏，左侧为范围筛选，分为中国、主要国家和地区和其他国家和地区三个组别。在中国下设三种类型的专利，中国发明申请、中国实用新型和中国外观设计。

右侧高级检索可填申请号、公开号、发明名称、申请(专利权)人、优先权号、IPC 分类号等多个选项。

三、导航检索

导航检索按分类号检索,左侧分为 A、B、C、D、E、F、G、H 类,右侧检索框下显示分类号(鼠标悬浮进行检索)、中文含义和英文含义。

四、药物检索

药物检索选项可选:高级检索,如药物范畴分类号、生物方法、分析方法、制剂方法、新用途、治疗等;方剂检索,如中药方剂中药物的数量、中药名称;以及结构式检索。

五、热门工具检索

热门工具检索提供多个选项检索,如同族查询、引证被引证查询、法律状态查询、国别代码查询、关联词查询、双语词典、分类号关联查询、申请人别名查询和 CPC 查询。

六、检索结果

检索结果可以按照申请人、发明人、技术领域、申请日、公开日统计,如图 2-14 所示。

图 2-14 国家知识产权局的专利基本检索结果示意图

单篇检索结果分为三栏,左边是公开号和题目,另外可以点击下载、收藏、添加分析库、审查按钮。中间栏可以点击著录项目、全文文本、全文图像和摘要、摘要附图。著录项目显示内容有:题目、申请号、申请日、公开号、公开日、IPC 分类号、申请人、发明人等内容。右侧是法律状态、引证和同族。

第五节 学位论文检索

世界上大多数国家实行的是三级学位制度,即学士学位、硕士学位和博士学位,相应的学位论文即学士学位论文、硕士学位论文和博士学位论文。大多数学位论文,尤其是硕士学位论文和博士学位论文因为触及学科的前沿问题,研究成果具有创新性,具有较大的学术价值、情报价值和使用价值,而且与一般科研论文相比,学位论文具有文献分析面广、数据与图表量大、理论分析充分、参考文献量大等特点,是一种重要的信息源。

一、中国知网学位论文库

中国知网学位论文库包括《中国博士学位论文全文数据库》和《中国优秀硕士学位论文全文数据库》,是目前国内资源完备、连续动态更新的中国博硕士学位论文全文数据库,覆盖基础科学、工程技术、农业、医学、哲学、人文、社会科学等各个领域。

中国知网学位论文库的检索请参考本章中国知网的检索。

二、万方数据知识服务平台《中国学位论文全文数据库》

万方学位论文全文数据库(China Dissertations Database),收录始于1980年,年增30余万篇,涵盖基础科学、理学、工业技术、人文科学、社会科学、医药卫生、农业科学、交通运输、航空航天和环境科学等各学科领域。

《中国学位论文全文数据库》的检索方法请参考本章万方数据知识服务平台的相关内容。

第六节 标准文献的检索

本节将对国内几个主要的标准文献检索数据库进行介绍。

一、全国标准信息公共服务平台

全国标准信息公共服务平台由国家市场监督管理总局国家标准技术审评中心主办,向社会开放服务,提供标准动态跟踪,标准信息采集,编辑、发布标准文献检索,标准文献全文传递和在线服务等功能。该网站免费注册会员,会员登录后可获得强制性国家标准全文下载、行业标准信息检索等服务,如图2-15所示。

二、中国知网标准数据总库

中国知网标准数据总库包括国家标准全文、行业标准全文、职业标准全文以及国内外标准题录数据库,共计60余万项。其中国家标准全文数据库收录了由中国标准出版社出版、国家标准化管理委员会发布的所有国家标准;行业标准全文数据库收录了现行、废止、被代替、即将实施的行业标准,中国知网标准数据总库的检索请参考本章中国知网的检索。

图 2-15　全国标准信息公共服务平台主页

三、万方中外标准数据库

万方中外标准数据库(China Standards Database)收录了所有中国国家标准(GB)、中国行业标准(HB)以及中外标准题录摘要数据,共计 200 余万条记录,其中中国国家标准全文数据内容来源于中国质检出版社,中国行业标准全文数据收录了机械、建材、地震、通信标准以及由中国质检出版社授权的部分行业标准。万方中外标准数据库的检索请参考本章万方数据知识服务平台的检索。

第七节　国内其他文献主要数据库列表

本章第四节至第六节对国内专利、学位论文和标准的重要文献数据库或网站进行了介绍,本节对国内专利、标准、科技成果和会议文献等其他文献数据库或网站进行了归纳整理(见表 2-1),方便读者进行检索和查阅。

表 2-1　国内其他文献主要数据库列表

序号	国内主要专利 数据库	国内主要标准 文献数据库	国内主要科技 成果数据库	国内主要会议 文献数据库
1	国家知识产权局 专利检索及 分析数据库	全国标准信息 公共服务平台	国家科技成果网	万方-中国学术会议 文献数据库
2	中国专利信息网	国家标准全文 公开系统	万方数据-中国科技 成果数据库	中国知网-国内外重要 会议论文全文数据库
3	中国知识产权网 专利信息服务平台	中国标准信息 服务网	中国知网-中国科技 项目创新成果 鉴定意见数据库	国家科技图书文献 中心(NSTL)-会议论文

(续表)

序号	国内主要专利数据库	国内主要标准文献数据库	国内主要科技成果数据库	国内主要会议文献数据库
4	专利之星-专利检索系统	NSTL 国家科技图书文献中心	国家自然科学基金基础研究知识库	国家工程技术数字图书馆-学术会议数据库
5	中国知网专利数据库	万方中外标准数据库		
6	万方数据专利数据库	中国知网标准数据总库		

思考题

1. 请利用中国知网学术期刊全文数据库,可任选本专业某一位老师进行发文检索。(1) 检索该老师近十年发表的期刊论文数量是多少?(2) 这些论文的被引文献总量是多少?(3) 写下该老师作为第一作者时最新发表文献的篇名、关键词、来源期刊名称、年份、刊期、页码、CN 号。

2. 请结合自己的专业,拟定一个检索课题,利用中国知网、万方和读秀数据库分别进行检索,检索出与课题相关的期刊、学位论文、图书等文献,并详细写出检索过程。

3. 请结合自己的专业,拟定一个检索课题,综合利用各个数据库,检索出与课题相关的专利、标准和会议论文。

第三章　国外重要专业文献资源检索

第一节　SpringerLink 图书和期刊

施普林格(Springer-Verlag)于 1842 年在德国柏林创立,是世界上著名的科技出版集团,通过 SpringerLink 系统提供其学术期刊及电子图书的在线服务,该数据库包括了各类期刊、丛书、图书、参考工具、实验指南以及回溯文档。

一、SpringerLink 的浏览功能

(一) 基于学科的浏览功能

在 SpringerLink 主页的左侧,为基于学科(Discipline)的浏览功能区。SpringerLink 将文献分为 14 个学科,其中与科技类相关的学科有:生物医学(Biomedicine)、化学(Chemistry)、计算机科学(Computer Science)、地球科学(Earth Science)、工程学(Engineering)、环境学(Environment)、地理学(Geography)、生命科学(Life Science)和材料科学(Materials Science)。点击某个学科后,会进入到该学科下的二级学科(Subdiciplne)页面对其中的文献进行浏览。(见二维码 3-1)

(二) 基于文献内容类型的浏览功能

在 SpringerLink 主页的中心位置,为基于文献内容(Content)类型的浏览功能区。SpringerLink 将文献分为期刊(Journals)、图书(Books)、系列丛书(Series)、实验方案集(Protocols)、参考工具书(Reference Work)和会议论文集(Proceedings)等六大类。当在检索框中输入检索词后,可在检索结果页面中选择单篇论文(Articles)、图书章节(Chapter)、会议论文(Conference Paper)、参考工具书条目(Reference Work Entry)、实验方法(Protocol)、图书、会议论文集、参考工具书、视频片段(Video Segment)、系列丛书(Book Series)或期刊名称(Journals),对不同的文献类型进行浏览。

二、SpringerLink 的检索功能

(一) 简单检索

在 SpringerLink 数据库首页上方有简单检索框,可直接输入检索词进行检索。(见二维码 3-2)

(二) 高级检索

在 SpringerLink 数据库主页上还提供"高级检索"和"检索帮助",如图 3-1 所示。(见二维码 3-3)

二维码 3-3
扫一扫可见
高级检索

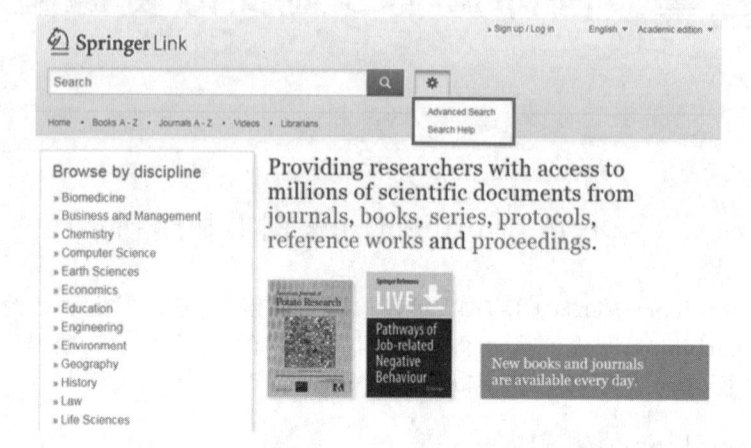

图 3-1　SpringerLink 数据库高级检索示意图

读者可以通过使用高级检索选项进一步缩小搜索范围。

(三) 检索结果

点击检索按钮后,SpringerLink 将显示所有检索结果的概览页面。每条检索记录中包含有文献类型(如 Article,Chapter,Journal,Book)、题名、作者、简短摘要、来源、发表年份等基本信息(如图 3-2)。通过点击题名链接,可查看该条记录的详细信息页。

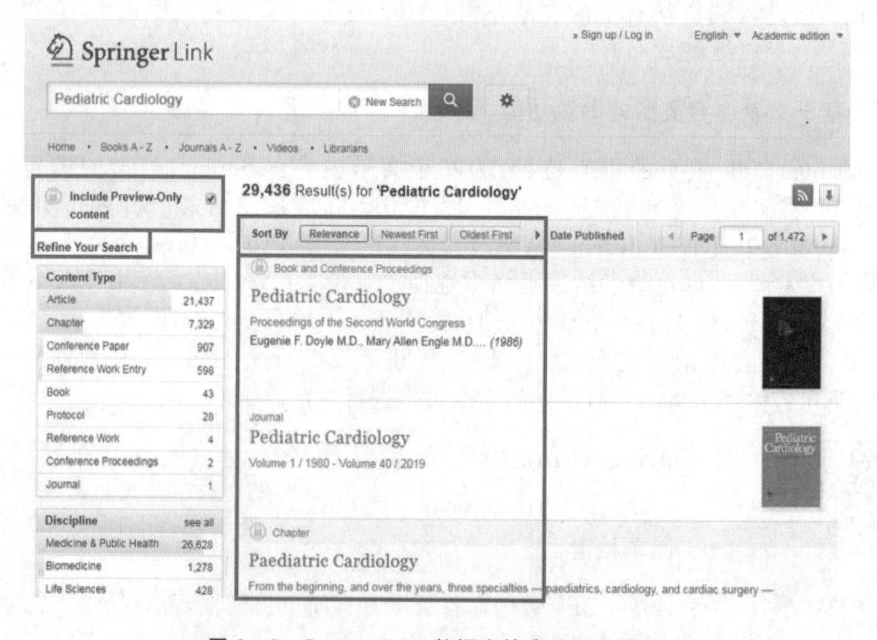

图 3-2　SpringerLink 数据库检索结果示意图

搜索结果页面中,在默认情况下,搜索结果按相关性(Relevance)排序。更多搜索排序选项有:按时间顺序由新到旧排序(Newest First)、按时间顺序由旧到新排序(Oldest First)。

读者还可以按发表年限(Date Published)对检索结果进行二次检索,还可以输入页码跳转到任何页面进行浏览。

在页面左侧有精炼选项可以帮助读者优化搜索结果(Refine Your Search)。精炼选项包括:"文献内容类型""学科""子学科""语言"等。点击题录信息下方的"Download PDF"图标,可下载该篇文献的 PDF 格式全文。若无该图标,表明未链接原文。

第二节 ScienceDirect—Elsevier 电子期刊全文数据库

Elsevier 是荷兰一家全球著名的学术期刊出版商,创办于 1880 年,每年出版大量的学术图书和期刊,该公司出版的期刊大多数被 SCI、SSCI、EI 收录,是世界上公认的高品位学术期刊。ScienceDirect(SD)是 Elsevier 公司的核心产品,是全学科的全文数据库,访问地址:http://www.sciencedirect.com。该数据库涉及众多学科:计算机科学、工程技术、能源科学、环境科学、材料科学、数学、物理、化学、天文学、医学、生命科学。

一、ScienceDirect 的浏览功能

(一)分类浏览

在 ScienceDirect 主页的检索框下方列有分类浏览区域,将文献分为 4 组,分别为物理科学与工程、生命科学、医疗卫生和社会科学与人文科学,共 24 个大类。读者可根据自己的需要,浏览相关类目中的文献。在每个大组学科类目的右侧,均显示有热门文章(Popular Articles)和最新出版物(Recent Pulications)供读者浏览。(见二维码 3-4)

(二)期刊和图书浏览

点击导航栏"Journal&Books"浏览数据库中所有期刊和图书。

(三)出版物标题浏览

在 ScienceDirect 主页下端有按出版物标题浏览区域,从字母 A 开始至 Z(Browse by Publication Title)。读者可按照图书或期刊标题的字母顺序或数字序号进行浏览。

二、ScienceDirect 的检索模式

(一)简单检索

在 ScienceDirect 数据库首页上方有简单检索框,提供关键词、作者姓名、期刊或图书标题名、卷、期、页码检索项。读者可输入相应的信息进行检索。(见二维码 3-5)

(二) 高级检索

点击首页快速检索右方的"Advanced search"进入高级检索页面,提供任一术语、期刊或图书标题、年、作者、作者单位等更为详细的检索项供读者检索。(见二维码 3-6)

二维码 3-6
扫一扫可见
高级检索

(三) 检索结果

检索结果页面默认按相关度排序。显示该纪录的文献类型,如 Research article、Review arcticle 等,此外还包括题名、作者和来源等信息,如图 3-3 所示。

图 3-3 ScienceDirect 数据库检索结果示意图

检索结果页面左侧列有精炼选项,读者可从文献的发表年份、文献类型(Article type)、出版物标题(Publicatio title)、主题范围(Subject areas)和开放性获取文献(Open Access & Open archive)等不同角度,对检索到的文献进行进一步精炼。

点击文献题录信息下的"Download PDF"可以下载全文,点击"Abstract"可显示文献摘要,点击"Extract"可显示出与读者输入的检索词相关的句子。点击"Export"可以按不同方式导出参考文献。

第三节 EBSCO 全文期刊数据库

EBSCO 是美国 EBSCO 公司开发的数据库检索系统。EBSCO 平台提供十几个数据库的链接,供读者浏览和检索。

一、数据库浏览

现将 EBSCO 平台的几个重要数据库介绍如下。

(一) Academic Search Ultimate 学术检索大全(ASU)

ASU 收录 17 134 种期刊的文摘,提供 11 599 种全文期刊(其中 9 040 种为持续收录全文期刊,6 132 种为专家评审且无时滞);此外,ASU 还收录有 910 种非刊类全文文献,如全文书籍专著以及百余种会议论文、百科和专题报告全文等。ASU 有 2 695 种全文期刊同时收录于 Web of Science,有 5 854 种全文期刊同时收录于 Scopus。

主题范畴:多元化的学术研究领域,包括生物科学、工程技术、社会科学、心理学、教育、法律、医学、语言学、人文、信息科技、通信传播、公共管理、历史学、计算机科学、军事、文化、健康卫生医疗、哲学、艺术、视觉传达、表演、哲学、各国文学等等,同时收录数千种来自亚洲、大洋洲、欧洲及拉丁美洲等采用当地语言的全文期刊,涉及 80 多个国家。

(二) Business Source Ultimate (BSU)商管财经专业检索平台(BSI)

BSI 为 EBSCO 最完整的商管财经全文数据库,收录 6 200 多种期刊索引及摘要,提供 4 899 种全文期刊(其中 3 100 多种为持续收录全文期刊);有 571 种全文期刊同时收录于 Web of Science,有 1 200 多种持续收录的全文期刊同时收录于 Scopus。另外 BSU 还收录如下非刊类全文资源:近千种书籍专著,超过 2 万份企业公司档案,1 200 多份国家经济报告,8 400 多份行业报告,900 多份案例研究,2 600 多份市场研究报告,4 200 多份 SWOT 分析等等。同时 BSU 数据库收录专题论文、参考工具资料、书摘、会议论文、投资研究报告等。数据库收录来自 70 多个国家出版的全文期刊。

主题范畴:商业经济相关主题,如营销、管理、管理信息系统(MIS)、生产与作业管理(POM)、会计、金融、经济等等。

(三) MEDLINE(医学)

收录文献涉及所有的医学领域,包括牙科和护理的文献。

(四) Newspaper Source(报纸全文库)

收录近 30 种美国及世界性的报纸全文;另外收录来自广播电视及 200 种地区性的报纸全文内容。

(五) Regional Business News(地区商业数据库)

提供综合型地区商务出版物的全文信息,将美国所有城市和乡村地区的 80 多种商业期刊、报纸和新闻专线合并在一起。

(六) Library, Information Science & Technology Abstracts(图书馆与信息科学)

可检索 60 年代以来的图书馆学、情报学方面的期刊、图书、研究报告等文献。

(七) Green FILE(环境保护)

可检索人类对环境影响方面的文摘记录约 295 000 条,内容涵盖全球变暖、绿色建筑、污染、可持续性农业、可再生能源、回收等多个方面,其中 4 600 多条记录可以检索到全文。

点击 EBSCO 的链接后,通常会显示前两个数据库,即 EBSCO 学术检索大全(全学科)和 BSI 商管财经专业检索平台。对理工科检索课题而言,进入第一个数据库即可。

二、EBSCO 数据库检索功能

(一) 基本检索

点击进入 EBSCO 主页,在页面中间的检索框中输入检索词,即可进行基本检索。在检索框的上方有个蓝色字体的"选择数据库",可以勾选不同数据库进行检索。对理工科课题而言,选择 EBSCO 学术检索大全(ASU)即可。

同时在页面的左上角,有"新检索""科目""出版物"这些功能的选择。根据勾选的不同数据库,这些选项显示的内容也会有所区别。

点击检索选项,可以选择"检索模式""限制结果"等选项。检索选项可以选择不同的检索模式,如布尔逻辑词组、查找全部检索词语、查找任何检索词语、智能文本搜索等。限制结果中可以勾选是否需要全文,还可以勾选学术(同行评审)期刊等。在检索选项中可以根据个性化选择,达到最佳检索效果。

(二) 高级检索

在数据库检索页面,点击"高级检索"进入高级检索页面,如图 3-4 所示。在高级检索中,用户可以选择数据库、检索字段,检索字段包括所有文本、标题、主题词和摘要等。与简单检索一样,高级检索也可以在"检索选项"中选择"检索模式""限制结果"等选项。

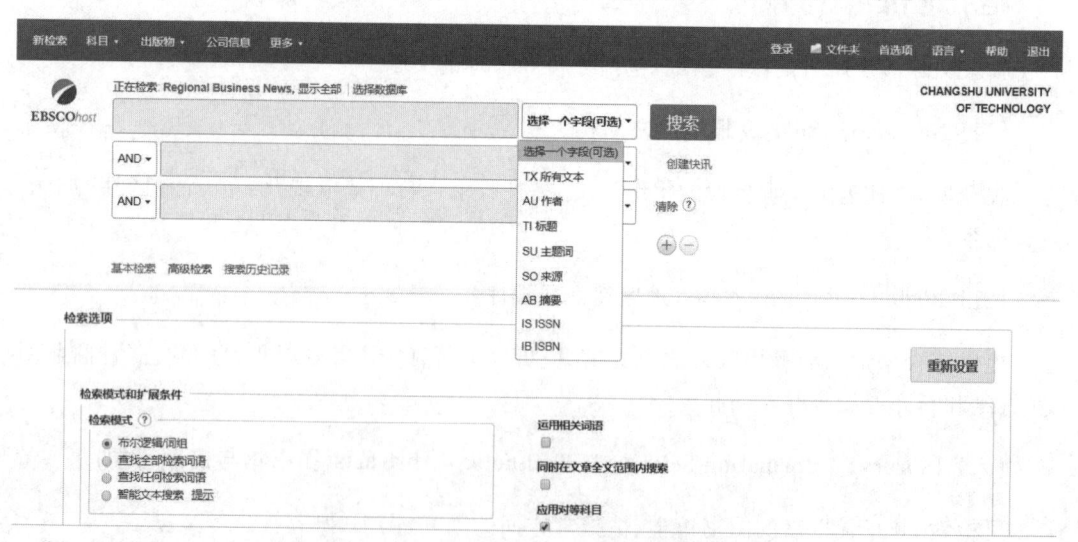

图 3-4 EBSCO 数据库高级检索示意图

EBSCO 的检索见二维码 3－7。

(三) 检索结果处理

点击检索结果页面左侧选项，可以精确搜索结果，如限于全文或学术（同行评审）期刊、文献来源类型、主题、出版物、出版者、公司、语言、出版地、数据库等，如图 3－5 所示。

二维码 3－7
扫一扫可见 EBSCO 的检索

图 3－5　EBSCO 数据库检索结果页面示意图

点击检索结果中文献的篇名链接，可获得该文献详细信息，用户可点击全文链接下载全文，也可利用右侧工具栏实现各个功能。

点击右侧工具中的"导出"，可导出 10 种参考文献格式，用户可选择不同的格式导出到自己所使用的文献管理软件，如 Endnote 等中。

对于 HTML 格式的全文，用户可以在"选择语种"的下拉列表中选择不同的语言，对全文进行翻译和朗读。

第四节　IEL 数据库

IEL（IEEE/IET Electronic Library）数据库是 IEEE 旗下的在线数据资源，提供了当今世界在电气工程、通信工程和计算机科学领域中近 1/3 的文献。学科领域覆盖计算机、自动化及控制系统、工程、机器人技术、电信、运输科技、声学、纳米、新材料、应用物理、生物医学工程、能源、教育、核科技、遥感等。

一、IEL 数据库浏览功能

数据库主页左栏"BROWSE"栏目提供了 IEL 数据库中书籍、会议录、课程、期刊和标准等内容的目次浏览，点击相应的选项可进行不同分类的浏览。

用户可以根据期刊名称进行浏览，只需点击刊名首字母，即可浏览以该字母开头的所有期刊。

点击期刊刊名链接，可浏览该刊详细信息，可根据需要选定热点论文、本期或全部年度期刊进行浏览，也可点击下载全文。

除了根据出版物类型分类，还根据不同学科分类，点击"By Topic"，可下拉出平台所涉及的所有学科分类，用户可以根据主题来进行浏览。

（一）浏览书籍

（1）系统显示首字母为 A—Z 的书籍列表。

（2）如果已知书籍名的第一个词的首字母，直接点击该字母，即可显示以该字母打头的书籍列表；如果已知书籍名某个关键词，在输入框内输入该词，点击"SEARCH"按钮，系统检索出含有该关键词的书籍列表。

（3）从列表中选择所需书籍，点击该书籍名，系统跳转到该书籍页面。

（4）如果该书有序言、章节试读和目录的 PDF 文件，链接地址会显示在页面右方；如果没有，则会提供购买的链接地址。

浏览图书的方法见二维码 3-8。

（二）浏览会议录

（1）系统显示前 25 个会议录列表。

（2）如果已知会议录名的第一个词的首字母，直接点击该字母，即可显示以该字母打头的会议录列表；如果已知会议录名某个关键词，在输入框内输入该词，点击"SEARCH"按钮，系统检索出含有该关键词的会议录列表。

（3）从列表中选择所需会议录，点击该会议录名，系统显示该会议召开时间；点击选择该时间召开的会议，系统显示该会议录目次；还可在页面左边的输入栏内输入检索词，即可在该会议录的范围内查询符合检索条件的文献。

（4）点击每篇文献下方的"PDF"或"HTML"可浏览文摘或全文。

（三）教育学习课程

从列表中选择所需课程，点击所需课程名称，出现课程详细信息页面，出现作者、出版日期等信息。

（四）浏览期刊

（1）读者可以选择在 IEEE 期刊、IET 期刊或者全部期刊范围内进行浏览。

（2）系统显示以字母 A—Z 开头的期刊名的列表。

（3）如果已知期刊名的第一个词的首字母，直接点击该字母，即可显示以该字母打头的期刊列表；如果已知期刊名的一个或几个关键词，在输入框内输入检索词，点击"SEARCH"按钮，系统会检索出含有该关键词的期刊列表。

（4）从列表中选择所需期刊，点击该刊名，显示该刊的预览版、现刊、过刊和关于该期刊的有关信息,以及最新发表的文章和热门的文章列表。

(五)浏览标准

(1)系统显示前25个标准列表。

(2)如果已知标准的编号或者一个或几个关键词,在输入框内输入,点击"SEARCH"按钮,系统检索出含有该关键词的标准列表。

(3)从列表中选择所需标准,点击该标准名,系统显示该标准标题。

(4)点击文献下方的"PDF"即可浏览文摘或全文。

二、IEL数据库检索功能

(一)简单检索

在简单检索界面,用户可以选择检索项,包括图书、会议录、教程、期刊、标准、引文等,在检索框中输入检索词进行检索。(见二维码3-9)

(二)高级检索

在检索框下方,点击"Advanced Search"进入高级检索。高级检索可选择的检索字段包括元数据(metadata)、题名、作者、文摘、出版物名称、索引词、作者单位、受控词、ISSN、ISBN等。

检索时在检索框中输入检索词或检索式,选定检索字段和布尔逻辑算符进行检索,如图3-6所示。(见二维码3-10)

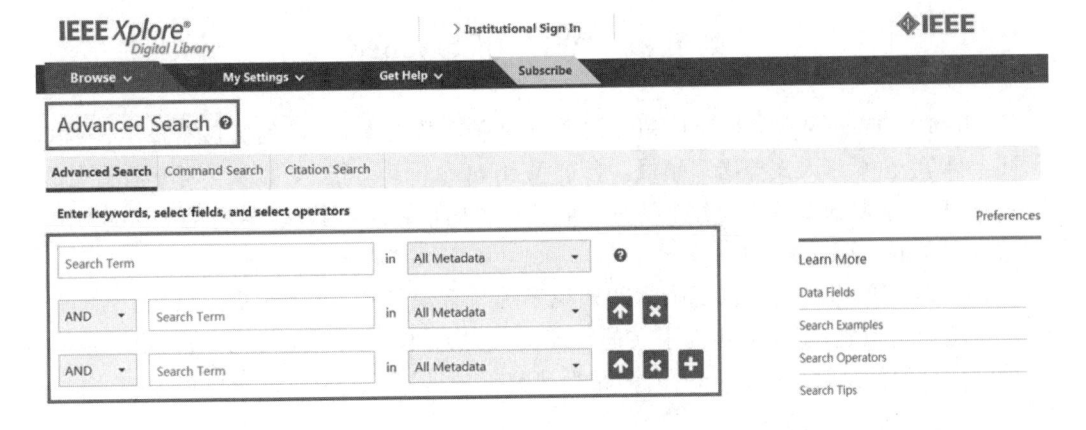

图3-6 IEL数据库高级检索示意图

(三)检索结果

在检索结果页面的"Search within results"检索框中输入检索词或检索式,点击"检索"图标进行二次检索,如图3-7所示。

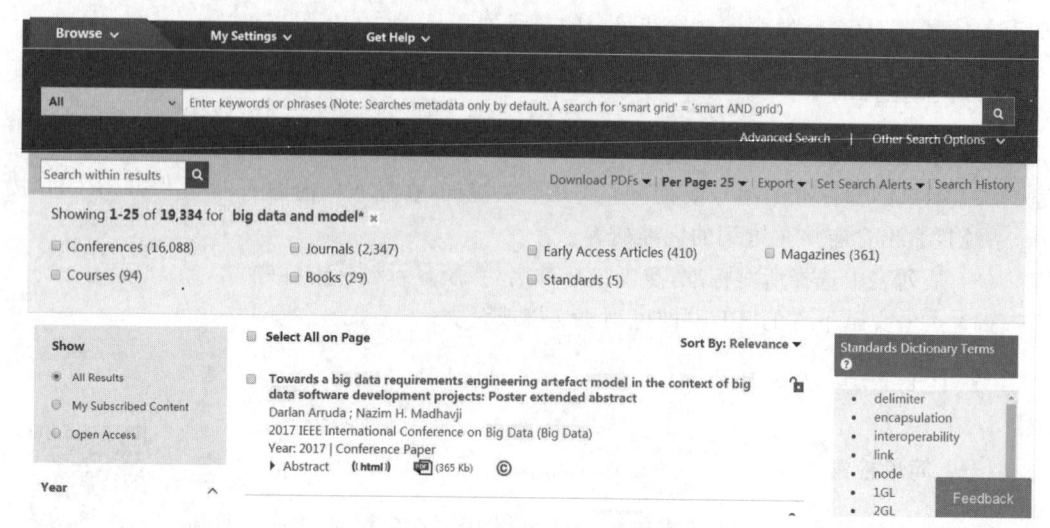

图 3-7　IEL 数据库检索结果示意图

检索结果自动按照文献内容（会议录、期刊、早期收录文章、杂志、课程、书籍、标准）、出版年、作者、作者单位、出版物名称、主题、出版社、会议举办国和地名等进行统计，并显示在页面左侧，用户可精炼检索。

点击"Sort By"可以对结果进行排序。检索结果排序方式包括按相关度、新文献优先、老文献优先、被引频次、按照出版物名称的字母升序或降序排序。

可以在检索结果列表页中，浏览文献的题录和简单摘要信息，点击"Abstract"浏览文摘信息，点击"PDF"图标可浏览或下载全文。

第五节　Web of Science

Web of Science(WOS)是全球领先的跨学科引文数据库，内容涵盖自然科学、工程技术、社会科学、艺术与人文等诸多领域。通过 Web of Science，用户可以从全球享有盛名的 9 千多种核心学术期刊中检索到各个学科当前及过去的信息，数据可以回溯至 1900 年，追溯 100 多年的科技文献及其影响。

在功能上，WOS 平台提供了强大的知识发现与管理工具，包括独特的引文检索、主题检索、化学结构检索、基于内容与引文的跨库交叉浏览、检索结果的信息分析、定题跟踪服务、检索结果的信息管理(EndNote)等，帮助研究人员迅速深入地发现自己所需要的信息，把握研究发展的趋势与方向。

WOS 平台的主要产品为 WOS 核心合集，其中包括以下几个数据库。① Science Citation Index Expanded(简称 SCIE)。SCIE 是科学引文索引，目前收录 1900 年至今的 8 000 多种国际性、高影响力的学术期刊，包含自然科学、工程技术、临床医学等方面共 177 个学科。② Social Science Citation Index(简称 SSCI)。SSCI 是社会科学引文索引，目前收录 1900 年至今的 3 000 多种国际性、高影响力的学术期刊，包含社会科学方面 57 个学科。③ Arts & Humanities Citation Index(简称 A&HCI)。A&HCI 是艺术与人文引文索引，目前收录 1975 年至今的 1 700 多种国际性、高影响力的学术期刊，包含哲学、语言学、文学、建筑、艺术、亚洲研究、电影/广播/电视等 28 个艺术与人文学科。④ Conference Proceedings Citation Index-Science(简称 CPCI-S)。CPCI-S 是科技会议录索引，该索引收录生命科学、物理与化学科学、农业、生物和环境科学、工程技术和应用科学等学科的会议文献，包括一般性会议、座谈会、讨论会、发表会等。⑤ Conference Proceedings Citation Index－Social Science & Humanities(简称 CPCI-SSH)。CPCI-SSH 是社会科学及人文科学会议索引，收录了来自社会科学、艺术与人文领域的所有学科的会议，包括专著、期刊、报告、增刊及预印本等形式出版的各种一般会议、座谈会、研究会和专题讨论会的会议录文献。⑥ Book Citation Index－Science＋Social Science & Humanities(简称 BKCI)。BKCI 是图书引文－自然科学版＋社会科学与人文版，收录超过 101 800 种学术专著，同时每年增加 10 000 种新书。

该数据库的特点如下：(1)通过引文检索可查找相关研究课题各个时期的文献题录和摘要，看到论文引用参考文献的记录、论文被引用情况。(2)可选择检索文献出版的时间范围，对文献的语种、文献类型做限定检索。(3)检索结果可按照相关性、作者、日期、期刊名称等项目排序，并对检索结果进行分析。

一、检索方式

（一）基本检索

在 Web of Science 的"文献"标签下，即可显示基本检索页面，主页上方"选择数据库"选项中可以选择数据库，如所有数据库或者 Web of Science 核心合集等数据库。

在"Web of Science 核心合集"数据库中，检索字段可选字段有主题、标题、作者、出版物名称、出版年、地址、机构、语种、文献类型等。用户可以点击"帮助"进一步了解这些字段的详细说明。

如在 Web of Science 主页上方"选择数据库"选项中选择 Web of Science 核心合集。选择"主题"检索字段，在检索框中输入检索词"aptamer"，"出版日期"中选择所需时间段，点击蓝色"检索"按钮，如图 3-8 所示。(见二维码 3-11)

（二）作者检索

在 Web of Science 数据库中，选择"Web of Science 核心合集"，在检索字段中选择"作者"，输入作者名，即可进行作者检索。(见二维码 3-12)

（三）被引参考文献检索

被引参考文献检索的检索字段，分别是被引作者、被引著作、被引 DOI、被引年份、被引卷、被引期、被引页、被引标题等。通过在检索框中输入检索词，即可检索出文献被引情况。

图 3-8 Web of Science 数据库基本检索示意图

（四）高级检索

在高级检索框里可输入检索表达式进行检索。高级检索未提供字段选择，需用户输入"字段标识"，如"TI=标题""TS=主题"等。同时允许使用逻辑运算符和通配符，如图 3-9 所示。

图 3-9 Web of Science 数据库高级检索示意图

二、检索结果保存和分析

检索后,出现如图 3-10 所示的检索结果页面。如果文献数量太多,可以继续在该页面左侧"精炼检索结果"下方的检索框内输入其他的检索词来限定检索范围和主题,继续进行检索。还可以选择左侧的多个选项进行精炼,如出版年、学科类别、文献类型、研究方向、作者姓名等。

检索结果页面右侧可以点击"分析检索结果"和"创建引文报告"。"引文报告"功能不适用于包含 10 000 个以上记录的检索结果。如果检索结果超出此限制,则用户会看到以下信息:"引文报告不可用[?]"。

检索结果中间上方,可选择排序方式:日期、被引频次、使用次数和相关性等。

勾选所需文献后,可"添加到标记结果列表"或导出至 EndNote 文献管理软件。

点开文献标题,可查看到该篇文献的信息,其中标黄字体为输入的检索词。

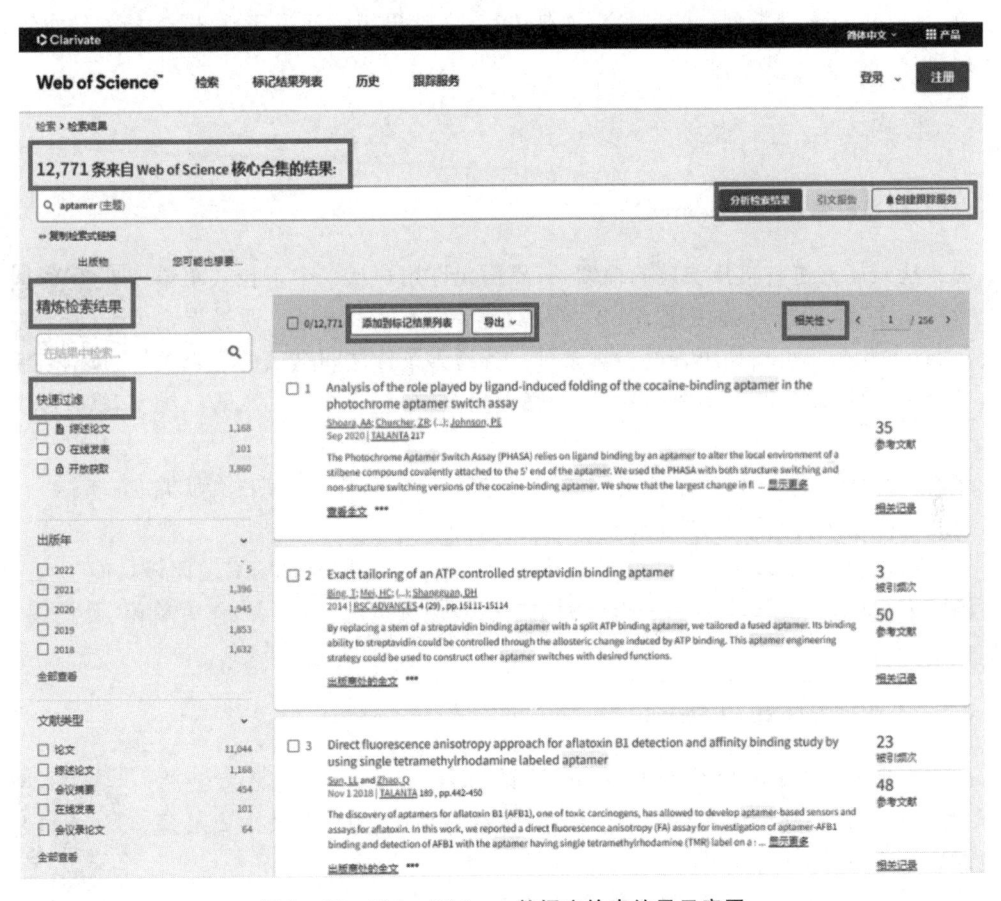

图 3-10 Web of Science 数据库检索结果示意图

第六节 EI 数据库

工程索引(Engineering Index,简称 EI)是世界著名的检索工具,由美国工程信息公司编辑出版发行,该公司始建于 1884 年,是世界上最大的工程信息提供者之一,早期出版印刷版、缩微版等信息产品,1969 年开始提供 EI Compendex 数据库服务。EI 以收录工程技术领域的文献全面且水平高为特点。EI 收录 6 500 多种工程类期刊论文、会议论文和科技报告,收录范围包括核技术、生物工程、运输、化学和工艺、光学农业和食品、计算机和数据处理、应用物理、电子和通信、材料、石油、航空和汽车工程等学科领域。EI Compendex 数据库检索可追溯到 1884 年,数据库记录 700 万条,数据库现在每周更新,每年新增记录 25 万条。

其检索方式分为快速检索(Quick Search)、专业检索(Expert Search)和主题词表检索(Thesaurus Search)等。其中,快速检索方式下可以选择检索字段,进行三个条件之间的逻辑运算,另外可对文献类型、文献内容、文献语言、文献出版时间进行筛选,对检索结果可以适当地排序。

一、检索方式

(一) 快速检索(Quick Search)

快速检索能够进行直接快速的检索,其界面允许用户从一个下拉式菜单中选择检索字段,如可选择主题、摘要、作者、作者单位、标题等。通过点击"Add search field",可增加更多的检索条件。各检索条件之间默认的逻辑关系是逻辑与(AND),也可以选择逻辑或(OR)、逻辑非(NOT)。(见二维码 3-13)

在检索框的下面,可以通过点击快捷键来选择数据库、检索日期、文献类型、语种、文献处理方式和排序方式等。

自动取词根功能(Autostemming)默认是开放的,可点击"turn off"关闭该功能。

浏览索引(Browse indexes)是指可利用索引功能浏览/查询作者、作者单位、受控词、出版社和期刊名称。

(二) 专业检索(Expert Search)

点击首页上方"Search"的下拉菜单,选择"Expert Search"进入专业检索,专业检索提供更强大而灵活的功能,与快速检索相比,用户可使用更复杂的检索表达式,如图 3-11 所示。(见二维码 3-14)

用户需在检索框内输入完整的检索式。通过点击"Search codes"可获得检索字段代码,还可点击右上角的"?"获取帮助。

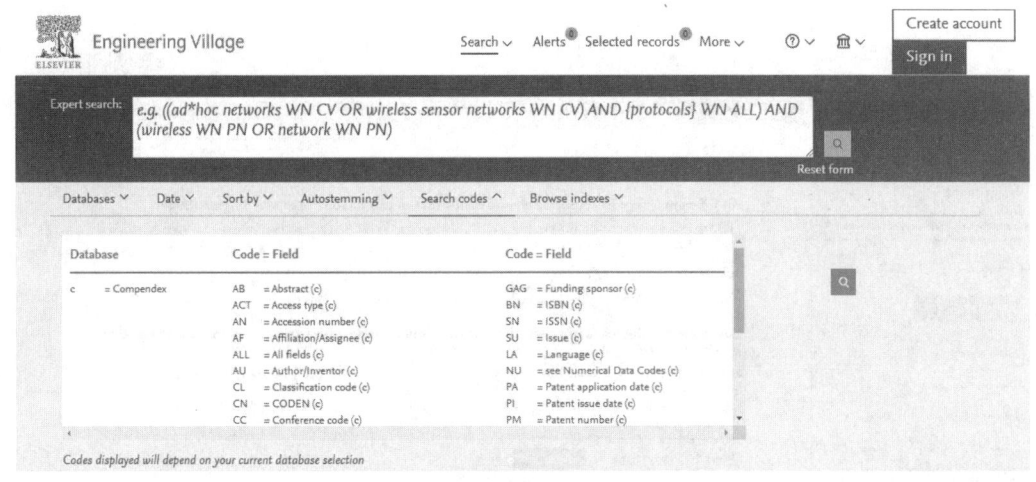

图 3-11 EI 数据库专业检索示意图

(三) 主题词表检索 (Thesaurus search)

主题词表检索也叫词库检索,可利用词库开启上位词、下位词或相关词汇,选择多个词汇进行组合检索。

如输入检索词"computer simulation",得到该检索词的相关词,如图 3-12 所示。点击列表中的相关词汇,如"computer science",得到上位词、下位词和相关词汇。(见二维码 3-15)

二维码 3-15
扫一扫可见
主题词表检索

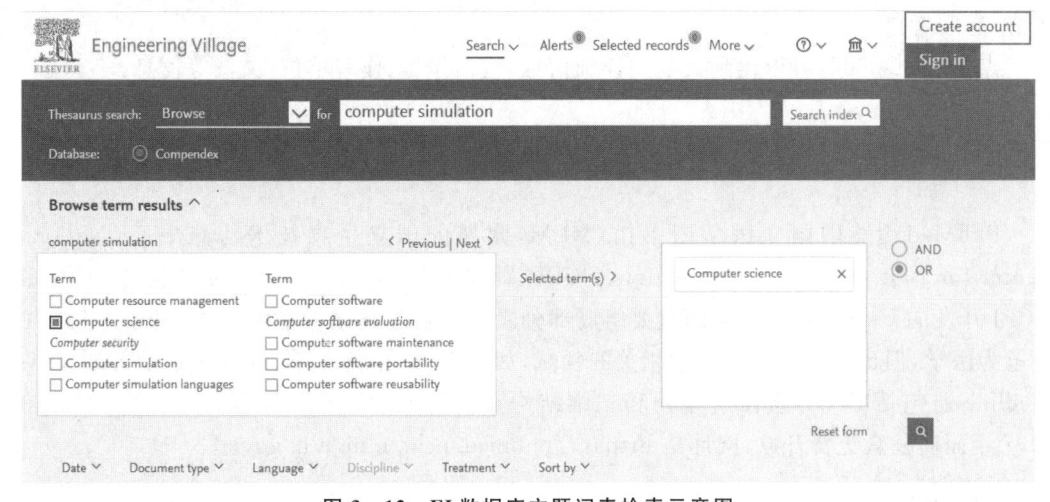

图 3-12 EI 数据库主题词表检索示意图

二、检索结果

在检索结果页面左侧,通过选择学科范围、文献类型、受控词表、作者、作者单位、分类、国别、语种、年度、文献来源、出版商、基金资助等,进一步精炼结果,如图 3-13 所示。(见二维码 3-16)

二维码 3-16
扫一扫可见
检索结果

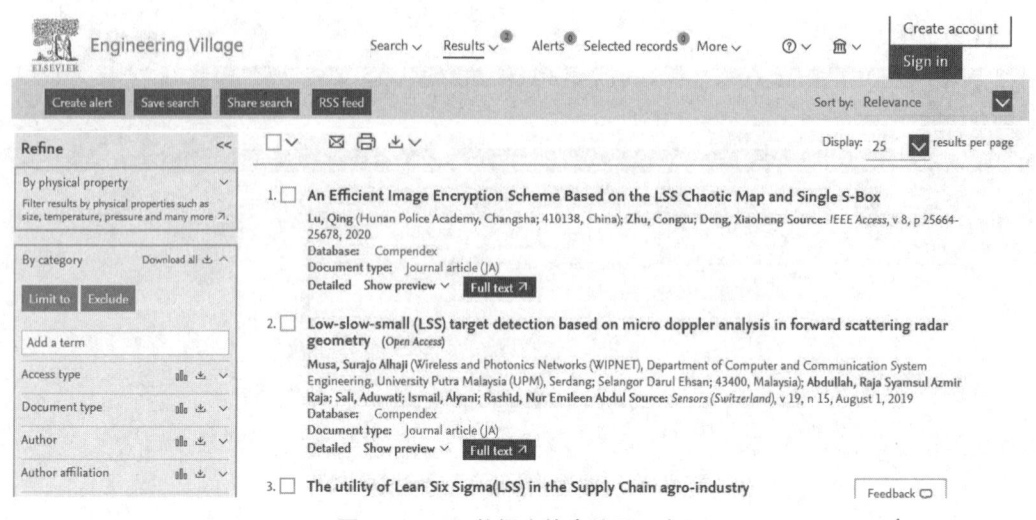

图 3-13　EI 数据库检索结果示意图

还可以在左侧上方"Add a term"位置，输入另外一个检索词，进行二次检索，实现"在结果中检索"。在左侧下方点击"Limit to"，得到二次检索结果。Limit to 表示限制结果在有勾选的字段，而 Exclude 则是排除有勾选的字段。

EI 是二次文献数据库，不为用户提供全文数据，可点击"Full text"链接，进入该文献所在原文数据库获取全文。

在检索结果页面，为用户提供多种检索结果排序方式，可依照相关度、日期、作者、文献来源、出版者排序。

点击"Detailed"，可以得到文献的详细信息，包括作者、作者单位、文摘等信息。

第七节　PubMed 数据库

PubMed 由美国国立医学图书馆（NLM）附属的国立生物技术信息中心（National Center for Biotechnology Information，NCBI）研制开发、基于 Web 的免费搜寻引擎，是 NCBI 开发的 Entrez 检索系统的重要组成部分之一。它的数据库来源为 Medline。其核心主题为医学，但也包括其他与医学相关的领域，如护理学、生物化学、细胞生物学等的文献。Medline 还包括 DNA/蛋白质序列和三维结构资料的分子生物学数据库等。PubMed 在 1997 年面向公众免费开放，网址是 https://pubmed.ncbi.nlm.nih.gov。

一、检索方法

（一）基本检索

点击进入 PubMed 首页，在页面的上方即基本检索框，可输入所需检索词进行检索。（见二维码 3-17）

二维码 3-17
扫一扫可见
基本检索

注意检索词的使用：(1) 精确检索，用英文双引号将要检索的多个词限定为一个词进行检索。(2) 截词检索，当检索词结尾不确定时，可用 * 替代。

（二）高级检索

点击首页基本检索框下面的 Advance，进入高级检索。高级检索界面下可进行多种检索条件的限定。同时可显示检索历史，允许使用检索历史序号进行组配检索。

在 PubMed 中列出了 40 多个检索字段，读者可选择作者、刊名、出版日期等多个检索字段，输入相应的检索词进行组合检索。如果输入框不够，可点击"Add"按钮添加。（见二维码 3-18）

例如，检索 2015 年 1 月 1 日以来发表在 Nature 杂志上关于糖尿病的英文文献，如图 3-14 所示。

二维码 3-18
扫一扫可见
高级检索

当至少运行一次检索后，即可使用 History；检索历史中显示的是之前所做的检索方案和检索结果（检索序号、检索式、检索时间和检索结果数量）。要注意：(1) 检索历史中最多可保留 100 个检索式，超过 100 个时将自动删除最早的检索式；(2) 系统在休止状态对检索式的保留时间为 8 小时，8 小时后检索式自动消失。

图 3-14 PubMed 数据库高级检索实例

检索历史的作用主要用于描述所输入检索式的详细检索过程。

（三）主题词检索

使用 NCBI 中的主题词数据库（MeSH Database）可以浏览 MeSH 词表，选择规范的主题词、副主题词，并可查看主题词注释、浏览树形结构等。（见二维码3-19）

在检索框内输入检索词后，系统将自动进行主题词表匹配检索，有的非主题词将转换为主题词，可浏览主题词的定义、浏览树状结构并进行选择，并

二维码 3-19
扫一扫可见
主题词检索

能提供可供组配的副主题词进行检索,还提供是否只针对主要主题词检索及是否进行扩展检索等功能。

二、检索结果处理

(一) 检索结果的限定

检索结果可以使用过滤栏中的各种条件进行多条件限定。

(二) 检索结果显示

PubMed 提供多种显示格式,默认的是 Summary 格式,在结果显示界面中点击"Format"可以对检索显示结果进行设定,如图 3-15 所示。(见二维码 3-20)

二维码 3-20
扫一扫可见
检索结果显示

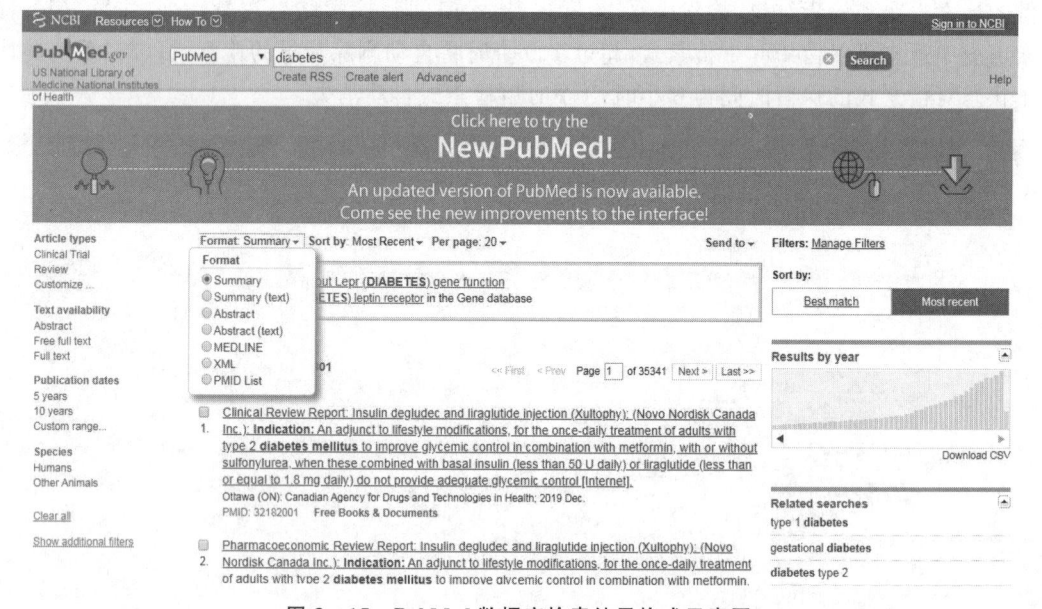

图 3-15 PubMed 数据库检索结果格式示意图

点击"Sort by"可以对检索结果的排序方式进行设定。

(三) 检索结果输出

点击"Save"打开结果输出功能,选择"create file"默认保存所有记录,最多可保存 10 000 条记录;点击选择"Clipboard"把选中结果保存到剪切板中,最多可保存 500 条记录,最长保存 8 小时;选择"E-mail"将结果发送到指定邮箱,如图 3-16 所示。

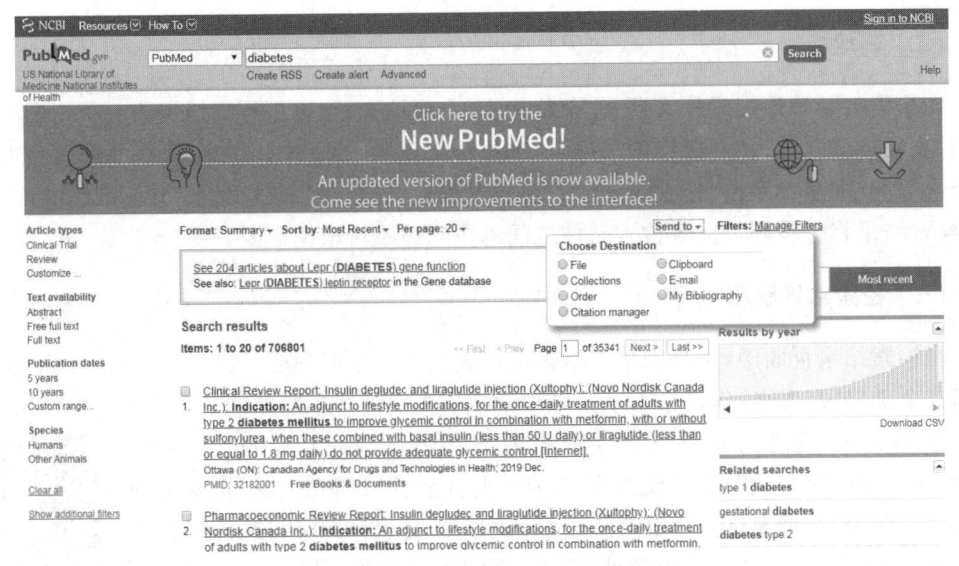

第三章 国外重要专业文献资源检索

图 3-16 PubMed 数据库检索结果输出示意图

第八节 百链云

一、概述

百链云是超星公司推出的新一代图书馆资源解决方案及共建共享方案,其宗旨在于为读者提供资源补缺服务。通过对元数据仓储数据与用户本地资源分布建立定位链接,实现了基于内容的检索,使检索深入章节和全文。它将电子图书、期刊、学位论文、会议论文等各类型文献整合于同一平台,能够完成学术资源的一站式检索。它集文献搜索、试读、传递为一体,能够实现本馆与其他馆的互通互联、共建共享,最终通过原文链接和云服务模式,帮助读者找到、得到所需资源。

二、数据库的检索

(一) 基本检索

用户登录百链云后,默认的检索方式为基本检索,在检索框上方有不同的数据库可供选择:图书、期刊、报纸、学位论文、会议论文、专利、音视频等。输入想要检索的检索词,单击"外文搜索"按钮,即进入外文检索结果页面,如图 3-17 所示。

图 3-17 百链云数据库基本检索示意图

（二）高级检索

如果需要精确地搜索外文期刊、学位论文、会议论文，可以进行高级搜索。单击图3-17右侧"高级搜索"，进入"高级搜索"界面。选择全部或单一数据库，在检索框中输入检索词，选择恰当的（如全部字段、作者、标题等）检索字段后，可点击"外文检索"进行准确的高级搜索，检索结果将一步到位。各检索条件之间的逻辑关系可根据需要选择"与""或"和"非"。

（三）检索结果获取

在检索结果页面中，百链云把与检索词相关的文献全部列表，可以直接选择目标文献或者通过全部字段、书名、作者检索字段对检索结果再次进行精确筛选。百链云检索结果中的外文期刊文献，有些可从外文全文数据库如 SpringerLink、ScienceDirect、EBSCO 学术检索大全等中下载到原文；有些为开放获取期刊文献，可直接通过链接下载原文；对通过上述渠道获取不到原文的文献，可利用该文献的"文献传递"功能，输入读者的邮箱地址（首选 QQ 邮箱）和验证码后进行免费获取。百链云检索到的外文学位论文、会议论文、外文图书和专利文献等，若显示有"文献传递"功能，也可以同样方式获取原文。（见二维码 3-21）

二维码 3-21
扫一扫可见
检索结果获取

第九节　国外其他文献主要数据库

在对上述国外主要文献资源数据库进行介绍的基础上，本节对国外主要专利、标准和学位论文等其他文献数据库或网站进行了归纳整理（见表 3-1），方便读者进行检索和查阅。

表 3-1　国外其他文献主要数据库列表

序号	国外主要专利数据库	国外主要标准文献数据库	国外主要学位论文数据库
1	美国专利文献数据库（PTO）	国际标准化组织（ISO）	欧美博硕论文全文数据库（PQDD）
2	欧洲专利文献数据库（Espacenet）	百链云（MedaLink）图书馆	百链云（MedaLink）图书馆
3	百链云（MedaLink）图书馆		

思考题

1. 请检索本校本专业老师近五年在 SCI 发文总数。发文最多的老师是哪位？被引频次最高的是几次？
2. IEL 数据库的全称是什么？收录的主要文献类型有哪些？
3. 请在 Springer Link 数据库中检索本专业相关的期刊与图书。
4. EI 数据库收录的主要文献内容与类型是什么？
5. 请用百链云文献传递本专业相关的国外学位论文全文。

第四章 文献管理

在科技论文的写作过程中,需要查阅大量的参考文献,积累到一定阶段以后,如何有效地对参考文献进行管理,如何快速提取所需要的文献,是每个写作者都面临的问题之一。因此,科学地管理参考文献、有效而准确地使用文献显得特别重要。

文献管理软件(reference management software,RMS)是一种计算机应用软件,核心功能是用来建立、存储和输出个人用户的参考文献题录资料,帮助使用者更好地对参考文献进行管理。参考文献管理软件有明显的优点:可以通过软件在文字处理软件(如 word 和 WPS)中的插件,方便地在论文的所需之处插入所引用的文献,软件自动根据文献出现的先后顺序编号,或根据杂志要求注明作者和论文发表年份,根据指定的格式将引用的文献附在论文的最后;在论文修改时,如果在论文中间插入了引用的新文献,或删除了部分已有的文献,软件将自动更新编号,自动更新论文最后参考文献目录中的文献内容;可以通过因特网或局域网到 PubMed、中国知网、Web of Science 等数据库直接检索文献,并保存到用户自己建立的数据库中,或者通过先检索、后导入的方式,将各种数据库中导入到软件内;可以在软件内链接因特网上的全文数据库和图片等与该文献相关的任何网页,或链接用户已经下载的、位于本地计算机硬盘内的文件,或与该文献相关的任何文件(如图像、声音、视频等文件);也可以自己编辑杂志输出格式等。通过上述操作,将极大地节省用于文献检索、文献管理和引用的时间和精力,方便地查找和使用已有的参考文献,并使文献的标引和著录准确对应。

目前国内外常用的文献管理软件有很多。本章拟以 NoteExpress 和知网研学平台等最常使用的文献管理软件为例,说明它们在文献获取、管理和使用上的应用。

第一节 NoteExpress

一、NoteExpress 基本信息

NoteExpress 是北京爱琴海乐之技术有限公司开发的一款应用较为广泛的文献管理软件,图 4-1 是其下载安装界面图。

图 4-1　NoteExpress 的下载安装界面图

点击免费下载后，可出现个人版和集团版下载界面。集团版用户通过在搜索框中输入机构名称，即可下载到通过认证的 NoteExpress 软件。（见二维码 4-1）

NoteExpress 的工作界面主要有菜单栏、工具栏、目录区、题录列表区和题录的细节区域，如图 4-2 所示。

二维码 4-1
扫一扫可见
NoteExpress 简介

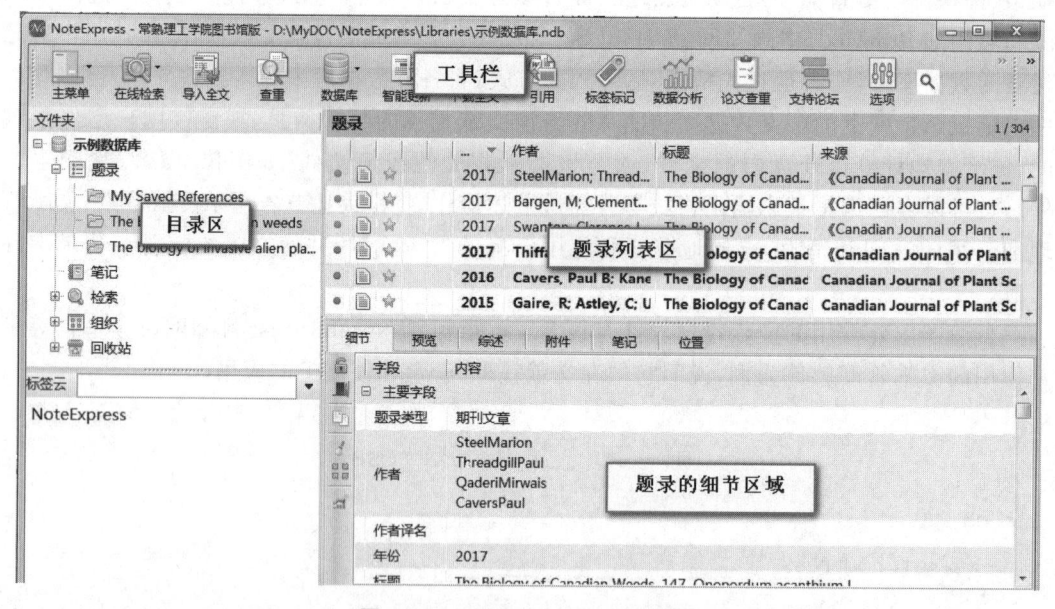

图 4-2　NoteExpress 工作界面图

NoteExpress 主菜单的下拉菜单列表如图 4-3 所示。点击相应菜单下拉列表中的各个选项，就可以进行相应操作。

NoteExpress 的目录区位于工作界面的左侧，是以树形组织结构的方式呈现的。系统安装软件时自动建立的数据库主要包括"题录""笔记""检索""组织"和"回收站"等 5 个文件

图 4-3 NoteExpress 的菜单栏

夹(如图 4-2)。在使用 NoteExpress 时,可通过点击菜单栏的第一个栏目"文件""新建数据库",创建自己的数据库,并将其存放在指定的位置。

在 NoteExpress 的目录区点击各级文件夹时,对应文件夹中的子文件夹或文件夹中内容列表会展示在题录列表区,如期刊文献以"年份""作者""标题""来源"的顺序呈现(如图 4-2),想要查找其中特定的作者和文献就变得非常容易。

NoteExpress 软件工作界面的最下方是题录的细节区域。在 NoteExpress 的题录列表区选择某个题录后,用户可以在"细节"标签下浏览该题录的各种详细信息(如图 4-2),在"预览"标签下复制该题录的文中引文样式和尾注/脚注样式,在"综述"标签下查看该题录的标题、作者、来源、摘要、关键词等重要信息,在"附件"标签下查看用户已上传的全文 PDF 文档及全文的链接地址等,在"笔记"标签的文本编辑界面记录自己阅读该文献后的感想和体会,在"位置"标签处查看该题录所在的文件夹名称。

二、NoteExpress 数据库的创建

通过 NoteExpress 创建数据库有五种方式,即通过在线检索功能、通过文献检索系统、通过导入本地文件或文件夹、通过手工录入数据和通过网络捕手插件导入等方式。各种方法的具体操作详细描述如下。

(一) 在线检索

在 NoteExpress 中,汇集了国内外重要的学术文献数据库,例如:CNKI 中国知网、读秀、万方、Web of Science、Engineering Village、PubMed、Springerlink 等。用户在工具栏中点击"在线检索"后,可以在弹出的页面中选择某个数据库,如选择中国知网。或在搜索框中输入数据库名称,如图 4-4 所示。

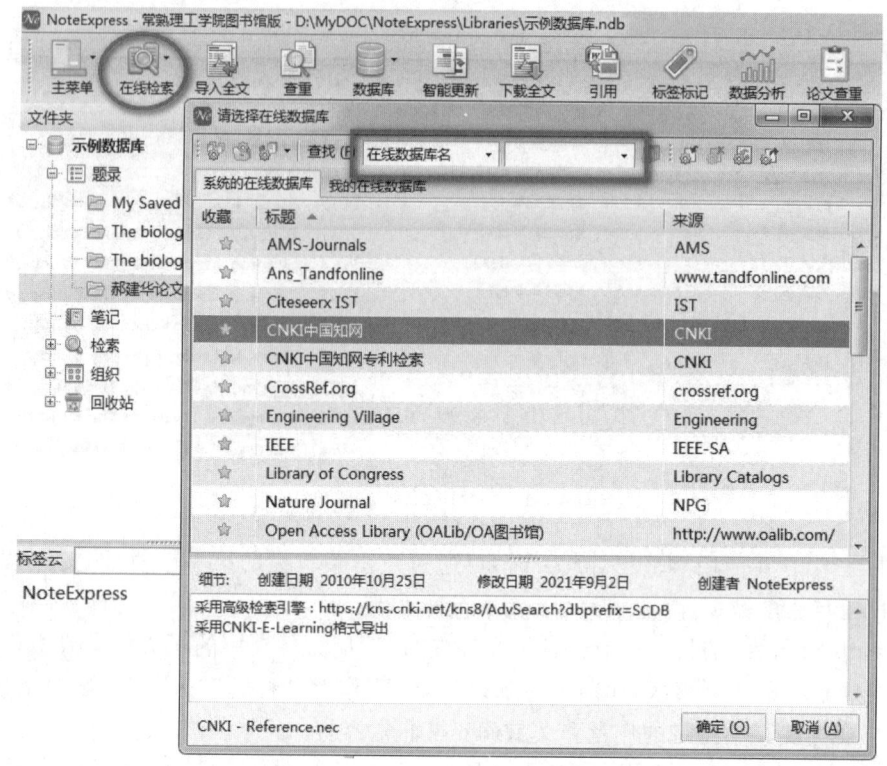

图 4-4 NoteExpress 在线检索的页面

点击上述页面的"确定"按钮后,会弹出一个检索框,该检索框与 CNKI 高级检索的界面是类似的。通过在检索框中选择检索字段、输入检索词并选择逻辑关联词后,点击确定后进行检索。检索完成后可以将检索到的结果批量保存到目录区的数据库中。

通过"在线检索"功能建立数据库的样例见二维码 4-2(在线检索)。

二维码 4-2
☞扫一扫可见
在线检索

(二) 先检索后导入

检索者也可以先在文献数据库中检索文献,将检索到的文献保存为 NoteExpress 题录文档,实现题录的获取和保存。之后再通过 NoteExpress 的菜单栏中的导入题录功能,将保存的题录文档导入到数据库中(如图 4-5)。在保存题录文档和导入过程中,需注意选择 NoteExpress 过滤器。

从中国知网检索到的文献导入 NoteExpress 数据库的样例可查看二维码 4-3。

从万方数据库检索到的文献导入 NoteExpress 数据库的样例可查看二维码 4-4。

二维码 4-3
☞扫一扫可见
中国知网检索文献导入案例

二维码 4-4
☞扫一扫可见
万方数据库文献导入案例

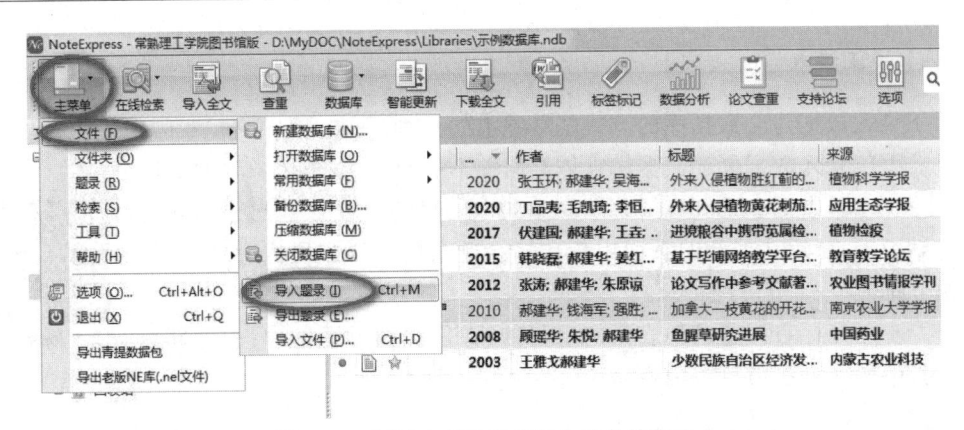

图 4-5 通过文献数据库导入题录的方法

(三) 本地文件或文件夹导入

检索者如果想将自己电脑里已保存的文件或文件夹中的文献直接存入到 NoteExpress 系统的题录中,可以通过将文件或文件夹直接拖拽到题录数据库中的方法,也可以点击工具栏中的"导入全文",在出现的对话框中点击"添加文件",实现单个文档的导入,如点击"添加目录",则可将整个文件夹中的文档导入到指定文件夹中(如图 4-6)。此功能也通过点击主菜单—文件—导入文件的途径进行操作。在操作过程中,需注意添加的文档类型(期刊文献、图书文献等)与题录的类型相匹配。见二维码 4-5(已有文献导入)。

二维码 4-5
扫一扫可见
已有文献导入

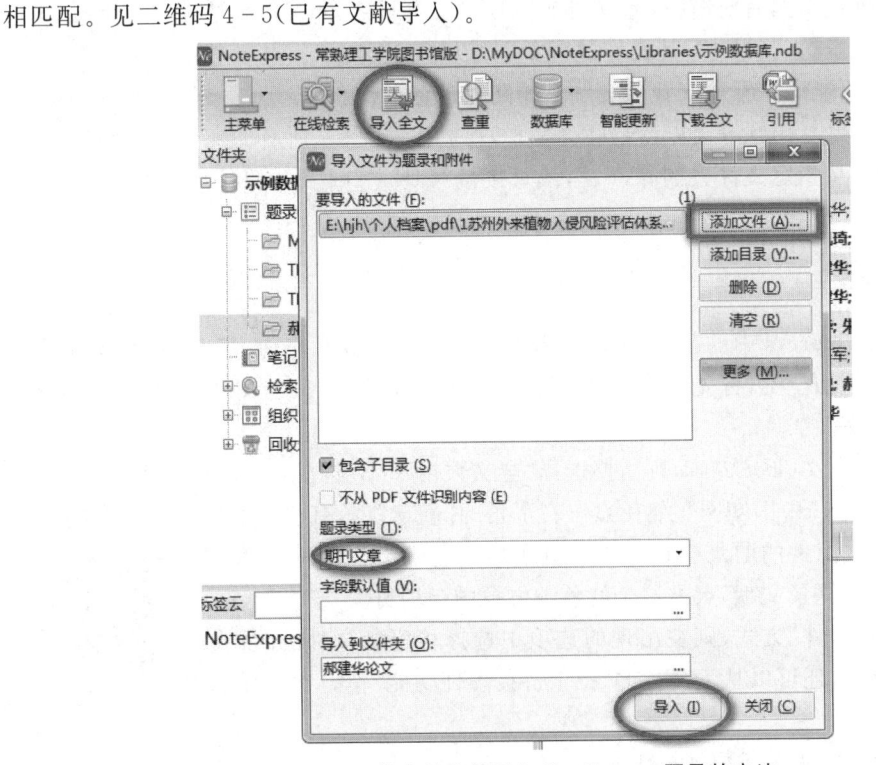

图 4-6 将本地文件导入 NoteExpress 题录的方法

（四）手工录入

手工录入数据建立数据库的方式是最基本的一种，可供用于补充其他方式都无法创建的题录。手工录入数据创建数据库具体有两种不同的方式，具体步骤如下：

第一步　单击 NoteExpress 菜单栏中的"题录"；点击"新建题录"；选择题录文献类型，然后在展开的页面中依次输入题录的主要字段内容；保存题录。见二维码 4-6（自行输入）。

第二步　鼠标右击题录列表区的空白处，在出现的对话框中选择"新建题录"，其他操作方法与第一种相同。

（五）NoteExpress 网络捕手插件

详细使用方法可参考 NoteExpress 官网（http://www.inoteexpress.com）上的网络捕手安装使用说明，也可参考本节第三部分之（四）。

三、NoteExpress 的管理分析和应用功能

（一）题录查重

查找重复的题录，可以使所收录的信息是唯一的，避免出现重复阅读、记录紊乱等现象，保证文献管理质量。NoteExpress 中题录查重可通过如下步骤进行：首先在 NoteExpress 工具栏中点击"查重"，然后对"待查重文件夹（O）""待查重字段（E）"和选项分别进行设定，点击"查找（F）"，其操作过程如二维码 4-7 所示。题录查重也可通过点击菜单栏—检索—查找重复题录的路径进行操作。

经过查重后，重复的题录会以蓝色高亮呈现，根据需要可"从所有的文件夹中删除（S）"或"从指定文件夹删除（F）"，或直接按"Ctrl+Del"即可删除重复题录。

（二）附加全文

导入到 NoteExpress 中的题录，可以清晰地看到作者、标题、年份、摘要、关键词等重要信息。如果想要附加全文，首先要选中一条题录，右击后采用"下载全文（U）"或"添加附件"两种方式附加全文。

如选择"下载全文（U）"方式，则需要选择"全文数据库（S）"，在出现的窗口中，选择一个文献数据库如"CNKI 中国知网"，然后点击右下角的"确定"后，有权限的用户可以直接下载全文附件。有全文附件的题录会在列表中显示出红色的方框图标。用户想要查看自己下载的题录文献，点击这个红色的方框图标即可。

如选择"添加附件"方式，则在出现的选项中选择相应的文件、文件夹或题录等即可。此外，还可以从工具栏的"批量链接附件功能"里一次性添加成批附件。

添加附件的方法见二维码 4-8。

(三) 题录更新

导入的全文文献,其中一些缺少年份、作者和来源等重要信息,NoteExpress 可以通过在线更新的方式来补充这些信息。在线更新有三种方式:智能更新、自动更新和手动更新。(见二维码 4-9)

1. 智能更新

智能更新是在后台自动连接在线数据库,将选中的一条或多条题录进行更新的方式。智能更新只需选中目标题录后,点击顶部工具栏的"智能更新"按钮即可。或通过右击某个题录后,在出现的对话框中单击在线更新中的"智能更新"按钮实现。

2. 自动更新

自动更新是自动从指定的文献数据库更新选中的题录的过程。自动更新方式也可从主菜单的检索功能进入,单击在线更新题录中的自动更新按钮后,会出现一个对话框。点击图中的 ,进行数据库的选择,例如选择"CNKI 中国知网"数据库。点击确定后,点击页面右上角的"查找更新(F)"。查找更新结束后,可以点击页面右下角的"应用更新(O)",完成自动更新功能。

3. 手动更新方式

手工更新是手动从在线数据库检索,并更新选中的单条题录的过程。鼠标右击目标题录,选择"在线更新",然后选择"手动更新",之后会出现待题录更新的对话框,其中选定的在线数据库检索框中的检索条件已被自动录入。确认无误后点击"开始检索",在结果框中会出现相应的结果,点击更新按钮实现手动更新功能。

(四) 在浏览器中检索

NoteExpress 网络捕手是支持 Chrome 浏览器及 Chromium 内核浏览器的插件程序。通过在浏览器中进行检索(如图 4-7 和图 4-8),可以将网页上的内容一键保存到 NoteExpress 当前数据库的任意指定目录,辅助用户高效收集资料。

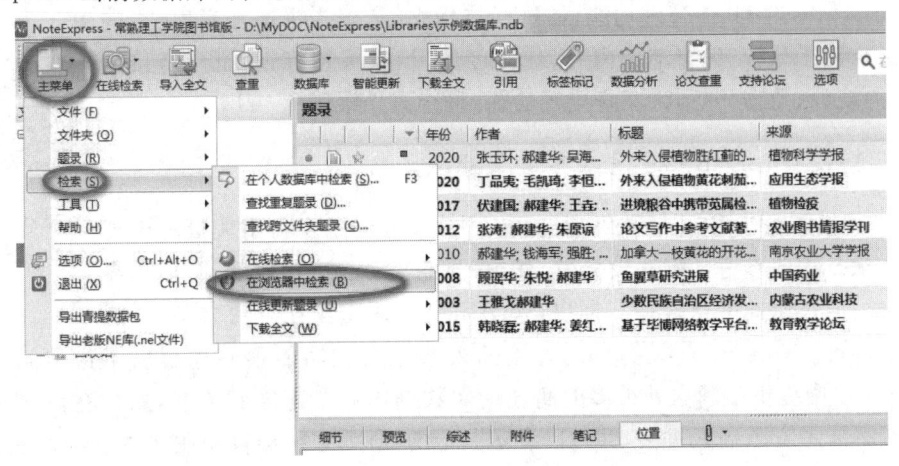

图 4-7 NoteExpress 浏览器检索功能的开启

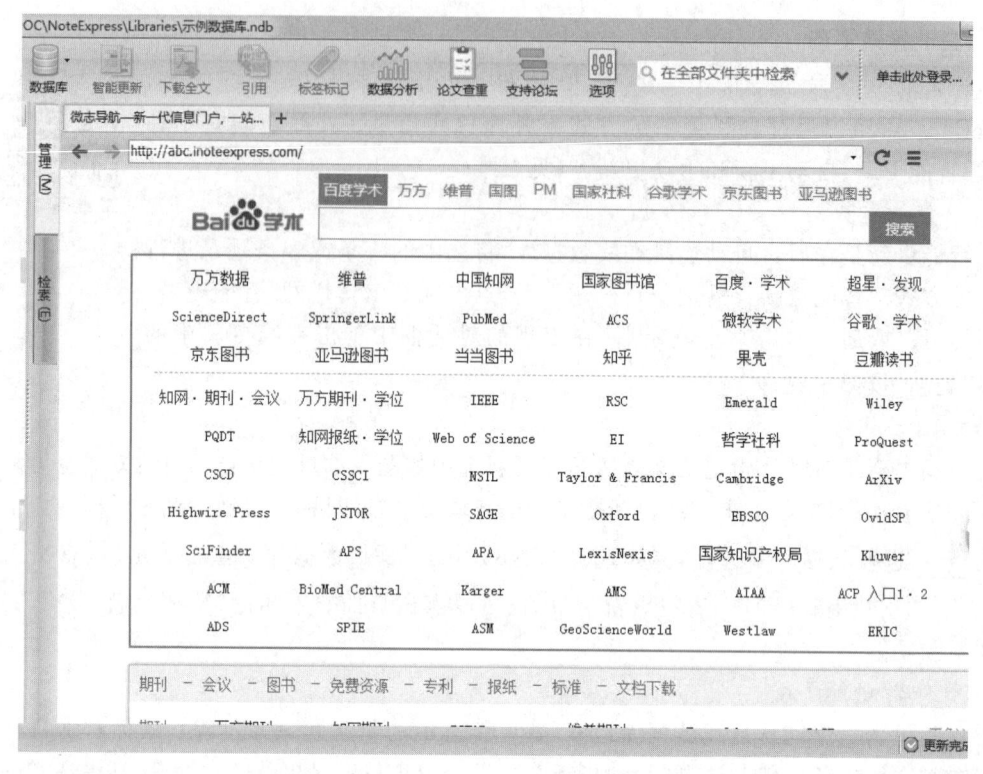

图 4-8 NoteExpress 浏览器检索的界面

在使用浏览器检索时，需要同时打开 NoteExpress。在浏览器中检索的操作，可实现如下功能：在浏览器中批量获取题录信息、保存题录详情页和摘要信息、以题录的方式保存网页。

NoteExpress 浏览器检索的具体操作方法可查看二维码 4-10。

二维码 4-10
扫一扫可见
NoteExpress
浏览器检索

（五）其他管理

NoteExpress 的其他管理功能，如星标与优先级、表头中增加字段（影响因子）、影响因子分析、编辑笔记内容、优先度的保存、标签标记、批量链接附件、文件夹统计、数据分析、论文查重等功能，可查看二维码 4-11。

二维码 4-11
扫一扫可见
NoteExpress
其他管理功能

四、利用 NoteExpress 插入参考文献

在 Word 或 WPS 中进行科研和论文写作时，常常需要引用大量的中英文参考文献。这些参考文献比较分散，查找、调整变动起来比较麻烦，而且需要在论文后面按照标准格式一一标出，人工完成的话比较耗时耗力，有可能还会出错，所以 NoteExpress 提供的直接插入参考文献功能很好地解决了这个问题。在 NoteExpress 中提供了国内外很多的期刊论文数据库和参考文献格式，用户在论文写作中可以随意将参考文献插入进去，并可以设定一定的顺序，系统会自动在文档中生成一条参考文献。

当安装完成 NoteExpress 软件后，Word 或 WPS 中顶部工具栏中会自动显示 NoteExpress 写作插件。点击工具栏中的 NoteExpress 插件按钮，会出现 NoteExpress 的主要工具栏，如图 4-9 所示。

图 4-9 Word 工具栏中的 NoteExpress 插件

如果写作插件未安装成功，可在 NoteExpress 的顶部工具栏的"选项"—"扩展"中，进行 Word 或 WPS 写作插件的安装（如图 4-10）。

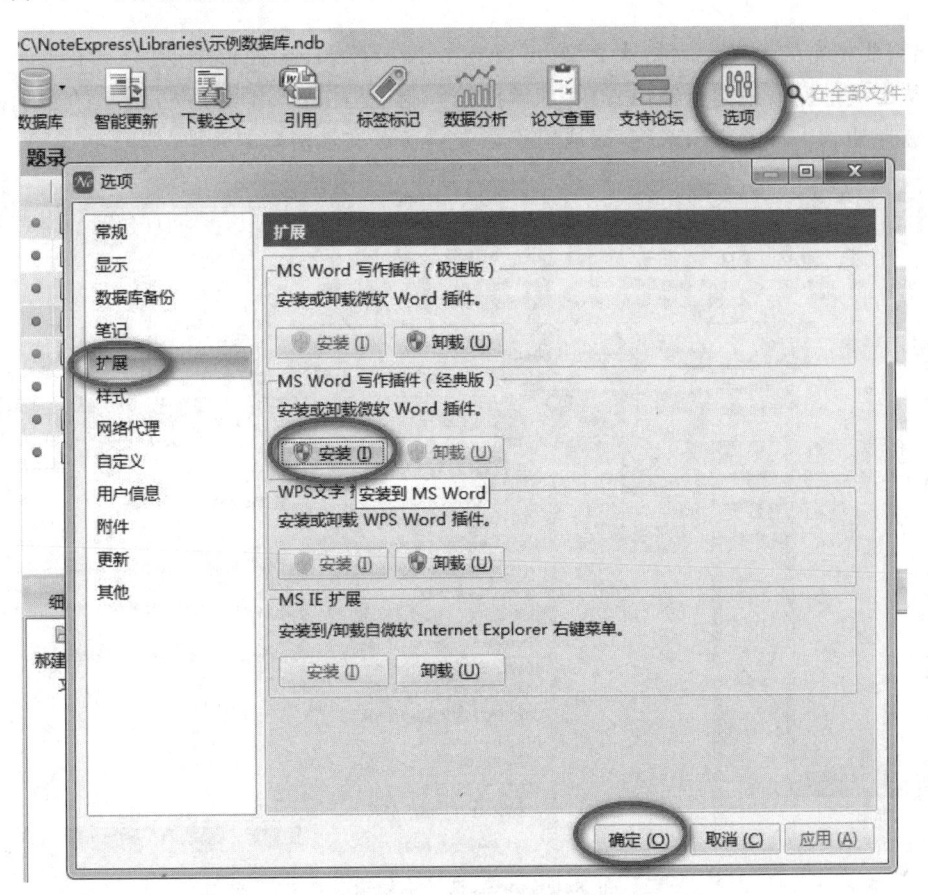

图 4-10 从选项工具中安装写作插件的方法

当要插入参考文献时,首先将"光标"定位于要插入参考文献的位置,点击菜单栏中的"NoteExpress",接下来的操作步骤会有两种不同的方式。

(1) 点击"转到 NoteExpress"的按钮,进入到 NoteExpress 系统中。单击选中 NoteExpress 题录列表区中需要插入的参考文献题录,然后点击 NoteExpress 菜单栏中的"引用"按钮。操作完成后,会自动从 NoteeExpress 跳转到 Word 中,在文后自动出现此篇参考文献的著录信息(如图 4-11)。

(2) 首先到 NoteExpress 系统中单击选中要插入的参考文献题录,转回到 Word 界面,然后点击"选择引用"按钮,在文后也会自动出现此篇参考文献的著录信息(图 4-11)。

References:

[1] 张涛,郝建华与朱原谅. 论文写作中参考文献著录错误分析. 农业图书情报学刊, 2012.24(05): 第 53-55 页.

图 4-11　利用 NoteExpress 插件在 Word 中插入的参考文献

如需要特定的参考文献格式类型,可以点击 NoteExpress 插件中的"格式化参考文献"按钮,从出现的窗口中选择输出式样,如顺序编码制还是作者-出版年制,点击右侧的浏览按钮后,选择期刊中参考文献式样,完成对整篇文章参考文献格式的修改(如图 4-12)。

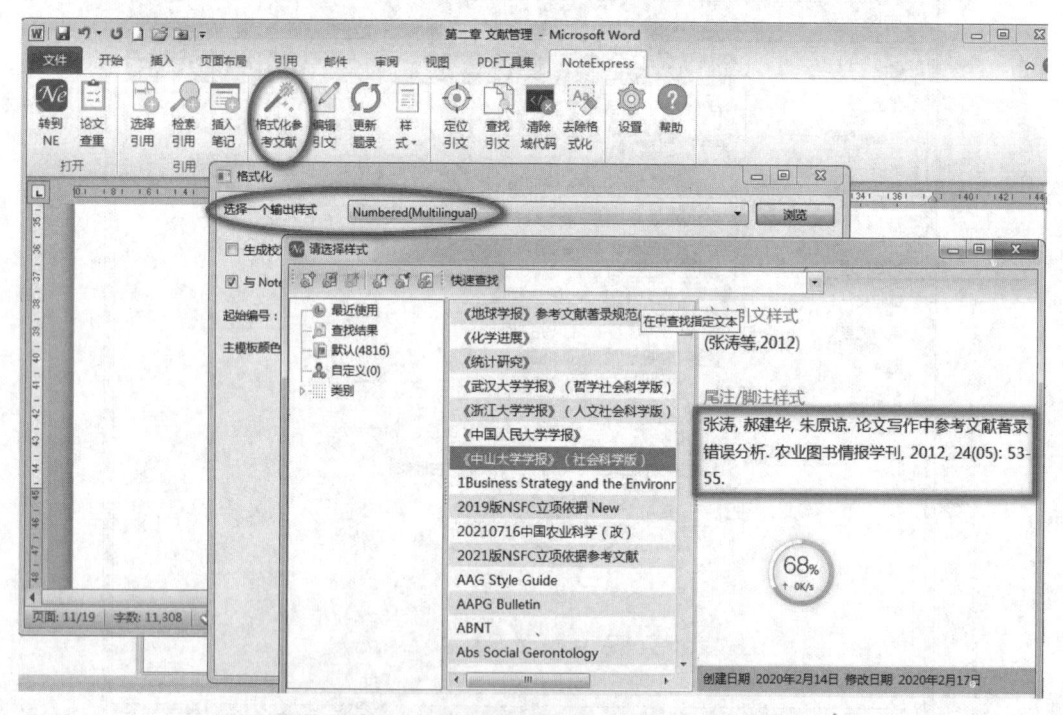

图 4-12　在 NoteExpress 选项中编辑参考文献格式

也可单击 NoteExpress 顶部工具栏的"选项"按钮,在式样中编辑参考文献的输出格式(如图 4-13)。

图 4-13　NoteExpress 软件中参考文献著录格式的输出

NoteExpress 软件中参考文献引用和著录格式的操作等详见二维码 4-12。

二维码 4-12
☞ 扫一扫可见
NoteExpress
参考文献引用

第二节　知网研学平台

一、知网研学平台简介

知网研学平台(x.cnki.net)是中国知网开发的文献管理和阅读软件,提供了文献检索和下载、深入研读、记录数字笔记和参考文献管理等功能,从而实现文献管理、构建个人图书馆的目标。

平台提供电脑端(Windows 和 MAC)、移动端(iOS 和安卓)和微信等多种下载途径,多端数据云同步,满足学习者在不同场景下的学习需求。知网研学平台的首页如图 4-14 所示。

在中国知网的主页面上,点击"知网研学平台"链接,出现如图 4-14 所示页面,可以下载安装自己所需版本的知网研学客户端(如图 4-14)。

图 4-14 知网研学下载页面

原知网的"CNKI 研学平台""研学平台""CNKI 协同研究型学习平台""E-Study"等名称,现统一规范名称为"知网研学"。

下载、安装、注册后,就可以登录使用知网研学平台(如图 4-15)。

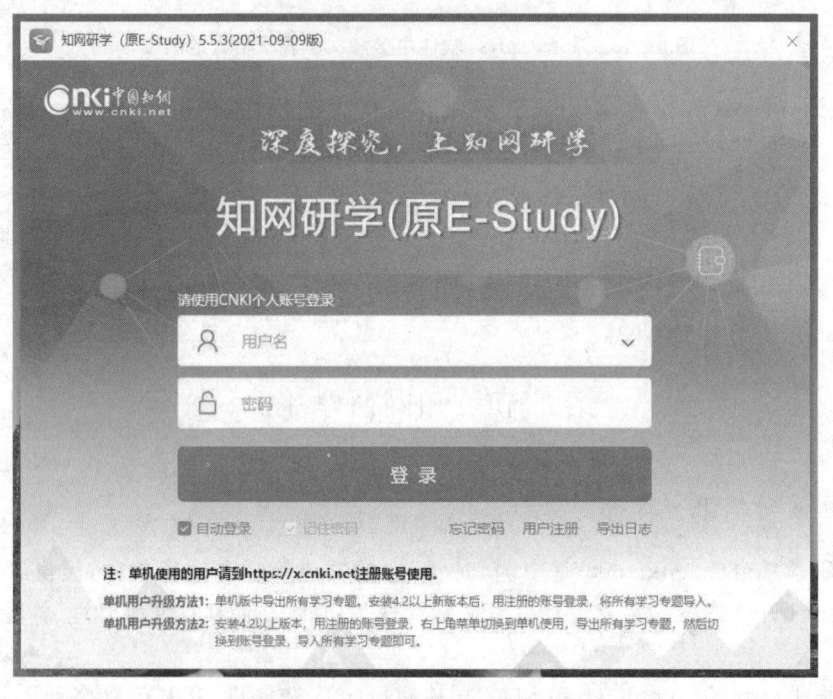

图 4-15 知网研学平台登录页面

二、知网研学平台的主要功能介绍

(一) 汇集资源

点击左侧的"研读学习"模块,可以创建自己的专题(类似于电脑的文件夹),通过专题进行文献的收集和管理。通过专题上方的检索添加,可以实时检索 CNKI 海量文献资源,支持

CrossRef、IEEE、PubMed、ScienceDirect、Springer Link 等中外文数据库检索，将检索到的文献信息直接导入到专题中；根据用户设置的账号信息，自动下载全文，不需要登录相应的数据库系统。

本地的文献资源等，可以上传到研学平台进行统一管理，也可以进行阅读、划线、做笔记等。

知网研学支持多类型文献的分类管理，支持目前全球主要学术成果文件格式，包括：CAJ、KDH、NH、PDF、TEB 等文件的管理和阅读，支持将WORD、PPT、TXT 转换为 PDF。

知网研学汇集资源的功能可查看二维码 4-13。

二维码 4-13
扫一扫可见
知网一站式文献管理

（二）高效阅读

打开目录可以浏览文献大纲和图表，快速了解文章所有信息。点击想要阅读的章节，可以实现对应内容的自由跳转。点击作者名、单位名称、关键词等，都将自动跳转至知网节页面，可了解作者研究领域、发表的相关文献。参考文献自动关联，若参考文献收录于知网数据库，一键链接便可跳转至新窗口阅览全文，节省检索的时间。通过知识内容点框架，对文献的碎片化内容单元进行导航和链接，可实现内容单元之间的自由跳转，节省阅读时间。

可直接在原文上添加文字、图片、视频、语音等多种形式的学习笔记，并可随手记录读者的想法、问题和评论等；支持将网页内容添加为笔记。可采用时间段、标签、笔记星标等多种方式管理笔记。阅读笔记动态嵌入原文，支持笔记编辑、分类、排序、汇编、检索，按知识点进行归纳总结。提供"购物车式"的内容摘录功能，解决传统学习过程中频繁的"复制""粘贴"操作，高效便捷。

知网研学阅读的功能可查看二维码 4-14。

二维码 4-14
扫一扫可见
知网研学平台的读

（三）辅助写作

在左侧"创建投稿"模块，可以创建思维导图，构建内容框架。文档创作分为目录区、创作区、素材区，可以通过目录区跳转内容，通过素材区实时添加内容，通过创作区进行编写。CNKI 检索可以检索在线文章，边读边添加，所作笔记、文摘点击添加，可一键添加到创作中。

基于 WORD 的通用写作功能，提供了面向学术等论文写作工具，包括：插入引文、编辑引文、编辑著录格式及布局格式等；提供了数千种期刊模板和参考文献样式编辑，写作更轻松。撰写完排版后的论文，作者可以直接选择要投稿的期刊，即可进入相应期刊的作者投稿系统进行在线投稿。

知网研学辅助写作的介绍可查看二维码 4-15。

二维码 4-15
扫一扫可见
知网研学平台的写

三、知网研学平台的个人学术成果管理

在知网研学客户端的页面上有"我的学术成果管理"项，主要用于用户对本人成果的管理。用户需要按照提示进行作者认证和成果认领，完成之后就可以在平台中免费下载、管理、阅读、利用自己发表在平台中的成果(如图 4-16、图 4-17)。

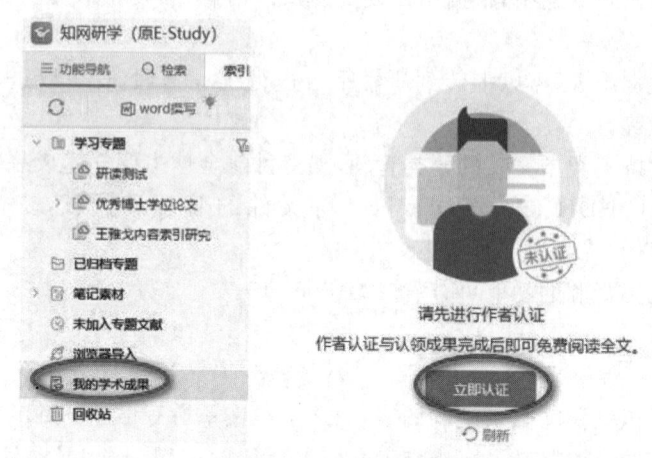

图 4-16 知网研学"我的学术成果管理"

图 4-17 知网研学"认领学术成果"样例

第三节 其他参考文献管理软件

除了 NoteExpress 和知网研学平台外,还有其他文献管理软件,如 EndNote、Reference Manager、NoteFirst、Mendeley、Jabref、Zotero 等。本节将对较为常用的参考文献管理的软件及网址进行介绍。

一、EndNote

EndNote 是由 Clarivate(科睿唯安)公司发行的基于个人电脑使用的参考文献管理工具,其主要作用是帮助用户以数据库的形式有效组织、管理已获取的文献信息,方便查看已有的文献信息,同时还是研究者写作、出版和共享的有效工具。

EndNote Web 是 EndNote 的在线版本,其与 Web of Science 同属于 Clarivate 开发的产品。EndNote Web 可以在 Web of Science(SCI)数据库平台主页上上登录,也可通过 EndNote 独立网站登录。

其网址为:https://www.endnote.com/

二、Mendeley

Mendeley 是由三位德国博士研究生于 2007 年开发的,2013 年被 Elsevier 收购。目前 Mendeley 已经覆盖了 Windows、Mac OS 和 Linux 等操作平台,且被各行业研究者广泛使用。Mendeley 是一个免费软件,相较于花费不少的 EndNote 来说,Mendeley 是一个特色鲜明、具有竞争力和吸引力的文献管理软件。Mendeley 支持 Microsoft Word、LibreOffice 和 LaTeX 等软件,可以在写作过程中自动插入参考文献,并能实现参考文献的管理,在修改论文的过程中自动完成参考文献格式、序号的调整。支持从 EndNote、Papers 和 Zotero 等参考文献管理软件导入文献。

和 EndNote 相比,Mendeley 的不足主要包括:中文文献的兼容性较差,无法自动识别中文 PDF 的引文信息,需要手动输入;内附的 PDF 浏览器与主流 PDF 浏览器兼容差,标注、注释等不能在 Adobe Acrobat Reader 之间共享。

其网址为:https://www.mendeley.com/reference-management/reference-manager

三、Zotero

Zotero 是一款开放源代码的文献管理软件。Zotero 特色之处是可以作为浏览器插件进行使用。优点是可以做无限级的目录分类,一个目录下可以分为多个子目录。

其网址为:https://www.zotero.org

四、医学文献王

医学文献王是北京医脉互通公司开发的主要面向医学生、医学工作者的文献管理软件。它分为标准版和高级版两个版本。目前标准版的最新版本为 V6,只要是医脉通用户均可免费使用。高级版需要付费使用。医学文献王全面整合了 Pubmed、万方等医学常用中外文数据库,具有明显的医学特色。

其网址为:http://refer.medlive.cn

五、Papers

Papers 是由 Digital Science Research & Solutions Inc. 开发的文献管理软件,目前最新版本为 ReadCube Papers。它简单易用,能自动地将输入的文章与数据库中的文献进行鉴别和匹配,还能与可用的补充数据、引文和全文进行匹配。Papers 还提供与多达 30 个同行共享文件夹的功能,方便团队的远程协作。目前 Papers 有 Windows 系统桌面版、Mac 系统桌面版、网页版、ISO 系统、安卓系统等安装版本。通过安装 SmartCite 等插件,可以方便快速地进行参考文献的引用和编辑。

其网址为:http://papersapp.com/

总之,利用文献管理软件可提高文献检索效率,方便地进行文献信息管理,快速查找到需要的文献,还可以对文末参考文献格式进行编辑,为作者节省大量时间。因此,掌握一两个参考文献管理软件的使用很有必要。

思考题

1. 常用的个人文献管理软件有哪些?
2. 如何使用 NoteExpress 进行个人参考文献管理?
3. 如何使用知网研学进行个人参考文献管理?

第五章 科技论文格式规范和写作要求

第一节 科技论文的定义和分类

一、定义

科技论文是在科学研究、科学实验的基础上，对自然科学和专业技术领域里的某些现象或问题进行专题研究、分析和阐述，为了揭示出这些现象和问题的本质及其规律性而撰写成的文章。科技论文是科学观点和科研成果的一种文字表达形式，有其规范的形式和内容要求。凡是运用概念、判断、推理、论证和反驳等逻辑思维手段，来分析和阐明自然科学原理、定律和各种问题的文章，均属科技论文的范畴。科技论文主要用于科学技术研究及其成果的描述，是研究成果的体现，运用它们进行成果推广、信息交流、促进科学技术的发展。它们的发表标志着研究工作的水平为社会所公认，载入人类知识宝库，成为人们共享的精神财富。科技论文还是考核科技人员业绩的重要标准。科技论文一般包括：学术论文、学位论文（又分学士、硕士、博士论文）和科技报告。

一篇完备的科技论文，应该按照一定的格式书写，具有科学性、学术性和创新性，还应按一定的方式发表，即有效出版。

（一）科学性

科技论文的记述与人文科学或哲学社会科学论文不同。由于它论述的是自然科学领域内的发明、创造或自然现象的观察发现，人类健康生活的真实记录，要求务必真实，符合科学原理，并可由后人重复再现。

科学性是科技论文的生命。如果论文失去了科学性，不管文笔多么流畅，辞藻多么华丽，都毫无意义，只能是浪费人力和时间。

科技论文的科学性主要表现在三个方面。

① 在论述的内容上，所反映的科研成果是客观存在的自然现象及其规律的反映，是被实践检验的真理，并能为他人提供重复实验，具有较好的实用价值，即论文内容真实、成熟、先进、可行。

② 在表现形式上，结构严谨清晰，逻辑思维严密，语言简明确切，不含糊其词，对每一个符号、图文、表格及数据，都力求做到准确无误，即论文表述准确、明白、全面。

③ 在研究和写作方法上，具有严肃的科学态度和科学精神，从选题到汇集材料、论证问

题,以至实验结束写成论文,都必须始终如一、实事求是地对待一切问题,反对科学上的不诚实态度。既不肆意夸大,伪造数据,谎报成果,甚至剽窃抄袭,也不因个人偏爱而随意褒贬,武断轻信,以至弄虚作假,篡改事实。

科技论文必须具备科学性,这是由科学研究的任务所决定的。科学研究的任务是揭示事物发展的客观规律,探求客观真理,成为人们改造世界的指南。无论自然科学还是社会科学,都必须根据科学研究这一总的任务,对本门学科中的研究对象进行深入的探讨,揭示其规律。这就要求科技论文写作者必须有良好的科学素养,能用辩证唯物主义的理论、观点与方法来研究问题;同时需要有精深的专业理论知识,还需要有对科学工作的热爱和责任感,而且经过不断的努力,以求对客观世界的认识从感性层面提高到理性层面。

(二) 学术性

学术性是科技论文区别于其他论文的重要标志。科技论文侧重于对事物进行抽象的概括或论证,描述事物发展的内在本质和规律,因而表现出知识的专业性、内容的系统性。它要求读者应具有某方面的专业知识。它与科技新闻报道文章、科普文章以及科技应用文章有较大的区别。

一篇科技论文论述的内容,基本上都限制在研究课题的范围之内,限制性很大。比如说写一篇关于新化合物合成方法的文章,所用的材料只能限于该化合物的合成原料、合成方法、产物表征的证明材料。不但与该化合物无关的材料不能用,而且与之相关的不可靠的材料也不能用。如果是写生物专业的论文,就应该了解物种学名(Scientific name)、基因等的规范书写方法。这是因为科技论文就是专业性的论文,丢掉了专业性,就失去了自身的特点。因此,无论是数学、物理、化学、力学、地理、天文还是医学、生物、建筑……它们都有自己的专业范围,不应该是一个模子,不应该用其他专业论文的模式来套用。

在语言上,科技论文也具有专业性的明显特点。例如写化学论文要用"分析""合成""分子结构""气相色谱""定性""定量""测定"等专业术语,以及分子式、结构式、化学反应方程式等来书写;生物统计论文则要用许多数学公式、函数方程及数学符号来书写。不同专业的科技论文都有各自的名词术语及叙述方式,外行人都很难读懂,正所谓"隔行如隔山"。除了科普文章要求写得通俗易懂外,大部分的原始研究论文和评述性论文只要求同专业人士能准确理解即可,这也体现了科技论文的专业性特点。

需要指出的是,学科交叉融合是当前科学技术发展的重大特征,也是创新思想的重要源泉之一。将一个学科已发展成熟的知识、技术和方法应用到另一学科的前沿,能够产生重大的创新成果。例如,对 DNA 分子双螺旋结构的发现做出重大贡献的科学家一共有四位,他们分别是:克里克、沃森、威尔金斯和富兰克林。这四位科学家中只有沃森毕业于生物学专业,克里克和威尔金斯是从事物理学研究的专家,而富兰克林则毕业于化学专业,他们四人具有不同的知识背景,在同一时间都致力于研究遗传基因的分子结构,在既合作又竞争、充满学术交流和争论的环境中,发挥了各自专业的特长,为双螺旋结构的发现做出了各自的贡献,这一发现是科学史上由学科交叉、相互渗透、相互融合及相互借鉴产生的一项重大科学成果。

(三) 创新性

创新性是衡量科技论文价值的根本标准。创新性大,论文的价值高;创新性小,论文的价值低;论文没有创新性,对科学技术的发展自然没有什么作用。一篇论文价值的大小,不是看它如何罗列现象,重复别人已经取得的成果,而是看它是否创造出前人没有提出的新技术、新工艺、新理论,并具有普遍性和公开性。一篇论文,如能自成一家之言,创新性大,其价值就高;或能立前人所未言,有所发现,有所发明,有所前进,同样具有一定的创新性,其价值也大。总而言之,只要有所创造,就体现了科学研究的价值。论文的创新性,是相对于人类总的知识而言的,是从整个世界范围来衡量的。如果某项科研成果,虽然在国内填补了一项空白,但国外早已研究成熟,也已有论文发表,那么就不值得写重复性的论文了,因为在世界整体范围而言,并没有创新性。

科学发现是一个知识、理论和实验依据不断积累,认识不断深化的过程,重大的科学发现不会孤立地出现,在浩如烟海的大量实验数据与观测结果面前,通过创新思维从中发现并进而总结出科学定律发表科学论文,就是一个创新性的过程。沃森、克里克敏锐地认识到DNA结构研究的重要性,在富兰克林的思想和实验证据、鲍林的结构模型的启发下,两位毛头小伙子,虽然被许多人看来还缺乏做出伟大成就的必备知识,却另辟蹊径开始对前人的试验结果开始了极富创意的"拼凑"。他们不拘于已有结论、不迷信权威,力求从新的角度,用新的方法,得出新的结论,从而建立了DNA双螺旋模型。他们随即又提出了著名的DNA到蛋白质的遗传信息传递的"中心法则"和遗传密码理论,有力地推动了现代分子生物学的发展。

《关于沃森和克里克发现DNA双螺旋结构的创新思考》可见二维码5-2。

二维码5-2
扫一扫可见
创新性论文范例

(四) 有效出版

科技论文除上述三大特点之外,还要在期刊杂志上进行有效发表,或经过答辩。从某种意义上说,撰写论文就是为了满足有效出版的需要,即写论文就是为了在刊物上发表或通过答辩。

二、科技论文的分类

科技论文是科学技术研究成果的书面表达形式,是科学技术的真实描述和客观存在的自然现象及其规律的反映,具有科学性、学术性、创新性和实践性。为了了解各种科技论文的写作特点和写作方法,现对科技论文的种类予以介绍。

根据科技论文写作目的的不同,可以将科技论文分为学术论文、学位论文和科学技术报告三大类。

(一) 学术论文

学术论文是对某一学术课题在实验性、理论性或观测性上具有的新的科学研究成果或创新见解和知识的科学记录,或者是某种已知原理应用于生产实际取得新进展的科学记录。

常见的学术论文类型：

1. 学术性论文

是指研究人员提供给学术期刊发表或向学术会议提交的论文，它以报道学术研究成果为主要内容。如《基因重组 TNFα 衍生物 TRSP10 的高效制备及其对 DU145 细胞抑制作用研究》（实验型），《线虫体内新 piRNA 研究》（快报型），《山东归化植物一新记录属——银胶菊属》（调研型），《中国菊科植物的系统分类与区系的初步研究》（综合型）。

2. 技术性论文

是指工程技术人员为报道工程技术研究成果而提交的论文，这种研究成果主要是应用国内外已有的理论来解决设计、技术、工艺、设备和材料等具体技术问题而取得的，如《潮霉素 B 抗性为选择标记的整合型表达载体的构建及在米根霉中的遗传转化》。

3. 综论、述评性论文

是对某一学科或某一学科专题的系统总结，它以搜集所需学科或专题文献为依据，对这些文献进行全面深入的分析，然后提出评论观点，如《以生物合成为基础的红霉素 A 的产量提高和结构改造》。

4. 技术推广性论文

是指通过试验、示范、培训、指导以及咨询服务等相关科技成果和实用技术，通过论文的形式，普及应用于生产的产前、产中、产后全过程的活动，如《泥鳅亲本培育与规模化人工繁殖技术》。

5. 教研性论文

是指围绕学科教学的某个点，总结出具有普遍意义，可资借鉴或值得推广的做（想）法的文章，如《植物生物学辅助教学网的设计与实现》。

6. 科普性论文

是把科学知识、科学方法，以及融汇于其中的科学思想和科学精神，以通俗易懂、生动活泼的形式解读给大众，以传播科学知识、提高公众的科技素养为宗旨的文章，如《圣诞节的传统植物》。

（二）学位论文

表明作者从事科学研究取得创造性的结果或新的见解，以此为内容撰写而成并作为提出申请授予相应学位时评审用的科技论文。根据申请授予学位的高低，可分为学士论文、硕士论文和博士论文三类。

1. 学士论文

作者提出申请授予学士学位时评审用的科技论文。其内容应能表明作者已较好地掌握了本学科的基础理论、专门知识和基本技能，并具有从事科学研究工作或担负专门技术工作的初步能力。

2. 硕士论文

作者提出申请授予硕士学位时评审用的科技论文。其内容应能表明作者确已在本门学科上掌握了坚实的基础理论和系统的专门知识，并对所研究的课题有新的见解，技术上有创新,有从事科学研究工作或独立担负专门技术工作的能力。

3. 博士论文

作者提出申请授予博士学位时评审用的科技论文。其内容应能表明作者确已在本门学科上掌握了坚实宽广的基础理论和系统深入的专门知识,并具有独立从事科学研究工作的能力,在科学或专门技术上取得了创造性成果。

(三) 科学技术报告

记录某一科研项目调查、实验、研究的成果或进展情况的报告。它是在科研活动的各个阶段,由科技人员按照有关规定和格式撰写的,以积累、传播和交流为目的,能完整而真实地反映其所从事的科研活动的技术内容和经验的特种文献。它具有内容广泛、翔实、具体、完整,技术含量高,实用意义大,而且便于交流,时效性好等其他文献类型所无法比拟的特点和优势。每份科技报告一般装订为单独的一册,由科技管理部门进行编号。科技报告一般具有以下特点:

1. 迅速反映新的科研成果

以科技报告形式反映科研成果比将这些成果在期刊上发表,一般要早一至半年,有的则不在期刊上发表。

2. 内容多样化

它几乎涉及整个科学、技术领域和管理学、行为科学以及部分人文科学领域。

3. 保密性

有些科技报告与政府的研究活动、高新技术有关,使用范围控制较严;有些涉及军事领域的,则必须签订保密协议;有些报告中的全部或部分内容中含有与知识产权相关的内容或待正式发表的内容,因此在一段时间内需要保密。

第二节 科技论文的格式规范

所谓科技论文的规范形式,实际上是科技信息系统建设标准化、规范化的具体措施。按照国家标准的规定,科技论文大体上分成四个部分,即前置部分、主体部分、附录部分和结尾部分,而每部分又包括若干条目。在写作过程中,一般论文可以不具备上述全部项目,而应根据论文的需要有所选择,加以简化或合并。关于不同部分在论文中所占比例大小与它们在读者阅读中所占的比例是不相同的,甚至可以说是相反的。比如说,在论文中占的比例不大的题名、摘要等则在读者获取信息时显得十分重要。

科技论文的写作格式是有严格标准的,并不是人为能够随意更改的。1983年3月,国际标准化组织(ISO)制定正式出版的《文献工作——科学报告编写格式》对科学报告编写格式做了详细的规定。之后,我国的科技论文写作格式相关国家标准相继问世,使得科技论文的写作格式向着规范化、标准化的方向迈进了一大步。近些年,我国又与时俱进地结合当下出现的新问题、新变化对科技论文写作格式相关国家标准进行了一些完善,包括《科技报告编写规则》GB/T 7713.3—2014,《信息与文献参考文献著录规则》GB/T 7714—2015 等,以上标准对科技论文的规范形式做出了明确的规定。科技论文写作规范也是世界科学技术迅猛发展的需要及科技论文发表、利用、管理、检索和获取的需要。

第三节 科技论文写作的基本要求

上文已经指出科技论文的规范形式,并提出按规范形式撰写的学术论文,应该由前置部分、主体部分、附录部分和结尾部分四大块构成。对于学位论文而言,必须按照国家规定进行规范撰写。对于一般的科技论文来说,有些内容比较单一、篇幅又比较少、阐述层次较清晰,在大多数情况下并不需要列多张图示,也没必要增列附录等。然而学位论文因其构成部分篇幅庞大、研究逻辑系统、形式规范严格、任务量也有一定的要求,故其一般需由以下几项构成。

封面 Cover(学位论文所必需)
题名 Title(必要时可增列副标题)
作者 Authors
单位 Affiliations
摘要 Abstract
关键词 Keywords
引言 Introduction
材料与方法 Materials and Methods
结果 Results
讨论 Discussion
结论 Conclusions
致谢 Acknowledgements
参考文献 References
现按上述项目的顺序分别阐述如下。

一、封面

学位论文的封面一般包括论文题名、指导教师、学生姓名、学号、院(系)、专业、毕业时间等内容。纸质封面由学校统一印制且不编排页码。

二、题名

题名(title)又称标题、篇名,是作者给论文取的"名字"。题名是以最恰当、最简明的词语概括反映报告、论文中最重要、最核心内容的逻辑组合。如果给论文起一个好的题名,就可以充分体现出论文的宗旨,表达出论文的中心内容,同时把研究对象、所研究的某些主要因素之间的关系表达得十分清楚,因此,对论文题名的要求是要用含义确切、实事求是的文字,恰当而生动地表达出来,使人看了一目了然,知道你要讲什么。

（一）拟定题名的方法

科技论文的题名一般要经过多次修改才能确定下来，应逐字推敲，追求画龙点睛、恰到好处的境界。

如何拟定一个好的而又符合题意的题名呢？一要紧扣主题，简明扼要，但要有足够的信息，能引起读者的兴趣。二要便于检索，尽量在题名中包含能反映核心内容的关键词。

为了充分思考，准确拟定，一般可先拟定试用题名，待论文完成以后再重新审查以前拟定的题名是否能反映论文的中心思想，最终考虑正式题名。论文研究和写作初期只是定一个开展工作的临时题名（working title），当已将所有的科学研究做完，论文写好以后，再确定这篇论文的题名，这样才是符合论文的恰当题名，称为最终题名（final title）。为了择优选用，也可先试拟几个论文题名，再根据论文的中心内容加以仔细比较，直到选出最恰当、最能代表所写论文的题名。

以发表在《植物生态学报》2010 年第 8 期上的一篇论文的题名为例，题名经过了三次修改：

原题名：《菊科入侵种子的扩散特性对入侵性的贡献》

专家意见：本文只能说明种间种子传播能力的差异及其影响因素，不能说明传播能力对入侵的贡献。

修改题名：《菊科外来入侵种连萼瘦果风力传播能力的研究》

专家意见：范围太广，"能力"用词也不妥，改为"十种菊科外来入侵种连萼瘦果风力传播特性的研究"好些。

现题名：《十种菊科外来入侵种连萼瘦果风力传播的特性》

正确处理题名反映的研究范围与深度的关系，应是拟定题名时要注意的问题。许多学生在写开题报告时写的题名都很大，当然是可以理解的，但是在写具体一篇论文时也会出现在范围和深度上把握得不准，题名很大或题名与内容不符的情况，应当注意改进。题名的选定是要经过反复斟酌和推敲才能确定的。题名的不同深度可以通过下面列举的三个题名作为例子来说明：

① 人食物中毒的临床初步观察。
② 人食物中毒与肠功能的探讨。
③ 食物中毒对大白鼠肠消化机能的影响。

从研究范围来看，第一个题名最广，第三个题名最窄，但从研究深度来看，第三个题名最深，第一个题名最浅。这可说明，一篇科技论文很难同时兼顾研究范围与研究深度，必须在两者之间有所侧重。

论文题名要把研究对象、研究目的或者所研究的某些主要因素之间的关系表达出来。在上面的第一个题名中，研究对象是人，处理因素是食物中毒，观察指标是临床表现。在第二个题名中，研究对象和处理因素与第一个题名相同，观察指标是肠功能指标。第三个题名中，研究对象是大白鼠，处理因素仍旧是食物中毒，观察指标是肠消化机能。以上三个题名都包括了科研设计中的三个要素。然而，并非所有题名都必须包括这三个要素。例如，《大豆籽粒中异黄酮含量的遗传初步分析》这个题名中，研究对象是大豆籽粒，观察指标是异黄酮含量,缺少了一个要素——处理因素。同样,《不同花色牡丹品种亲缘关系的 RAPD-PCR 分析》这个题名也缺乏处理因素。实际上,这些实验或调查研究的本身决定了不可能在题名中反映出处理因素。因为在研究中研究者并未人为地控制条件,给予处理因素,而只存在诸如品种、花色等一些固有因素。

在一些论文的题名中,常常除研究对象和观测指标以外,还包括研究方法。例如,论文《EDTA 滴定法测定钼中氧化镧和氧化钇》中,钼是研究对象,氧化镧和氧化钇是观测指标,EDTA 滴定法是研究方法;题名《Rep-PCR 技术对中国水稻条斑病菌的遗传多样性分析》中,条斑病菌是研究对象,Rep-PCR 是研究方法。在一些描述工艺的论文题名中,常常突出的是原始材料及最终产品。例如,题名《利用废钼回收生产钼精细化工产品》中,废钼是原始材料,而钼精细化工产品是最终产品;题名《从含钼废液中萃取回收铼》中,含钼废液是原始材料,而铼是最终产品。由此可见,由于学科的差别,论文类型不同,题名包含的内容也可以出现较大的差别。

当题名语意未尽时,可用副标题说明科技论文中特定的内容;一系列工作分几篇报道或分阶段的研究成果,都可用不同的副标题区别其特定内容。例如,《春小麦源库特性及其关系的研究 I——群体源的形成及其特性分析》《春小麦源库特性及其关系的研究 II——群体库源比及其与产量的关系》《天祝牦牛血红蛋白多态性的研究——电泳表型分布》等。

(二) 拟定题名的注意事项

① 应避免使用大而空的题名。
② 题名应是一个短语而不是一个句子,因此,题名中一般不用标点符号。
③ 应避免在题名中使用未被公认的或不常见的缩略词、首字母缩写字、字符、代号和公式。
④ 应避免用阿拉伯数字、未被公认的或不常见的缩写词开头。
⑤ 一般不能用学科或分支学科的科目作为题名组成部分。
⑥ 题名应有助于二次文献的编制。

(三) 拟定题名的常见错误

1. 题名过大,过于抽象

如《高原家畜生理》这一题名既不具体,又显得太抽象。因为它使用了所从事研究的学科"生理学"作为题名的组成主体,违犯了不能使用学科名作为题名组成部分的原则,由此必然导致学科的涉及面广,而研究者所做的工作仅仅涉及该学科的很小一部分内容的结果。《发展支柱产业,振兴中国经济》这一题名也犯了同样的毛病。因为论文中只叙述了硅铁冶炼业这个行业支柱产业的成因、贡献、存在问题、解决对策与措施。又如《土壤线虫季节动态的研究》这一题名的研究对象总体不明确,既未说明是哪个地区的土壤,又未指出是什么土壤。从字义上来理解应该是全世界所有的土壤,而作者在论文中涉及的仅仅是某一地区某种土壤的情况。

2. 题名过小

如《禽流感的治疗》这一题名与其内容不符,因为在内容中既有治疗,又有预防措施,只用"治疗"来表述,就显得题名过小了,从另一角度看,这一题名过于笼统。

3. 题名的含义不清楚

例如,《含氰废水冷却致大气污染及对人体影响调查》中,是含氰废水冷却对人体有影响,还是它污染大气时对人体产生影响,不够明确,只有看了论文内容后才明白是含氰废水所致大气污染及污染时对人体的影响。因此,此题名应改成《含氰废水所致大气污染及其对人体影响的调查》。

4. 题名中使用含义不明的略词

如《中西医 HOAP 方案治疗急性非淋巴细胞性白血病 51 例分析》中,"HOAP"是四种西药名的首字母缩写字,就不能在题名中出现,应当在主体中第一次提到时写上原文,并在括号中写上缩写。当然对于一些同行业的科技工作者熟悉的缩写,如 PCR 技术、DNA、MS 培养基等,也可以在题名中出现。

5. 题名与论文的中心内容不符

如《胚胎牛慢性氟中毒病因调查研究》中,"胚胎牛"是研究对象,其含义应是十分明确的,是指母牛妊娠后子宫内正在生长发育的幼龄胎牛。然而,作者在论文中叙述的是"经胚胎移植的犊牛"慢性氟中毒的病因调查,题名犯了题名与论文中心内容不符的毛病,将研究对象写错了。

三、署名

(一) 署名的意义

科技论文的署名有如下意义。

1. 署名是作者对论文拥有版权或发明权的一个声明

版权是指对某一著作物的出版权。拥有这种权力的是著作人,他可以与出版者订立合同,转让或收回版权。在论文(或其他著作物)上署名,就是宣布拥有版权的一个声明。一般来说,这种署名一旦履行了一些必备的程序(如公开发表或经公证),就受到了法律的保障。

从发明创造的角度来看,论文的写作过程是一种重要的创造过程,是脑力劳动的一种重要形式。论文的完成意味着某个新科学理论成果的完成或者一项新技术的发明。在论文上署名,就是宣布拥有这种发明权。从这个角度来看,也可以把署名视为作者通过辛勤劳动应得的一种荣誉,借此求得社会的承认和尊重。

2. 反映文责自负的一种精神

科技学术论文署名的另一个意义,在于它反映了作者文责自负的一种精神。所谓负责:一是要承担法律上的责任;二是要承担科学上的责任;三是要承担道义上的责任。如果论文存在剽窃、抄袭、损害国家利益的情况,或者在科学上有严重错误并导致严重后果,或者被指控有其他不道德的和不科学的问题,那么署名者理应担负全部责任。这同负责人在文件上签字、会计在记账凭单上签字(或盖章)、医生在病历上签名、画家在作品上署名的意义是相类似的。从这点看来,署名是一件非常严肃和庄重的事情。

在科技学术论文上署名的另一个意义,还在于它有利于读者同作者进行联系。

论文的署名,不仅是对作者劳动和创新的尊重,而且表示文责自负,还为之后论文成为文献资料,便于索引、查阅提供了必要的依据。

(二) 署名的原则

作者署名是对文责自负的一种承诺,是一件很严肃的事情,应认真对待。科技论文上署名的每位作者应该是:① 论文学术思想的构思者或设计者;② 采集实验数据并能给予解释者;③ 能对编辑部提出的审改意见进行解释者;④ 最终同意该文发表者。对参加部分工作的合作者,接受委托进行某项工作的辅助人员以及组织指导、提供资助者,可用简短的文字致谢,并征得被致谢者的同意。每篇论文的作者及排序应在附有全体作者签名的正式投稿说明中予以确认。

第一作者现单位与论文资料来源单位不一致时,应以资料来源单位作为发表单位,在第一作者简介中说明目前所在单位即可;若要以现单位为发表单位,则必须由资料来源单位出具授权书,同意第一作者使用其资料并且以第一作者目前的单位发表该文章。

在全社会转向崇尚知识、重视科技之际,也有一些人不注重实际,弄虚作假。在署名过程中,也随之出现种种不文明行为,甚至违犯了法律,出现一些不正常的现象:有的论文挂上名人或首长的名字,以利于发表,或换取另一种形式的回馈、支持;有的则以权谋私,硬要在别人的论文上署名,不同意署名就重重设卡,从中阻挠;有人只对论文做过一点文字上的修改或尽过审稿人的责任,也要署上自己的名字;有的人奉送署名,助人晋升;有的一篇千字小文,却署上很多人的名字。诸如此类的现象,被人们称作"署名关系学"。这种只图"金榜题名",忘却科学道德的作风,是与科学的求实精神格格不入的,应该予以抵制。

(三) 作者的工作单位

每篇论文都要签署作者姓名,并说明这篇论文是由哪个人或哪些人撰写的。它是文责自负的前提,也表明了作者的劳动应得到的荣誉;它又涉及版权和晋级等问题,所以署名是科技论文必要的组成部分。

论文署名还有一个责任,即方便了与同行、读者的研讨与联系,这便有必要申述作者的身份(如必要时)、工作单位和通信地址。因此,作者的工作单位和通信地址是论文构成的必要项目之一。

申述作者工作单位和通信地址的规定,充分衬托出科技论文的科学性、严肃性和责任性,也显示出科技论文与一般的文学作品、文艺作品之间的差异。文学作品、文艺作品的署名可以用笔名或艺名,也不需明确作者的工作单位和通信地址;而科技论文则不然,除不能使用笔名、化名外,还要承担接受同仁、读者质询、研讨和进行学术交流的义务,这便是必须列出论文作者真实的、准确的、简明的工作单位和通信地址的理由所在,不能省略。

四、摘要

ISO在《文献工作——出版物的文摘和文献工作》中,对摘要这一术语下了一个明确的定义,即是指不加注释和评论、对文献内容的精确和扼要的表达。我国的国家标准《文摘编写规则》中对摘要下的定义为:"以提供文献内容梗概为目的,不加评论和补充解释,简明、确切地记述文献重要内容的短文。"摘要应反映论文的主要观点,概括地阐明研究的背景(包括目的)、方法、结果和结论,能够脱离全文阅读而不影响理解。

(一)书写摘要的意义

国家标准《科技期刊编排规则》中提出:"期刊应尽可能编印文摘页","当不编印文摘页时,每篇论文应附文摘或内容简介"。我国国家标准对摘要的定义、意义等也有相应的规定,并要求,"各期刊编辑部,凡未有编写文章提要的期刊,均应组织编写文章提要,并将其作为期刊整顿、改革和提高刊物质量的一项具体措施"。以后,各种期刊在征稿通知中,都指明作者在投稿时,必须由本人书写论文摘要。书写论文摘要的目的有两个:

① 为了帮助读者迅速了解论文的内容,并决定是否精读全文。摘要的篇幅虽然是有限的,但是它在人们了解信息中的作用是十分巨大的,一定要写好摘要。摘要和题名是论文被别人检索和引用的关键部分,俗话说,"看文看题,看书看皮"也是这个道理。

② 有利于编写二次文献出版物,更有助于科技工作者追踪、查阅有关的论文。

(二)摘要的种类

因研究对象和论文内容不同,摘要的文体也有所不同,一般可分为以下三种:

1. 报道性摘要

指明论文的主题范围及内容梗概的简明文摘,应写出研究目的、方法、结果、结论四个要素,重点是突出成果和主要发现,尤其是新发现,还包括必要的数据和论点。

归纳起来有以下五个方面的内容:
① 研究目的:研究宗旨、需要解决的问题、研究范围;
② 研究方法:研究对象、研究途径、实验范围、分析方法;
③ 主要发现:重要数据及其统计学意义、新发现;
④ 主要结论:关键的论点;
⑤ 经验教训和应用价值。

2. 指示性摘要

指主要叙述撰写论文的目的要素,而其他要素从简从略的摘要。一般只写论文中论述了哪些问题,而不写研究方法、具体的论点和结果,一般而言,文字较报道性摘要要简短。它适用于科普类、推广类、管理类论文以及专题论述、综述等。

3. 报道-指示性摘要

论文作者想使摘要包含论文中的更多信息,但又受到字数的限制,可编写报道-指示性摘要,用报道性语句反映认识的主要信息,用指示性语句反映论文中的其他信息,如用"还对……","并讨论……","同时……"等。

(三) 摘要的篇幅

摘要的字数根据论文的内容、类型、信息量、篇幅,甚至学科领域等的差别而有所不同,其中论文内容和信息量是决定因素。

(四) 书写摘要的注意事项

① 不加注释和评论。
② 不宜举例,不用引文。
③ 不宜与其他研究工作比较。
④ 摘要中不引用图、表、公式、化学结构式及参考文献等。
⑤ 摘要的写作要精心构思,随意从文章中摘出几句或只是重复一遍结论的做法是不可取的。

(五) 书写摘要易犯的毛病

1. 繁琐而不简洁

由于论文的摘要要在很短的文字篇幅中交代全文的内容,因此,要使用非常简洁的文字,不能有重复的语言,不能有没有实际意义的虚词,一篇好的摘要,实际上是对作者语言修辞水平的一个考验。如论文《民和川口地区鸡白痢病的血清学调查》的摘要如下:

"用全血玻板凝集反应对民和县川口地区的鸡群进行了一次鸡白痢的血清学调查,共抽查 247 只鸡,阳性 49 只,阳性率为 19.84%,高于 1988 年的 12.69%($P<0.01$)。其中公鸡的阳性率为 29.1%,母鸡阳性率为 17.59%,公母鸡之间差异不显著($P>0.05$);红羽鸡、白羽鸡的阳性率分别为 22%,10.64%,差异不显著($P>0.05$);笼养鸡与散养鸡的阳性率分别为 24.63%,14.16%,差异也不显著($P>0.05$),各调查点之间的阳性率同样没有明显差异($P>0.05$)。"

这篇摘要,从字数上来看并不多,但存在着表述不精炼、比较对象不明确、小数点位数不齐、缺乏统计分析的相关指标等问题。该摘要可进行如下修改:"用全血玻板凝集反应对民和县川口地区的鸡群进行了鸡白痢病的血清学调查。在抽检的 247 只鸡中,阳性率为 19.84%。在公鸡与母鸡、红羽鸡和白羽鸡、笼养鸡和散养鸡之间以及各调查点之间,鸡白痢病的阳性率没有显著差异($P>0.05$)。"

2. 将前言代替摘要

有的学生在写摘要时,把前言中的文字重新抄写,而不是提取论文中的核心和精华,这样就会犯用前言代替摘要的毛病。如下面两篇摘要都存在这一现象,前者用病的症状代替了摘要的内容,后者以前言代替了摘要。

> 苹果腐烂病是一种由真菌侵染和冻害等环境因素引起的主要病害。根据田间发生的症状特点,本病可分为溃疡型和枝枯型两种。在苹果种植户,特别是集约种植、其他病虫草害严重、树势较弱的果园频繁发生,常常引起果树死亡而造成严重的经济损失。

> 松江鲈(*Trachidermus fasciatus*)隶属于鲉形目杜父鱼科松江鲈属,底栖生活,昼伏夜出,是一种肉食性降海溯河洄游性鱼类。历史上松江鲈分布较广,是我国渤海、黄海、东海沿岸及相邻淡水水域的常见鱼类,以其肉味鲜美和体态多变,被誉为"中国四大名鱼"之首。

3. 摘要中有引文

下面是学生习作中的一个摘要,其中在第二句话后引用了参考文献。

> 菜籽皮是油菜籽脱皮加工后所得到的重要副产物,产量占油菜籽量的15%左右。原花青素是从植物中分离得到的一类可在热酸处理下产生红色花色素的多酚类化合物[1]。若能从菜籽皮中提取花青素、制成原花青素胶囊或片剂用于保健品或药品,将为充分利用菜籽皮这一副产物和开发利用原花青素提供必要的试验基础,同时也为原花青素的工业化生产提供参考。

(六) 英文摘要

英文摘要内容必须与中文摘要对应,而对应并非指逐字逐句翻译,而是要求所表达的含义对应,不能各说各的,也不能碰到不好翻译的内容就把意思改变或漏译。一般会有以下要求:

① 尽量用短句子并避免句型单调;尽量用简短、词义清楚并为人熟知的词,少用行话、口语、俗语及文学性描述词汇。

② 尽量用被动语态,少用主动语态,动词尽量靠近主语。如用 When the pigment was dissolved in dioxane, decolorization was irreversible after 10hr of UV irradiation,而不用 The decolorization in solutions of the pigment in dioxane, which were exposed to 10 hr of UV irradiation, was no longer irreversible。

③ 用过去时态叙述作者工作,用现在时态叙述作者结论。如 The structure of dislocation cores in the gap was investigated by weak-beam electron microscopy, the results show that。

④ 能用名词做定语不要用动名词做定语,能用形容词做定语就不要用名词做定语,可直接用名词或名词短语做定语的情况下,要少用 of 句型。如用 measurement accuracy,而不用 measuring accuracy;用 experimental results,而不用 experiment results;用 measurement accuracy,而不用 accuracy of measurement;用 camera curtain shutter,而不用 curtain shutter of camera;用 equipment structure,而不用 structure of equipment。

⑤ 避免使用一长串形容词或名词来修饰名词,可以将这些词分成几个前置短语,用连字符连接名词组,作为单位形容词(一个形容词)。如用 The chlorine-containing propylene-based polymer of high meld index,而不用 The chlorine containing high melt index propylene based polymer。

⑥ 可用动词的情况尽量避免用动词的名词形式。如用 Thickness of plastic sheets was measured，而不用 Measurement of thickness of plastic sheet was made。

⑦ 注意冠词用法，不要误用、滥用或随便省略冠词。

⑧ 去繁从简，采用简明的表达方式，取消不必要的字句及修饰。如用 increased 代替 has been found to increase；用 the results showed 代替 from the experimental results, it can be concluded that；用 at 250 ℃～300 ℃ 代替 at a temperature of 250 ℃ to 300 ℃；用 kg 代替 kilogram。

二维码 5-7
扫一扫可见
中英文摘要范例

五、关键词

（一）关键词的含义

所谓关键词，是从科技论文的题名、层次标题和正文中选出来的，能提示（或表达）论文主题内容特征，具有实质意义，是未经规范处理的自然语言词汇。

应该指出，关键词与主题词不同，主题词是经规范处理的受控自然语言，已编入主题词表。如美国的 *Subject Headings for Engineering*（SHE）和中国的《汉语主题词表》等，只有在这些主题词表中能查到的词才能作为主题词。

关键词的词汇可以是名词、动词或词组。一般来说关键词法不需要编制规范化的词表，对每个关键词没有统一的规范，但在实际使用过程中，对选择关键词已形成了一定的规范化要求。即所选择的关键词包括两部分：一部分为主题词表上所选用的主题词；另一部分为主题词表上未选入而随着科技飞速发展所出现的一类词，这类词称为补充词或自由词。当然，关键词也可抽选论文讲到的而标题未提及的词汇。另外，抽选关键词应排除那些概念不精确的词汇，诸如"先进的""现代的""微型的""精密的"等。由于科学技术的迅速发展和文献资料的迅猛增长，信息检索的时间性要求提高了，因此，需要提高信息传播速度，使科研工作者尽快地了解和掌握新的文献资料。为了便于编制关键词索引，目前，许多科技学术期刊和学位论文作者单位要求作者在中文摘要后附 3～8 个中文关键词，在英文摘要后附上对应的英文关键词。

（二）关键词的确定及标引方法

关键词的确定应紧扣文章主题，尽可能使用规范的主题词，不应随意造词。一般可选 3～5 个，也有多到 7～8 个的。关键词的位置在摘要的下一行，按一定顺序逐次排列。

选择关键词必须准确恰当，必须真正反映论文的主题。选择不当，就会影响读者对论文的理解，也影响检索效果。选择关键词的方法是：首先，要认真分析论文主题，选出与主题一致，能概括主题、使读者能大致判断论文研究内容的词或词组；其次，选词要精炼，同义词、近义词不要并列为关键词，复杂有机化合物一般以基本结构的名称做关键词，化学分子式不能做关键词；再次，关键词的用语必须统一规范，要准确体现不同学科的名称和术语；最后，关键词的选择大多从标题中产生，但要注意，如果有的标题并没有提供足以反映论文主旨的关键词，则还要从摘要或论文中选择。要力求中、英文关键词的数量和意义的一致。一些新的、尚未被词表收录的重要术语，也应作为关键词提出。

从标题中提取关键词,论文的标题是用最简洁、最恰当的词汇表达论文的特定内容,包括论文中的主要信息点,如研究对象、研究方法等。如有一论文标题是《燃煤热电厂烟囱飞尘中颗粒物时空分布曲线的测绘》,作者从标题中提取出 3 个关键词为:燃煤、颗粒物、时空分布。笔者认为尚有不妥之处,应改为"燃煤热电厂、颗粒物、时空分布曲线"较好些。同时,仅 3 个关键词尚不能全面、准确地反映论文的主题内容,倘若从标题中再提取出"飞尘",则关键词就选得比较合适。

有时标题不能完全反映文章所研究的全部内容,只从标题选取关键词就会丢失一部分信息。例如有《一类 Marcinkiewicz 积分的 L^p 有界性》一文,作者提取出 4 个关键词:即 Marcinkiewicz 积分、A_p 权、Hormander 条件、粗糙核。显然,后 3 个关键词是从论文内容中提取的。

在提取关键词时,还要注意作为关键词的词、词语要与论文主题概念保持一致。也就是说,文章标题中的用词、词语不能随便拿来标引为关键词,要经过思考是否符合文章的主题概念,否则读者不能确切了解文章的信息点,甚至造成误解。如《燃煤热电厂烟囱飞尘中颗粒物时空分布曲线的测绘》一文,倘提取"燃煤""烟囱"作为关键词,则明显与论文的主题概念有距离。

无检索价值的词语不能作为关键词,如"技术""应用""观察""调查"和"研究"等。

六、引言

引言(introduction),又称前言、绪言、绪论。引言部分一般不立"引言"(或"前言")的小标题,因为读者都知道正文开始的一段文字就是引言。引言是科技论文主体部分的开始,作为论文的开端,主要是交代研究成果的来龙去脉,将读者引入本题。

(一)引言的书写内容

① 撰写论文的学术背景:该项研究的由来及意义。

② 简短的文献回顾:指出哪些问题已经解决,哪些问题还没有解决;哪些问题虽已解决,但作者对此有不同的看法;哪些问题不同作者在不同地区、不同的研究对象中得出了不同的结论;哪些问题学术界持有截然不同的观点等。

③ 阐明研究的目的与重要性。

④ 提出解决问题的设想和方法、研究范围、理论依据、方案选取、技术设计等。

⑤ 提出论文的创新性:就是作者通过研究获得的理论创新论点或方法上的创新,也可以是结果的创新,这三者必备其一,这是作者表达的核心内容,也是审稿人和读者所关注的问题。

(二)引言的书写要求

学术论文报道的内容包含着从基础研究到实用技术或技巧这样宽幅的内容。因此,引言具体内容的写法也有很大不同,像基础研究的引言,可不必罗列所谓的应用背景的内容,而开发类研究,则不必将学术背景展开论述。但是,创新性则是任何学术论文都不可缺少的。

① 引言是向读者介绍论文的总纲,起到定向引导作用,学术论文在 2 000~3 000 字,毕业论文的引言(或绪论、文献综述)可以更长,但所占正文不得超过 1/3。引言不能与摘要相

雷同或成为摘要的解释。

② 引言是读者注意力的焦点。读者往往以它来衡量论文的水平,因此,作者在内容取材及文字表达上都要特别认真,注意简洁精炼和吸引力,使读者一目了然,激发读者非读全文不可的兴趣。

③ 在书写论文引言时,由于篇幅限制,要紧扣论文主题,防止离题;避免过多地叙述历史或罗列一大堆与论文关系不大,甚至无关的文献资料;同时不赘述人所共知或显而易见的专业知识,也要避免在引言中解释基本理论、介绍实验方法或推导基本公式,不列图与表。

④ 不要夸大论文的意义,避免使用"未见报道""前人没有研究过""填补了一项空白""达到国内(或世界)先进水平"等自己炫耀自己的词语;也不要写上"才疏学浅""疏漏谬误之处,恳请指教""不妥之处,望多多提出宝贵意见""水平有限"等客套话。

⑤ 评述他人的成果时一定要实事求是,掌握好分寸,不说过头话,不能贬低前人的研究成果而抬高自己论文的价值。

(三) 引言的书写方法

引言的主要作用是引出本文的主题给读者以引导。引言里需要提供足够的背景信息,以阐述作者的研究目的是什么。为此,就需要阐述清楚下列问题:为什么做本项研究?前人做了哪些研究?解决了什么问题?还有哪些关键问题没有解决?本文要解决什么问题?

引言是科技论文里比较难写的部分,初学者常常感到无处下笔,即使对有经验的科技工作者,要写好引言仍然不是一件容易的事。为了帮助大家写好引言部分,介绍几种书写方法,供大家参考。

1. 以研究对象加以展开的写法

这种写法适用于研究对象有其特殊性的论文,如对某种动物或植物进行研究都可以采用这一写法。例如,论文《长江鳡鱼胚胎及仔鱼发育研究》就是以鳡鱼发育加以展开的。"鳡鱼(*Elopichthys bambusa*)隶属于鲤形目(Cypriniformes)鲤科(Cyprinidae)雅罗鱼亚科(Leuciscinae)鳡属(*Elopichthys*),生活于水域的中上层,主要分布于我国长江中下游的江河湖泊中,因其生长快速,肉质坚实鲜美,被列入大型上等食用经济鱼类,为长江名特优水产品之一。近年来,随着自然环境的恶化、捕捞强度的增大,鳡鱼资源遭到了严重的破坏,已被列入国家重点保护濒危及受威胁水生物种名录。本实验在鳡鱼繁殖生物学的基础上,对长江鳡鱼人工繁殖的胚胎及仔鱼发育进行了系统研究,旨在为保护长江鳡鱼资源及持续利用提供一定的科学依据,为人工繁殖、育苗和养殖提供详尽的基础资料。"此引言开门见山,第一句话就点出研究对象,然后非常简洁地回顾文献资料。指出已研究过的问题及不足之处,再导出研究的目的、时间、数量及研究指标,使人看了一目了然,真正起到了将读者引入主题的作用。又如《硅酸盐细菌的筛选及其对番茄营养的影响》也是以研究对象展开写的。首先回顾了硅酸盐菌肥在我国的发展和应用情况,然后进行文献综述,指出其研究简况及作者在这方面的研究概况,最后提出本文的研究内容。读者看后,对本文的研究对象、研究内容以及论文主题有大概印象。

2. 以研究方法加以展开的写法

这种写法适用于生物学、化学、土壤学、医学、兽医学、畜牧学、农学、植物病理等学科有关检验方法的论文引言的书写,但必须是检验(测)方法有特殊性的论文。例如,论文《新催化动力学光度法测定痕量铝》的引言就是以研究方法加以展开的。"微量铝的测定在环境科学、生物医学和冶金分析等方面均具有重要意义。目前所见的报道有 H_2O_2 氧化桑色素和培花青的指示反应,根据金属离子与二溴水杨基荧光酮及 CTMAB 形成胶束配合物的速度差异建立的速差动力学光度法,主成分回归停流动力学光度法,基于邻苯二酚紫光度法测定铝时动力学和热力学影响因素而提出的铝形态分析法及测定铝形态的迭代卷积-动力分析法等。后两种方法虽是基于反应体系的动力学性质建立的,实际上不属于通常所指的动力学分析法。本文研究了 Al^{3+} 对 KBrO 氧化培花青褪色的动力学指示反应,据此建立了测定痕量铝的动力学光度法,方法简单,反应易于控制,重现性好。"

3. 以观测指标或处理因素展开的写法

这种写法适用于研究对象比较一般,而观测指标或处理因素、实验方法有特殊性的科技论文,也用于系列报道第二篇(含第二篇)以后的论文。例如,论文《青海黄牛血清运铁蛋白多态性的研究》的引言就是以主要的调查研究指标运铁蛋白展开的。"自从 Ashton(1955) 在欧洲牛中发现血清运铁蛋白(serum transferrin, TF)位点存在 TFA、TFD 和 TFE 三个共显性等位基因以来,国内外学者对其多态性进行了广泛的研究。目前已经公认的共显性等位基因至少有 12 个。1978 年,秦志锐首次在我国黑白花奶牛中进行了 TF 多态性研究。以后,陈幼春、王疏英等对我国的黄牛 TF 多态性进行了系统的研究,遗憾的是迄今尚无青海黄牛方面的报道。鉴于此,我们对青海黄牛 TF 多态性进行了分析和研究。同时利用现有的资料,通过与国内主要品种黄牛的遗传距离计算和聚类分析,确定青海黄牛在中国黄牛中的地位。"此引言从论文的唯一调查研究指标运铁蛋白展开,回顾了牛运铁蛋白多态性的研究概况及遗憾之处,提出论文的研究内容和研究目的。读者看了以后,既可了解运铁蛋白多态性的来龙去脉,又对论文的全貌有所了解。

(四) 书写引言易犯的毛病

① 不交代与论文有关的国内外研究概况,读者看不出来龙去脉。
② 罗列一大堆与论文无关或关系不大的材料。
③ 太啰唆,列入许多人所共知的普通专业知识或教科书上的材料。
④ 毫无根据地写"尚未见报道","未曾研究过","仅见……","首次……"等词语。对于这类提法,即使在比较有把握的情况下也最好留有余地,免得被动。
⑤ 把本该在讨论部分书写的内容写入引言中,使引言过长。
⑥ 将图和表放在引言中,或在引言里推导公式。
⑦ 对论文妄加评论,夸大论文的意义。

七、材料与方法

材料与方法,简写为 M&M,主要是说明研究所用的材料、方法和研究的基本过程。论文所使用的材料与方法应描述清楚,并引用相关文献,使读者了解研究方法的可靠性,使同行用同样的方法可以重复得出作者的结果,接受读者和同行的检验。因此,材料与方法部分的重点要阐述作者是怎样做的。

（一）材料

尽管不同学科的论文中交代的材料有很大差别，但这部分始终是描述作者研究中使用过的所有东西，如实验中的研究对象（包括试验用的原材料、动物、植物、昆虫等）、化学药品、试剂、设备、仪器等。动物、植物和微生物应写出种名、品种甚至品系名，第一次出现时，应附上规范的学名；化学药品要指明制造厂商或提供的单位和个人、规格和批号等，如系非标准试剂，无法标明规格时，则应说明化学成分和有关物理性质；原材料和仪器设置，如为标准产品，只需提供型号、规格及主要性能，如系前人配制过的材料和使用过的设备，只要写明文献来源，如系作者自行配制、设计和安装的设备，就应详细说明特点，并附线路图或示意图。

（二）方法

描述作者"做了什么"，"是怎样做的"，即将具体的实验方法、观测指标、对照设置、数据处理方法等交代清楚。

1. **实验方法**

① 使用众所周知的方法，仅指出方法名称和参考文献。如对原法做了修改，在写出方法名称和参考文献的基础上，还需写出修改部分。

② 采用别人介绍的方法（不是常规方法），需指出参考文献。

③ 对作者自行设计和创造的新方法应详细描述，特别是重要成果的研究，必须要有一套成熟的、程序化的方法，供大家以后在研究中参考。

2. **分组设计及对照设置**

说明分组方法、设计方法及设置何种对照、每组数量等。

3. **观测指标**

包括指标名称、测试方法和使用的仪器等。

4. **数据处理和统计方法**

在文中要说明所用统计软件名称、来源、统计方法。例如，one-way anova，Fisher's exact test 等。

八、结果

结果部分主要描述实验过程中所获取的数据和所观察到的现象，也就是说实验中发现了什么。书写结果时应按照逻辑顺序，与"材料与方法"部分相呼应，以文字、插图、表格、照片来表达与论文有关的实验数据、观察结果。在结果中，应只写作者在这次试验中的研究结果，一般不引证他人资料，不能把以前的或他人的工作夹杂进去。

（一）结果的书写要求

① 应按逻辑顺序真实、准确地表达研究所获得的数据和现象，可用文字、表或图表达。

② 应用插图、表格、照片的目的在于直观和形象化，减少文字叙述，应避免插图与表格、插图与文字或表格与文字之间彼此重复。一般来说，简单的、数据量少的情况下，用文字能

简洁清楚表达的,就不使用表格;数据量大的,用文字不易清楚直观表达的可使用表格。何时选用图或表,则应视数据表达的需要而定。如果强调展示给读者精确的数值,就采用表格形式;如果要强调展示数据的分布特征、数据结果的对比性或变化趋势,则采用插图方法。

③ 实验结果中的数据不用原始实验数据,也不要全部运算过程,而要列出经加工处理或统计处理的数据。

④ 根据"材料与方法"中的观测指标逐项叙述结果时,若内容过多,可以分成段落,并加上小标题,使层次分明。分段的方法很多,大体上可以分成两类:根据观测指标分段,适用于对同一研究对象施以不同处理因素的论文;根据不同处理因素分段,适用于对比几种处理因素实验结果或几种药物的临床研究对象不同方面特点的论文。

⑤ 叙述结果的文字要明确、具体,不用含糊不清、模棱两可的字和词。给出的表达式、数据、图表及符号都要准确无误,不能出现任何微小的疏漏。对于科技论文来说,材料有误是一大忌,多一个0,少一个小数点,都可能导致文章的严重错误,招致应用中意想不到的后果。例如,某刊上曾经发表的一篇论文,文中给出了农药稀释的错误数据,农民按照作者的配方操作,结果造成作物的大面积死亡,造成了巨大损失和不良影响,这是一个应该汲取的教训。

⑥ 结果要尊重事实,所谓尊重事实,就是要求作者坚持实事求是的原则,尊重科学,尊重客观事实,用科学的态度反映论文的客观本质,不主观臆断,更不弄虚作假。论文中的数据要经过反复验证,实验结果要经得起他人的复验,具有可重复性,同时也要如实反映失败的教训和不足之处。

(二) 书写结果常见错误

① 与"材料与方法"脱节,在前面提出的观测指标,结果中没有,或者前面未提出的内容,结果中却突然出现。

② "材料与方法"中明确规定了分组情况与每组数量,在结果中不用科学(具体)数值表达,而用不确切的"大部分""部分""多数""少数"等词语表达。

③ 文字叙述与表格、插图相互重复。

④ 结果中罗列一大堆原始实验数据,或者列出全部运算过程。

⑤ 将本应该放在材料和方法中的内容放在结果中。如在解释结果时说"本试验结果是用××统计分析软件进行分析的",这些内容都应该在材料和方法中说,不应放在结果中。

⑥ 结果中有讨论部分,在写结果的同时,夹杂有作者的个人观点,推测较多。如写"这一结果可能是由于什么原因造成的""这和××的研究结果完全相同"等。

九、讨论

科技论文的讨论部分是从实验和观察的结果出发,从理论上对其分析、比较、阐述、推论和预测。可以说,讨论是对所获结果的解释和分析,也即回答"为什么出现这样的结果""出现这样的结果意味着什么"等问题。

讨论时宜充分而简明扼要,重点要深入而突出,着重讨论新发现及由此得出的结论和观点。讨论部分一般不使用插图与表格,但在与众多文献资料比较时,可使用个别表格。讨论不宜过长,通常占全文的 1/3~1/2。

(一) 讨论的内容

讨论可以从如下几方面着手。
① 回顾本文的研究目的。
② 概述最重要的研究结果,指出与先前假设或其他研究结果的区别。
③ 对结果提出说明、解释或推测。
④ 指出研究结果的局限性及局限性对研究结果的影响。
⑤ 结果的理论意义和实际应用前景。

以上讨论内容并非是每篇论文都必须进行的,应从论文的实际出发,紧扣题名和中心内容,突出重点,围绕几个"小核心"进行。每个讨论可以设一个小标题,使讨论的中心内容更加突出。

(二) 书写讨论易犯的毛病

① 将应纳入引言的内容(如文献内容)放在讨论中。
② 重复结果内容,或对结果中的图表给予解释。
③ 对本次实验结果没有做深入分析,对不是本研究的结果却详加讨论。
④ 未将本次研究结果与已有的相关文献资料进行比较与分析。
⑤ 罗列一大堆与本实验关系不大或无关的文献资料,废话连篇,造成下笔千言、离题万里的后果。
⑥ 循环推理,以空对空,以"假设"来证明假设,以"未知"来说明未知。
⑦ 在讨论别人成果时评价不当,或断章取义,抬高自己,贬低别人。
⑧ 推论太远,做出不成熟的论断。

二维码 5-10
扫一扫可见
讨论部分范例

十、结论

结论是综合了本次实验的结果与讨论后,所做出的推论和总结。如果没有特殊内容,为避免与摘要重复,结论部分可以不写。是否要求写结论,在不同的期刊和单位,没有统一的规定。

结论包括的主要内容有:
① 本论文主要的研究认识和论点,包括最重要的研究结果、结果的重要内涵及对结果的说明或认识。
② 概述研究结果可能的应用前景及局限性。
③ 建议进一步的研究课题和方向。

十一、致谢

在研究工作和撰写论文的过程中,在得到他人帮助后,应表示对他人的尊重和谢意,在论文后面致谢。

那么，怎样把握感谢的对象呢？在国家标准局公布的《科技报告编写规则》GB/T 7713.3—2014 中明文规定，下列五种情况者可以在正文后致谢：

① 国家科学基金，资助研究工作的奖学金、基金、合同单位，资助或支持的企业、组织或个人；
② 协助完成研究工作和提供便利条件的组织或个人；
③ 在研究工作中提出建议和提供帮助的人；
④ 给予转载和引用权的资料、图片、文献、研究思想和设想的所有者；
⑤ 其他应感谢的组织或个人。

归纳起来，感谢对象主要有两类。一类是在经费上给予支持的；另一类是在技术、方法、条件、资料、信息等工作方面给予支持帮助的。例如，对提供过研究经费，参加过部分工作，承担过某项测试任务，提出过有益的建议，指导过某部分工作，提供过实验材料、试样、加工样品、数据、照片、图表等，借用过主要仪器、设备，帮助绘制插图、统计等的单位和个人，可分别表示感谢。除此之外，不在致谢之列。例如，在感情上给予关心、在生活上给予帮助、在精神上给予支持者，均不在致谢之列内。

在致谢一节中对被感谢者可以直书其姓名，也可加上教授、高级工程师、研究员、博士等专业技术职务（职称），以示尊敬。致谢的言辞应该恳切，实事求是，而不是单纯的客套。在致谢中避免滥用感谢而拉关系，以有意"攀附名流"。

有许多致谢写得简短、中肯而实事求是，是很不错的。例如：The author is indebted to Dr. Male for suggesting the use of the method of Regression Equation to simplify the proof and to the MEC LTD for financial support.（本文作者感谢孟耳博士，由于他建议使用回归方程的方法，简化了证明，感谢 MEC 有限公司在经费上的支持）。

当然，以上是科技论文后所附致谢的惯用方法。倘若是学位论文，由于学位论文的篇幅巨大，工作系统且创新性强，包含着完成论文过程中所付出的尽人皆知的艰辛，在这样的情况下，致谢中对于导师的感激，或是对父母、学长在完成工作过程中给予的支持，或是对年轻夫妻一方身负家庭重担，全力以赴支持对方顺利完成学业，而情不自禁地在致谢中动之以情，对感情上、生活上给予支持者致以敬意。在这样的论文致谢中，可不强调删去感情方面的谢词，但宜实、宜简练，切忌以此来渲染自己的荣耀。

十二、参考文献

按照国家标准局 2015 年发布的《信息与文献　参考文献著录规则》GB/T 7714—2015，关于名词、术语一节所做的定义称：文后参考文献（简称参考文献）是指为撰写（或编辑）论著而引用的有关图书资料。

科学有继承性，研究成果绝大部分是前人工作的开展和继续，所以学术论文必须要引用参考文献。

参考文献具体书写格式和著录方法参照第七章。

第四节 文献综述的写作

一、文献综述的定义

文献综述是在对某一特定学科或专题的文献进行收集、整理、分析与研究的基础上,撰写出的关于该学科或专题的历史背景、前人工作、研究现状、国内外研究最新进展及未来发展趋势等的文献报告。根据文献综述的定义,文献综述包含三个关键点:(1) 一是对大量文献的归纳和总结;(2) 全面反映某学科、领域或专题的发展现状、存在的问题及发展趋势与走向;(3) 在对已有文献的归纳总结的基础上,还需要加入自己的分析和判断,进行有深度的揭示和评述。一篇好的文献综述,往往能反映当前某一领域中某分支学科、重要专题或方向上有关问题的新动态、新趋势、新水平、新原理和新技术等。

文献综述是一种科技论文的体裁。它可以称得上是一种"文献的文献"或者"论文的论文"。写作文献综述的目的通常是为科学研究提供科技文献方面的基础和素材。在毕业论文写作和科学研究中,它都是必不可少的基础环节。

文献综述属于三次文献。阅读文献综述可以让我们在较短的时间内了解一个专题的最新研究动态,还可以顺着文献综述的参考文献,找到很多篇有关该专题的原始的研究论文,所以一般我们在刚刚涉及一个领域或者一个专题的时候都会先看文献综述。

二、文献综述的主要特点

1. 综合性

综合性是文献综述的本质特征。文献综述需要纵横交错,既要以纵的发展方向,也就是说某一个专题的发展为纵线,反映这个课题的进展,又要进行横的比较,比如说国内与国外的比较,只有如此文章才会占有大量的素材,进而把握本专题发展的规律和预测发展趋势。

2. 客观性

客观性是文献综述的价值所在,文献综述必须客观真实地反映被引文献中的学术观点,不能用自己的观点来代替被引文献中的观点。

3. 评述性

评述性指作者要对文献综述的内容进行分析评述,反映自己的观点和见解,并且与文献综述的内容构成整体。

4. 先进性

先进性体现在文献综述不是写学科发展的历史,而是将最新的学科信息和科研动向及时传递给读者,因此,检索和阅读文献是撰写文献综述的重要前提工作。只有在充分了解和掌握相关学科和专题最新文献和发展动向的基础上,才能写出反映国内外发展水平、趋势、存在问题以及解决办法的文献综述,体现出文献综述的先进性。

三、文献综述的类型

(一) 综述性学术论文

综述性学术论文是指发表在学术期刊或学术会议论文集上的,关于当前自然科学有关学科领域的研究热点、发展现状及动向的评论性文章。要求在所属学科领域从事比较深入研究的一线科研人员在研读相当数量文献资料的基础上,全面、深入、系统地论述该领域的问题,并对所综述的内容进行归纳、分析、评价,以反映作者的观点和见解。

与原始研究性论文不同的是在综述性论文里,作者不以介绍自己的工作(成果)为目的,而是针对有关专题,通过对大量的相关文献的研读,对该专题的背景、现状、优缺点、发展趋势做出较为深入系统的述评。

综述性学术论文一般分为以下两种类型:资料汇集性综述和评述性综述。

1. 资料汇集性综述

全面总结某一学科或专业领域在某一时段发表的文献,汇集研究成果,尤其是代表性成果,对某一领域的研究做出综合性的介绍。如国内关于图形学研究及应用的论文分布于多种学术期刊上,《中国图象图形学报》组织本领域专家编写了关于中国图形工程的年度文献综述系列论文,为该领域的研究人员了解国内最新图形学研究进展带来了极大的便利。

二维码 5-11
扫一扫可见
中国图形工程
年度综述

2. 评述性综述

在全面掌握尽可能多的文献资料的前提下,全面系统地介绍某一学科或专业领域的发展现状和趋势,评论研究热点,提出今后研究方向的建议。要求作者在该领域从事过系统的研究工作,或者所做工作与该领域的研究紧密相关。

国际最高水平的综述论文是发表在 *Nature Reviews* 系列杂志、*Annual Reviews*(年评)系列杂志、*Current Opinion* 系列杂志上等的综述论文。此类综述不仅要求作者的学术功底高,学术影响力大,而且作者对此类综述也很重视,常常花费较大的精力来完成。撰写此类文献综述的人有许多是权威人物,即使作者的级别较低,也是在这个题目上做了相当贡献的人。

二维码 5-12
扫一扫可见
国际高水平综述
论文样例

学术性期刊上一般都有综述栏目(review),专门刊登综述性论文。一些期刊还进一步细分为"专家述评""特约综述"和一般作者写的"综述"或"专题介绍"两类栏目。综述性论文的篇名中常含有"综述""研究进展""动态""概述"等,如《振动信号处理方法综述》《内皮祖细胞的生物学性状及其治疗作用的研究进展》和《航空结构材料环境适应性研究进展及发展方向》等。但有时综述文章也不一定有这些字眼,如《外来入侵性杂草胜红蓟》《爆炸箔起爆系统的发展》《综合评价方法在环境评价中的应用》等。国内各个领域的专家在期刊上发表的评述性论文,对该领域的发展有重要指导作用。如东北工业大学的张义民教授是机械可靠性方面的专家,他发表的《机械动态与渐变可靠性理论与技术评述》为此研究领域的未来发展指明了方向(详见二维码5-14)。北京理工大学的冯长根教授是

二维码 5-13
扫一扫可见
综述性论文范例

二维码 5-14
扫一扫可见
评述性论文范例

燃烧、爆炸及其安全技术等方面的专家,他本人及指导学生发表在《科技导报》上的《热烤试验研究进展》《爆炸箔起爆系统的发展》等多篇论文,对该领域的未来发展也有重要的指导意义。

(二) 毕业论文中的引言或文献综述

在原始研究论文、毕业论文写作和科学研究申报书的撰写中,都要求写出研究背景和研究现状、此研究的目的意义等,它们往往位于引言部分。从内容性质上讲,这部分内容也属于综述。在有些学位论文中,尤其是博士学位论文中,常将此部分单独列为一章,即"文献综述"。学术期刊上发表的原始性研究论文中的引言由于篇幅的限制,比较短小精悍。而毕业论文的引言或文献综述有较大的写作空间,可以展开论述。以下就学位论文中的引言或文献综述进行介绍。

文献综述是毕业论文的一个重要组成部分。当毕业论文题目确定后,在开始写作之前需要做好一些基础性的工作。首先是要了解别人关于这一课题研究的基本情况。因为研究工作最根本的特点就是要有创造性,而不是重复别人走过的路。只有熟悉了别人对本课题的研究情况,才可以避免重复研究的无效劳动,从而能站在前人的基础上,从事更高层次、更有价值的研究。其次是要掌握与课题相关的基础理论知识。只有理论基础扎实,研究工作才能有一个坚实的基础,否则,不可能深入研究下去,更谈不上创新。上述两项基础性工作,在文献综述中得到了充分的体现。好的文献综述,不但可以为毕业论文写作奠定一个坚实的理论基础,而且能表明写作者对既有研究文献的归纳分析和梳理整合的综合能力。因此,在毕业论文开题报告和毕业论文写作中写好文献综述,是写好毕业论文的一项必要的前期工作。

毕业论文文献综述就是针对自己论文的选题,全面搜集与所选题目相关的文献资料,经过归纳整理、分析鉴别,对一定时期内与该课题有关的研究成果和进展情况进行系统、全面的叙述和评论以及阐述对本人研究课题的启发。简而言之,就是自己选择的课题原来有哪些人做过哪些研究,研究的进展程度及结果如何等。

在毕业论文中写作文献综述,具有以下方面的意义:

① 通过搜集文献资料的过程,可进一步掌握专业文献的查找方法和资料的积累方法,在查找的过程中同时也扩大了知识面,还可以弥补以前所学知识的不足。

② 查找文献资料、写好文献综述是撰写毕业论文开题报告的前提,也是为毕业论文的写作打基础的过程。

③ 通过文献综述的写作,能提高归纳、分析、综合能力,有利于提高自己的科研能力和写作水平。

二维码 5-15
扫一扫可见指导教师修改综述的范例

文献综述需要查阅大量的文献资料,并且要对这些资料进行进一步的梳理,工作量比较大,需要作者花费大量的时间和精力。如果没有好的文献综述支撑,也写不出好的毕业论文。毕业论文的综述写好后,需要提交给指导教师进行修改,学生根据教师的修改意见,再进行认真修改。

四、文献综述的格式

(一) 综述性学术论文的格式

综述性学术论文的格式与一般原始研究性论文的格式有所不同。这是因为原始研究性的论文注重研究方法和结果,而综述性学术论文要求向读者介绍与主题有关的详细资料、动态、进展、展望以及对以上方面的评述。因此,综述性学术论文的格式相对多样,但总的来说,一般都包含以下四部分:前言、正文、结语和参考文献。撰写文献综述时可按这四部分拟写提纲,再根据提纲来写。

1. 前言

主要是说明写作的目的,介绍有关的概念和定义以及综述的范围,扼要说明有关主题的现状或争论焦点,使读者对全文要叙述的问题有一个初步的轮廓。

前言属于整篇综述的引论部分。其写作内容包括:研究的理由、目的、背景,前人的工作和知识空白,理论依据和实验基础,预期的结果及其在相关领域里的地位、作用和意义。

2. 正文

正文是综述的主体。其写法多样,没有固定的格式,可按不同的分主题进行综述,也可按年代顺序综述,还可按不同的观点进行比较综述。不管用哪一种格式综述,都要将所搜集到的文献资料进行归纳、整理及分析比较,阐明有关主题的历史背景、现状和发展方向以及对这些问题的评述。应特别注意对代表性强、具有科学性和创造性的文献的引用和评述。正文一般采用列小标题的方式来列举要综述的问题,小标题即关于论题的小议题。在每个小标题下面对与该议题相关的研究现状、进展和存在的主要问题等进行具体论述。

3. 结语

将全文主题进行简要总结,对所综述的主题,提出自己的见解。
结语的写作内容一般应包括以下几个方面:
① 本文研究结果说明了什么问题。
② 对前人有关的看法做了哪些修正、补充、发展、证实或否定。
③ 本文研究的不足之处或遗留未予解决的问题,以及解决这些问题可能的关键点和方向。

综述性论文的写作在语言上要求措辞严谨,逻辑严密,语言流畅,常按顺序 1、2、3……列成条文,用语斩钉截铁,且只能做一种解释,不能模棱两可、含糊其词。文字上不应夸大,对尚不能完全肯定的内容注意留有余地。

4. 参考文献

参考文献是文献综述的重要组成部分,参考文献采用顺序编码制或著者—出版年制进行标引和著录,编排应准确无误,便于读者查对原文。文献综述的参考文献尤其重要。一篇好的文献综述,就是一个小型的信息源,可以让读者根据参考文献找到大量关于选题的原始文献,所以参考文献一定要引用和著录规范。

二维码 5-16
扫一扫可见
毕业论文中
文献综述样例

(二)毕业论文中文献综述的格式

毕业论文的文献综述常单列为第一章,有的名为"绪论",有的名为"引言"。它们与综述类论文或学术论文中的前言不同,一般分节或分标题进行论述。围绕毕业论文课题,从不同角度或不同方面,对所研究的问题进行深入系统的阐述。

五、文献综述的写作步骤

无论是哪一种文献综述类型,都有一定的写作步骤。

(一)选题

选题要从实际出发,具有明确的目的,在理论或实践上有一定意义,选题应是作者熟悉的学科领域或专业范围,对此领域有一定的研究基础。文献综述的题目是对文献综述主要内容和主题的集中表述,不宜过大,应具体,从一个侧面入手。

(二)文献调研

不论做什么样的研究课题,首先要做的就是调查清楚这个课题的历史和现状,文献综述的根本任务之一,是搞清楚最有发展价值的研究工作和方向。为搞清这些问题,就需要进行深入的文献调研。可从如下方面着手对文献进行调研:① 近几年已经做了哪些工作?现在正在做着什么? ② 哪些问题已经解决了?怎样解决的?还有什么问题? ③ 这些没有解决的问题的症结在哪里?关键是什么? ④ 已经得出了哪些结论?这些结论可靠吗? ⑤ 已有的研究工作有什么经验和教训? ⑥ 别人用了什么样的研究手段、设备、方法和技术路线?做了什么样的实验?需要哪些仪器、设备、装置、样品? ⑦ 在已知问题中,哪些属于现象性的,或者是方法不合理和设备不准确所致?哪些是事物的本质所决定的? ⑧ 已有的实验揭示了什么新的事实和现象?对现象的解释合理不合理? ⑨ 最近一年里有多少文献与这个课题有关?最近两年、最近五年、最近若干年呢?最早的文献是哪篇?里程碑式的文献有哪些? ⑩ 这个课题现在有哪些研究者,叫什么名字?这些研究者的相关文献收集全了吗?这中间,谁是一般研究者?谁是学术带头人(课题负责人,博士生指导教师)? ⑪ 这些研究者属于哪些机构?这些机构的相关工作和文献收集全了吗?哪些是一般机构?哪些是重点和著名机构?高等院校有哪些?研究院所有哪些?企事业研究机构有哪些?这些机构分布在哪些国家?这些国家相关机构的工作收集全了吗?

一般说来,文献调查要全面,以下几类文献都要去查一查:① 学术期刊上的学术论文;② 学术专著、编著及其他相关著作;③ 专利文献;④ 科技报告;⑤ 学术会议论文集;⑥ 产品说明书、技术标准、工艺图纸和流程等企业文献。

文献检索的结果尽量满足三个要求:全(获得尽可能多而全面的文献,尤其不遗漏重要文献)、新(近一两年的新文献)和高(与检索课题的相关度和匹配度高、文献质量高等)。

文献调研的方法主要有以下两种:

1. 追溯法

即通过权威性文献的引文进行查找的方法。寻找一篇或数篇有权威性的文献,注意内容的先进性、科学性和实用性,然后再进一步有选择地收集每一篇论文中所引用的参考文献。如此积累,像"滚雪球"一样将该专题的文献尽可能找全。通过阅读已经收集到的资料,也可查找该专题的综述性或评论性文献,特别是权威学者撰写的综述,掌握该综述发表之前的重要研究成果和发展概况。同时,要注意补查最新文献。

2. 检索法

即充分利用文献检索工具,通过各种检索工具、数据库查找与该专题相关的中英文文献,尤其注意不要遗漏有代表性的和重要的文献。中文文献可利用读秀学术搜索、中国知网、万方数据库等进行检索,英文文献先利用 SCI、EI、PubMed 等国际著名的摘要数据库进行检索。在找到的文献中,点击原文链接后下载和保存相关文献。如原文链接中下载不到原文,可在 Elsevier、Willey、Springer、Ebsco、PQDD 国道数据中的 Special Sci 外文专题数据库、百链云数据库的"外文搜索"等检索和下载。需要注意的是不能完全靠检索电子数据库查找文献。对某些课题,还需要借助手工方式获得文献。

(三) 拟定提纲

写作前应列出一个比较详细的写作提纲,写出各部分的大小标题,然后将搜集的文献资料分别归入相关标题中。

拟定提纲中最重要的一部分是归纳总结原始文献的观点,形成一个个标题或小标题。归纳总结原始文献的基本方法有如下几种。

1. 汇集法

汇集法是将关于同一个观点、理论或方法的所有论述集中在一起,经过分析比较后,归纳成若干条目。比如说将对某个学术观点的所有看法或测定某种物质的所有方法汇集后,放在一个恰当的标题下。

二维码 5-17
扫一扫可见
"如何撰写本科毕业论文文献综述"

2. 阶段法

阶段法是指按照发展阶段分段叙述,可将某个专题在不同时期的特点归纳成几个发展阶段,然后分段来进行归纳总结。

3. 分析法

是将文献的内容归纳成几个要素进行重点的分析,每个要素形成一个标题。在分析时,应重点考察拟引用文献的科学性和可靠性,判断其实验设计是否科学、统计是否正确、分析推理是否合理、结果和结论是否可靠等。

值得注意的是这些组织材料的方法并不是孤立存在的,在一般的综述当中都会综合应用这几种方法。

(四) 写作

文献综述写作中需按照提纲对各部分内容展开论述,紧密围绕总标题分门别类地进行阐述,可根据需要,调整大纲结构和补充内容。在写作过程中,专业术语使用要规范、逻辑层次要清晰合理、语言表达要准确通顺。

文献综述的研究对象主要是文献,因此,在综述写作过程中始终需要阅读文献,对被引文献中的科学问题、方法、数据和结论等进行深入地比较、归纳和分析。所引用的文献必须是原文,不可引用二手文献。要如实反映原作者的观点,既不能任意篡改原意,也不能直接复制拷贝。如确需直接引用原句子或段落,必须将引用部分加上引号。不管是直接引用还是改写后的句子,均需在引用的地方标引上参考文献。

(五) 修改

论文完成后,要认真进行修改,反复核对内容,进行文字润色,力求做到主题明确、层次清楚、文字精炼、数据可靠、表达准确。

(六) 定稿

1. 搜集文献应尽量全面

掌握全面、大量的文献资料是写好综述的前提,否则可能以偏概全,甚至会误导读者。随便搜集一点资料就动手撰写是不可能写出好的综述的,甚至写出的文章根本不成为综述。在综述性学术论文发表前或学位论文答辩以前,要再次做近期文献的检索和查阅,及时添加和补充近年的,特别是近一两年的新文献。

2. 注意引用文献的代表性、可靠性和科学性

在搜集到的文献中有些可能在可读性及科学性方面存在着问题,因此,在引用文献时应注意选用代表性、可读性和科学性较好的文献。要多用权威的文献、经典的文献、最近几年的文献、被引用多的文献,少用随意和无意中得到的或没有经过筛选的文献。

3. 引用文献要忠实文献内容

引用的文献应该贯彻忠实于原始文献的原则,不能篡改原始文献的内容,不应该添加个人的观点和评论,分清作者的观点和文献的内容。

4. 文献综述不能省略参考文献

文献综述的末尾必须著录所引用的参考文献,所著录的参考文献应该是能够反映文献综述主题的,而且应该是作者直接阅读过的并在文中引用过的(凡引必注)。

5. 不用"第二手文献"

"第二手文献"是指自己没有复印,或者没有看过、读过,只是从文献上看到的"参考"文献。实际上,这种文献你根本就没有"参考"过,你仅仅了解到这个文献的存在,为什么不去找一找这个文献?

6. 注意与读书报告等的区别

文献综述与"读书报告""文献复习"等有相似的地方,它们都是从某一方面的专题研究论文或报告中归纳出来的。但是,文献综述不像"读书报告""文献复习"那样,单纯把一次文献客观地归纳报告。文献综述的特点是"综","综"是要求对文献资料进行综合分析、归纳整理,使材料更精炼明确、更有逻辑层次;"述"就是要求对综合整理后的文献进行比较专门的、全面的、深入的、系统的论述。

7. 不要选择性地隐瞒文献

有时同学为了"证明"自己的研究是创新的研究,于是有意识地隐瞒一些与之相关的文献,这不仅不符合学术规范的要求,也有剽窃和抄袭之嫌,严重的还将影响到能否通过答辩。

思考题

1. 试述科技论文的概念和特点。
2. 科技论文的科学性主要表现在论文的哪些方面?
3. 查阅本校关于毕业论文的要求、格式和评分标准等方面的规定。
4. 关键词一般从何处提取,提取关键词应注意什么?
5. 在总结科技论文的结果时,应注意哪些要点?
6. 科技论文的讨论,可以从哪几方面着手?
7. 打开或下载几篇学位论文,找出其中格式和规范不符合要求的部分,并进行修改。
8. 下载并认真阅读两篇与你所学专业相关的期刊综述论文。
9. 下载并认真阅读两篇与你所学专业相关的学位论文,认真阅读其中的绪论(或前言、文献综述)部分。
10. 选择一个适当的课题,搜集相关文献(至少10篇),练习撰写一篇1 000字左右的文献综述。

第六章 工科毕业设计

第一节 毕业设计的基本流程

一、工科毕业设计的课题类型

毕业设计工作,首先遇到的就是选题。恰当的选题是搞好毕业设计的前提,并对毕业设计质量有着直接的影响。合适的课题使指导老师与学生都能充分发挥自身的优势,使教与学两个方面都得到更高的效益。根据选题原则,毕业设计课题类型主要有三种:工程设计类课题、工程技术研究类课题、软件类课题。

(1) 工程设计类课题通常是指源于本专业生产实践所需要的实际课题,这类课题需要经过调查—筛选—定题三个阶段。指导教师要到相关企业单位深入调查研究,了解和搜集各种与本专业相关的待解决的问题,依据选题原则再进行筛选,然后拟定详细的设计任务书并确定课题。

(2) 工程技术研究类课题是指具有一定的深度和广度,一般来说,是指跟踪本专业某个研究方向而设计的课题。该课题要求学生掌握较深厚的基础理论知识,并且需要补充一定量的新知识。指导教师在制定设计内容时,应充分考虑学生的理论基础和接受新知识的能力,使其在规定的时间内能完成毕业设计任务,并得到全面锻炼。

(3) 软件类课题是指软件开发项目,由计算机软件的筹划、研制及运行三部分组成。在开发工作每一阶段都需要编制一定的文件。这些文件与计算机程序及数据构成计算机软件,软件生存周期分为可行性研究与计划、需求分析、设计、实现、测试及运行维护等六个阶段,并产生多种文件。毕业设计工作因时间限制通常只进行小规模软件开发。

二、工科毕业设计的选题

工科毕业设计选题的总体原则如下:

(1) 选题应从各专业培养目标出发,符合教学基本要求,有利于巩固、深化和扩大所学知识,培养学生分析、解决本专业实际问题的能力,选题要根据我国社会主义现代化建设和社会主义市场经济发展的需要,选择生产经济领域内有现实应用价值、理论意义的课题。选题要有利于发挥学校专业优势和特长,有利于教师指导,应尽可能与院系的有关研究项目、专业和学科建设、实验室建设或毕业实习相结合。

(2) 选题一般由指导教师提出报告,说明其意义、目的、主要工作内容、前期工作及具备的条件,同时要考虑学生的专业基础和实际水平,题目不宜过大,难易要适度,应是学生在规定时间内经过努力能按时完成的课题。

(3) 毕业设计题目由院系在第七学期结束前公布,学生可以根据自己的情况和兴趣申报选题意向,也可以由学生自己提出研究课题,由院系安排学科教师审核后确定,题目最终应由各系主管教学的系主任平衡调剂后确定。

(4) 毕业设计一般为一人一题,也可以由 2~4 人合作进行一个科研题目,但必须各自独立完成其中的一部分,并分别形成毕业设计图纸、说明书。毕业设计说明书的篇幅理工科一般应达 1 万字左右。

第二节 方案设计

方案设计是毕业设计的关键环节,要在充分调研文献、实地考察和思考的基础上,结合问题的背景、实际场景,拿出切实可行的设计方案。这种可行的方案一般来说应当有多个可选方案构成,然后结合具体的使用要求、成本要求选择其中的最佳方案来进行后续的计算、设计和工程表达。

方案的设计要从问题本身出发,根据设计任务书的要求,运用自己掌握的知识和经验,选择合理的技术系统,构思满足设计要求的原理解答方案。

方案的评价一般从技术的指标、解决问题的经济成本、可靠性等方面进行综合考量。对于本科毕业设计而言,采用基于模糊评价的表格评价法即可,也可在具体指标上给出具体参数。这里以一种专用测量装置的设计为例,给出不同方案的评价方法,见表 6-1 所示。

表 6-1 专用测量装置不同方案的评价方法

方案	精度	精度指标	成本	预算成本(万元)
方案一(接触式)	高	0.02 mm	低	2
方案二(普通激光传感器)	低	0.1 mm	中等	2.5
方案三(高精度激光传感器)	高	0.01 mm	高	6

根据上表的比较,决定采用方案一所述的接触式位移传感器方案,既保证了较高的测量精度,同时制造成本也比较低。

第三节 计算与校核

一、确定关键零部件的计算依据

机械零件设计中基本的计算包括强度准则计算、寿命准则计算和振动稳定性准则计算,最基本的是强度准则计算。强度准则是指零件危险载面上的应力不得超过其许用应力。其表达式为:$\sigma \leqslant [\sigma]$,式中$[\sigma]$是零件的许用应力,由零件材料的极限应力 $\sigma_{\lim}$ 和设计安全系数 s 确定。$\sigma_{\lim}$ 材料的极限应力,数值根据零件的失效形式确定,静强度断裂时,$\sigma_{\lim}$ 为材料的静强度极限;疲劳断裂时,σ_{lim}为材料的疲劳极限;塑性变形时,σ_{lim}为材料的屈服极限。

二、关键零部件的选型

关键零部件就是对一个机器或者物品而言,缺少这个关键零部件就不能正常运作和使用的零部件。关键零部件选型的原则如下。

(1) 功能分配确定原则:每个结构承担一个或几个局部功能,每个局部功能都有一个或几个结构承担,不遗漏也不冗余。

(2) 工作原理确定:结构设计应保证能量流、力流、物料流、信号流的正确转向和转变,同时要考虑工作原理可能产生的物理效应,尽量避免意外情况发生。

(3) 工况及载荷确定:若因缺少工况和载荷的明确资料而不得不先做一些假设,材料的选择和尺寸计算应根据载荷谱和载荷类型、大小及其作用时间来确定,不可盲目选用安全系数或采取多重保险措施。

(4) 零部件本身的可靠性:避免应力过载,防止脆性断裂,材料应具有一定韧性,可以通过过载实验保证零部件本身的可靠性。

三、关键零部件的校核

对设计的各个机械结构中关键的零部件进行校核,保证其强度、刚度满足设计要求。以轴为例:

轴的主要失效形式是因疲劳强度不足而产生的疲劳断裂、因静强度不足而产生的塑性变形或脆性断裂、磨损以及超过允许范围的变形和振动等。

(1) 根据轴的工作条件、生产批量和经济性原则,选取适合的材料、毛坯形式及热处理方法。

(2) 根据轴的受力情况、轴上零件的安装位置、配合尺寸及定位方式、轴的加工方法等具体要求,确定轴的合理结构形状及尺寸,即进行轴的结构设计。

(3) 轴的强度计算或校核。对受力大的细长轴和对刚度要求高的轴,还要进行刚度计算。在对高速工作下的轴,因有共振危险,故应进行振动稳定性计算。

轴的强度计算:

(1) 按扭转强度计算

$$扭转强度条件——\tau_T = \frac{T}{W_T} = \frac{9.55 \times 10^6 P/n}{W_T} \leqslant [\tau_T] \quad (6-1)$$

T——轴传递的转矩(N·mm);

W_T——轴的抗扭截面系数(mm^3);

P——轴传递的功率(kW);

n——轴的转速(r/min);

$[\tau_T]$——许用切应力(MPa)。

(2) 按弯扭合成强度计算

$$根据第三强度理论——\sigma_c = \sqrt{\sigma^2 + 4\tau^2} = \sqrt{\left(\frac{M}{W}\right)^2 + 4\left(\frac{T}{W_T}\right)^2} \leqslant [\sigma_{-1}] \quad (6-2)$$

T——轴传递的转矩(N·mm)；

W_T——轴的抗扭截面系数(mm^3)；

M——轴所受的合成弯矩(N·mm)；

W——轴的抗弯截面系数(mm^3)；

σ_e——当量弯曲应力(MPa)；

$[\sigma_{-1}]$——对称循环状态下轴材料的许用弯曲应力(MPa)。

（3）安全系数校核计算

由于上述弯矩合成强度计算没有考虑应力集中、绝对尺寸和表面质量等因素对疲劳强度的影响，因此，对于重要的轴，还需要对轴的危险截面用安全系数法做精确计算，以评定轴的安全程度。安全系数校核计算包括疲劳强度和静强度两项校核计算。

第四节 仿真与实验

一、仿真的目的与结果

仿真就是通过建立实际系统模型并利用所见模型对实际系统进行实验研究的过程。仿真是建立在控制理论、相似理论、信息处理技术和计算机初等理论基础之上的，以计算机和其他专用物理效应设备为工具，利用系统模型对真实或假设的系统进行试验，并借助于专家的经验知识、统计数据和信息资料对实验结果进行分析研究，进而做出决策的一门综合的实验性学科。仿真的基本过程如图6-1所示。

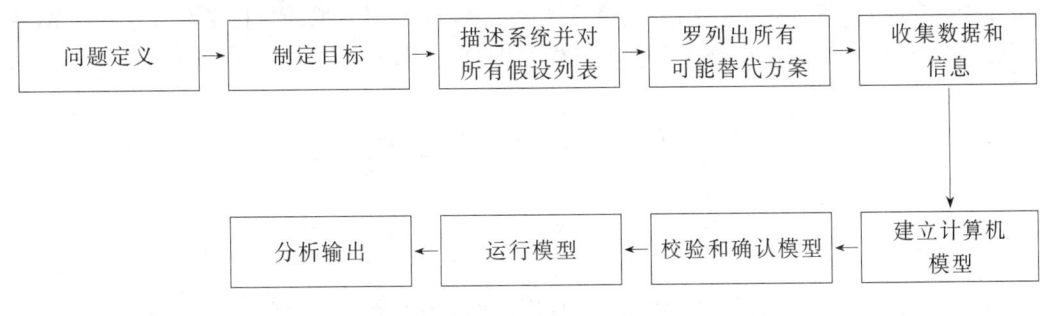

图6-1 仿真的基本过程

需要注意的是仿真研究不能简单遵循这九步的排序，有些项目在获得系统的内在细节之后，可能要返回到先前的步骤中去。同时验证和确认需要贯穿于仿真工程的每个步骤当中。

第一步 问题的定义：一个模型不能呈现被模拟的现实系统的所有方面，一个是因为太昂贵，还有一个就是它过于复杂和难于理解。

第二步 制定目标：没有目标的仿真研究是毫无用途的。目标是仿真项目所有步骤的导向，系统的定义也是基于系统目标的。目标决定了应该做出怎样的假设、应该收集哪些信息和数据。

第三步 描述系统并对所有假设列表：简单来说就是仿真模型降低完成工作的时间，仿真将现实系统资源分成四类:处理器、队列、运输和共享资源。

第四步 罗列出所有可能替代方案:在仿真研究中,确定模型早期运行的可置换方案是很重要的,它将影响着模型的建立。在初期阶段考虑替代方案,模型可能被设计成可以非常容易地转换到替换系统。

第五步 收集数据和信息:收集数据和信息,除了为模型参数输入数据外,在验证模型阶段,还可以提供实际数据与模型的性能测度数据进行比较。数据可以通过历史纪录、经验和计算得到。这些粗糙的数据将为模型输入参数提供基础,同时将有助于一些需要较精确的输入参数数据的收集。

第六步 建立计算机模型:构建计算机模型的过程中,首先构建小的测试模型来证明复杂部件的建模是合适的。一般建模过程是呈阶段性的,在进行下一阶段建模之前,验证本阶段的模型工作正常,在建模过程中运行和调试每一阶段的模型。

第七步 校验和确认模型:验证是确认模型的功能是否同设想的系统功能相符合,模型是否同我们想构建的模型相吻合,产品的处理时间、流向是否正确等,确认范围更广泛。

第八步 运行模型:当系统具有随机性时,就需要对实验做多次运行,因为随机输入导致随机输出。如果可能,在第二步中应当计算出已经定义的每一性能测度的置信区间。

第九步 输出分析:对输出结果进行统计分析,并且通过经验和计算结果来判断该方案是否可行。

二、实验数据的处理

报表、图形和表格常常被用于进行输出结果分析。同时需要用统计技术来分析不同方案的模拟结果。一旦通过分析结果并得出结论,要能够根据模拟的目标来解释这些结果,并提出实施或优化方案。使用结果和方案的矩阵图进行比较分析也是非常有帮助的。

第五节 设计与表达

一、工程图的类型

工程图分为零件图和装配图两类。零件图,即表达单个零件的形状、尺寸和技术要求的图样称为零件图。装配图,即表达机器或者部件的结构和零件间装配关系的一种图样,它包括机器或部件的工作原理,零件之间的装配连接关系,在装配、检验、安装和维修时所需要的尺寸数据和技术要求等内容。

二、工程图的规范性

工程图应按照相关国家推荐标准中的规定进行设计,以达到规范性要求。

(一) 图纸图幅

图纸图幅应按照 GB/T 14690—1993 的规定进行设计。为了方便装订和管理,对图纸基本幅面尺寸进行了规定,见表 6-2 所示。

表 6-2 基本幅面尺寸

幅面代号	A0	A1	A2	A3	A4
$B \times L$	841×1 189	594×841	420×594	297×420	210×297
a	25				
c	10			5	
e	20		10		

图样中的图框由内、外两框组成,外框用细实线绘制,大小为幅面尺寸,内框用粗实线绘制,内外框周边的间距尺寸与格式有关。两种图框格式:留装订边和不留装订边,如图 6-2 和图 6-3 所示。间距 a、c、e 查表 6-2。要注意的是,同一产品的图样只能采用一种格式。图样绘制完毕后应沿外框线裁边。

图 6-2 留有装订边的图框格式

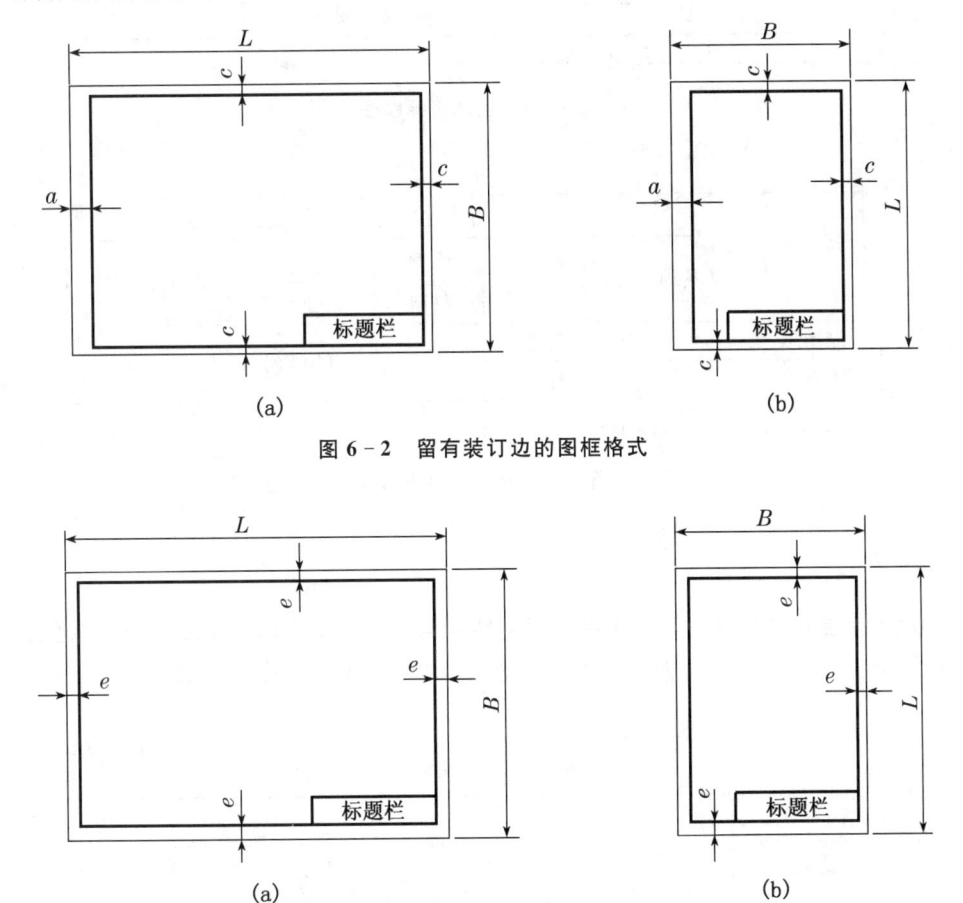

图 6-3 不留装订边的图框格式

(二) 标题栏

按照 GB/T 14690—1993 的规定每张图上都必须要有标题栏,标题栏的位置位于图纸的右下方。标题栏中的文字方向为看图方向。标题栏如图 6-4 和图 6-5 所示。

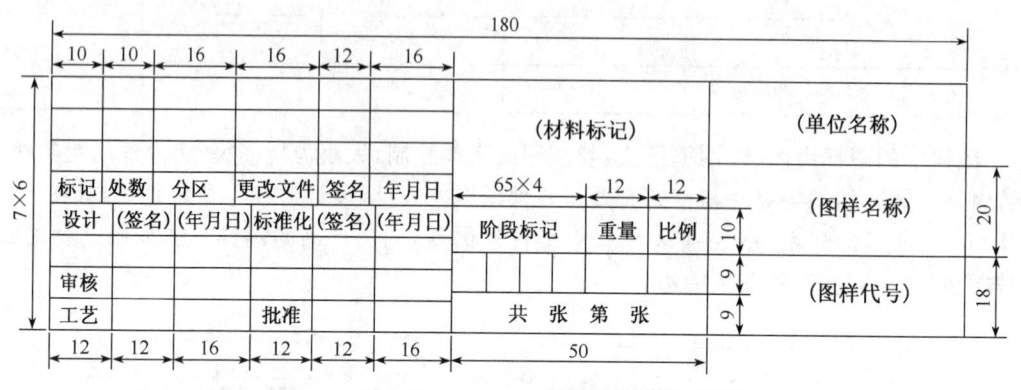

图 6-4 生产用标题栏

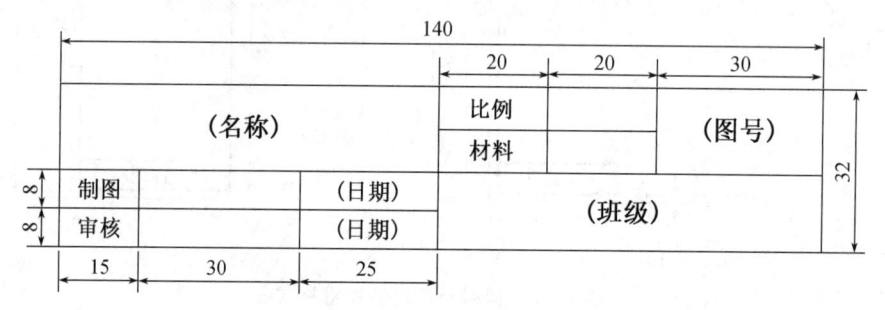

图 6-5 简化标题栏格式

(三) 比例

比例是指图中图形与其实物相应要素的线性尺寸之比。GB/T 14690—1993 国标对可采用的比例系列见表 6-3。表中 n 为正整数。绘制图形时,应首先考虑表中规定的有限比例系列。

表 6-3 绘图比例

原值比例		\multicolumn{4}{c}{1 : 1}			
缩小比例	优先	1 : 2	$1 : 2 \times 10^n$	$1 : 5, 1 : 5 \times 10^n$	$1 : 10, 1 : 10 \times 10^n$
	必要时采用	1 : 1.5 1 : 4	$1 : 1.5 \times 10^n$ $1 : 4 \times 10^n$	$1 : 2.5, 1 : 2.5 \times 10^n$ $1 : 6, 1 : 6 \times 10^n$	$1 : 3, 1 : 3 \times 10^n$
放大比例	优先	5 : 1	$5 \times 10^n : 1$	$2 : 1, 2 \times 10^n : 1$	$1 \times 10^n : 1$
	必要时采用	4 : 1	$4 \times 10^n : 1$	$6 : 1, 6 \times 10^n : 1$	

(四) 字体

按照 GB/T 14690—1993 国标的要求,图样中书写的字体必须做到:字体工整、笔画清楚、间隔均匀、排列整齐。

(1) 字号表示字体高度,系列有:1.8、2.5、3.5、5、7、10、14、20,单位 mm。

(2) 汉字采用长仿宋体,高度不应小于 3.5 mm,字宽一般为 0.7。

(3) 字母和数字可写成斜体或直体,斜体字头向右倾斜,与水平线成 75°。指数、分数、极限偏差、注脚的数字及字母,一般采用小一号字体。

(五) 图线

按照 GB/T 17450—1998 和 GB/T 4457.4—2002 国标的要求,常用的凸显宽度的规定选取系列为:0.13、0.18、0.25、0.35、0.5、0.7、1.0、1.4、2 等。具体宽度可据图幅大小而定,一般粗线 $d=0.7\sim1.0$ mm,粗、细线宽度之比为 2∶1。基本图线的应用如图 6-6 所示。

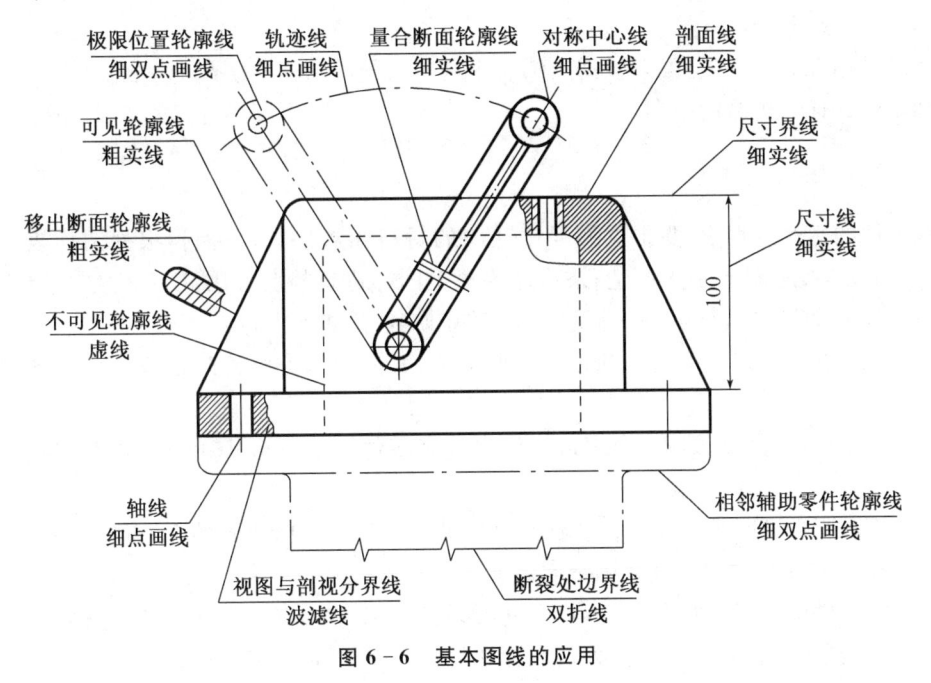

图 6-6 基本图线的应用

(六) 尺寸标注

尺寸标注是生产中零件加工和装配的直接依据。因此,必须严格按照 GB/T 4458.4—2003 国标规定进行。要求必须正确、完整、清晰、合理。

1. 基本规定

(1) 所注尺寸以 mm 为单位时单位符号省略,如用其他单位必须注明;

(2) 所注尺寸数值是物体的真实大小,与图形大小及作图准确度无关;

(3) 所注尺寸为物体的最后完工尺寸,否则应另加说明;

(4) 每一尺寸只标注一次,应标注在该结构最清晰的图形上。

2. 标注尺寸的基本要素

一个完整的尺寸标注应包括四个要素:尺寸界线、尺寸线、尺寸线终端和尺寸数字。

(1) 尺寸界线

用细实线绘制,可由图形的轮廓线、轴线对称中心线等图线引出或代替。

(2) 尺寸线

用细实线绘制在尺寸界线之间,不能由其他图线引出或代替。尺寸线和尺寸界线一般互相垂直,必要时允许倾斜。相互平行的尺寸线,应小尺寸在内、大尺寸在外。平行距离一般为 5～7 mm。同方向的尺寸线应排列在一条直线上。

(3) 尺寸线终端

形式一般有两种:箭头和斜线。同一图样只能采用一种形式。箭头是机械图样中的基本形式。当尺寸较小画箭头地方不够时可用圆点代替。斜线常在画草图时采用,也可用于尺寸较小画箭头地方不够时。

(4) 尺寸数字

一般采用 3.5 号字(也可以根据图纸大小调整),同一图样上字高应一致。

标注样式详见机械制图书。

三、工程图的完整性

在零件的生产过程中,要根据图样中注明的材料和数量进行落料;根据图样表示的形状、大小和技术要求进行加工制造;最后还要根据图样进行检验。因此,零件图应具有制造和检验零件的全部技术资料。一张完整的零件图应包括如下内容:

(1) 一组图形选用一组适当的视图、剖视、断面等图形,完整清晰地表达零件各部分的结构和形状。

(2) 尺寸正确,完整、清晰、合理地标注出确定零件各部分形状大小和相对位置所需要的全部尺寸。

(3) 技术要求说明零件在制造、检验、材质处理等过程中应达到的一些质量要求。技术要求可以用符号注写在图上或在图纸空白处统一写出。

(4) 标题栏位于图纸的右下角,其中列有零件的名称、材料、数量、比例、图号及出图单位等,以及对图纸具体负责的有关人员在标题栏中签署的姓名、日期等。

在设计过程中,一般先设计绘制装配图以决定机器或部件的整体结构和工作状况,然后根据装配图设计并绘制零件图;在生产过程中,是按照装配图制定装配工艺过程,将各个零件装配成机器或部件;在使用过程中,又是按装配图进行安装、调试、操作和检修,所以装配图是工业生产中重要的技术文件之一。

第六节 毕业设计实例

一、总体方案设计实例

(一) 油气冷凝回收装置的介绍

1. 回收装置的整体介绍

本课题通过计算流体力学对油气冷凝进行仿真,对仿真出来的各个参数进行研究。

油气回收总体示意图,该总体示意图有三个小部分,分别是废油气收集部分、废油气冷凝回收部分以及测控部分。针对此图对废油气冷凝回收的部分做出详细的介绍,首先,废油气冷凝回收的部分主要依靠冷凝模块来进行,真空泵和冷凝模块相连接,真空泵将采集装置收取的油气通过一定的流速和流量抽取到冷凝模块中,在冷凝模块中会通过半导体冷凝制冷达到一定的温度,使废油气在冷凝模块中温度降低液化成液态的油,液化后的液态油会顺着出口通过出油口被收集到集油桶中,除此之外,对于一些没有被液化完全的废油气会顺着管道进入吸附处理装置中,吸附装置中放有一定量的活性炭,废油气中的一些有害物质会被活性炭吸附,待吸附达标后将被放入到大气中。

2. 冷凝装置的介绍

冷凝装置制冷由多个零件组成,主要包括水壶、开关电源、导体壳、制冷片、风扇、水冷头、散热器以及进水管和出水管等。主要特征为:首先将导体壳的上下两面用半导体制冷片盖压,用螺栓将其固定在一起来提供制冷温度,半导体制冷片采用的是陶瓷材料。最后可以形成一个能将水从上到下循环流通的冷却系统。接着将散热器和风扇固定在一起,用水泵从水壶里抽出水经过散热器,然后散热器将冷却的水流入导冷体中,最后经过导冷体的循环使水重新流入到水壶中。此冷凝模块可以确保在冷却过程中的冷水温度均匀,并且可以有效地提高制冷的效率,同时也很快捷,还可以实现连续不停地提供冷水。

(二) 模块组成

整个装置由多种模块组成,包括开关电源、风扇、散热器、冷凝模块、活性炭及活性炭吸附箱、储水罐、管线、控制面板箱子、水泵以及真空泵等。这些所有的模块缺一不可,它们共同组成了冷凝回收的装置。对于所有的模块介绍如下。

① 开关电源:简称 SMPS。它是一种高频的电能转换的装置,通常作为电源供应器进行使用,它体积小、轻量并且效率非常高。在此回收装置中开关电源主要用来将220V 电压转为12V 电压以供其他模块通电运行。

② 风扇:风扇和散热器安装在一起,主要目的是给散热器进行降温。

③ 水排散热器:水排散热器主要由进、出水口,上水室、下水室以及纯铝的鳍片组成(全铝材的材质导热迅速,稳定性高,以此来保证散热和通风)。它是冷却系统中重要的一环,它在冷凝模块中主要就是利用冷空气降低散热器内水的温度,储存冷却的水,然后将水排到冷凝模块中。

④ 活性炭及活性炭吸附箱:活性炭主要用来吸附一些有害的气体例如甲醛等,过滤一些不溶性气体、吸附一些可溶性气体。和别的吸附剂相比,活性炭的密度较小,操作温度和再生的温度较低,方便控制以及管理。在此装置中,活性炭是块状的,长宽高均为 100 mm,活性炭在装置中用来吸附一些没有被完全液化的气体,防止有些气体直接逸入大气。吸附箱主要用来放活性炭,一个吸附箱可以放 4 块活性炭。气体会直接顺着吸附箱入口进入箱中进行处理,活性炭吸附箱根据活性炭的尺寸,设计长、宽、高均为 210 mm,在吸附箱的上面和下面用螺栓连接着一个油气的进口和出口。在吸附箱的底部,为了方便废油气进入,设计出四个长、宽分别为 50 mm、40 mm 的正方形。

⑤ 储水罐:储水罐用来盛水,供应冷凝模块中水的循环。

⑥ 真空泵:真空泵主要用来抽取采集部分废油气,将废油气抽取到冷凝模块中,它的功率为 12 W,抽取平均 10 L/MIN。

⑦ 水泵:水泵和散热器相连接,作用是将储水罐中的水压到散热器中。

⑧ 冷凝模块:冷凝模块利用半导体制冷,上下两面为制冷面,为冷凝模块提供温度,将进入的废油气进行冷凝液化,液化成液态油。冷凝模型长为 200 mm、宽为 59 mm、高为 60 mm。

⑨ 管线:管线用来连接储水罐、冷凝模块以及散热器、水泵,保持它们之间的水不停地运转。

⑩ 控制面板箱子:控制面板箱子主要用来放操作开关和操作的指示灯,用箱子更加安全可靠。

(三) 设计思路

冷凝装置设计思路包括 3 个方面:发现与明确问题、制定设计方案和方案对比。

1. 发现与明确问题

首先设计此装置主要用来方便对报废汽车中的废油气进行回收,当前经济发展迅速,汽车报废相对来说也就越来越频繁。在报废过程中,油箱里面的油气没有得到回收和利用,直接排放不仅污染了大气而且也造成了资源的浪费,所以针对此问题想出了对废油气进行回收。由于是对报废汽车进行回收,所以必须要设计出一款方便搬运,并且灵活轻巧的回收装置,此装置相对于其他装置而言安全可靠,成本适中,加工比较方便。

2. 制定设计方案

对装置的设计首先要对总体的框架进行设计,对于框架的材料选用也是至关重要的,选用的是宽和高均为 30mm 的铝型材料。该材料密度较低且轻巧,长度精准,使用非常方便,可以根据需要进行长度切割,所以目前使用范围非常广。它具有较高的抗腐蚀性,由于在此装置中,难免会有油气挥发,而一般材料会被腐蚀和生锈,但是它具有较高的强度,不容易变形,而且安装和拆卸也非常方便。对于其他的一些零件,比如开关电源、真空泵、散热器等,为了方便安装,可在这些零件的后面附上一块和零件差不多大小的厚度为 2 mm 的板,这样可以方便和铝型材料用螺栓进行固定安装。

根据所有零件的大小,以及安装的位置确立框架的大小,框架长 550 mm,宽 460 mm,高为 530 mm,占地面积为 253 000 mm^2。接着将所有零件遵循冷凝回收装置工作的先后顺序进行设计,方便它们相互工作。

3. 方案对比

在设计过程中,从多个方面进行考虑,一共设计了两个方案,分别如下:

方案一:为了让冷凝模块的制冷效果更好,在装置设计过程中安装两个水排散热器,以及在冷凝模块的安装设计过程中,让冷凝模块水平放置,不需要放置一定的倾斜角度。

方案二:在装置设计过程中,安装一个水排散热器,并且让冷凝模块的设计具有一定的倾斜角度。

通过两种方案的设计对比,方案二比方案一更有优势,因为在冷凝回收的过程中,冷凝的温度要求并不是太高,所以从节省空间以及材料等角度考虑,放置一个水排散热器即可,为了提高冷凝效率以及利于废油气的进入,需要将冷凝模块放置一定的倾斜角度。从以上角度考虑,方案二更加适合。

总体方案设计实例的相关图片可参考二维码6-1。

二维码 6-1

扫一扫可见
总体方案设计实例

二、计算与校核实例

(一) 油箱的分类及钻头的选型

油箱的制造材料可以说是一个轮回的发展,从早期的铁到塑料,再由塑料到金属,现今使用的是以不锈钢为主的金属油箱。小型家用汽车油箱的容积通常为 35～55 L,中型轿车在 55～70 L 之间,大型车的油箱为 100 L 左右,例如 SUV。如今汽车油箱可以分为两类:

1. 金属油箱

金属材质的油箱壁厚在 0.8～1.2 mm 之间,中国有近三成的油箱是由金属制造的,金属油箱也可以分为铁油箱和铝合金油箱,铝合金油箱成本太高,对于铁质油箱,生锈是一个大的问题,而铝合金油箱的耐腐蚀性高于其他材料。除了应用于耗油量大且对燃油有要求的大型客车、重型卡车外,很少用于小型载客汽车。

2. 塑料油箱

塑料材质的油箱壁厚一般为 4 mm,伴随着科技的进步,越来越多的厂商使用塑料作为汽车油箱的制造材质,主要材料是 HD-PE,密度 0.95 kg/m^3,多应用于日系车,有近七成的使用率。塑料油箱拥有金属油箱的强度和刚度,并且还具有其他的优点,包括:当汽车在碰撞过程中不会因为油箱摩擦而起火,同时也不会发生静电现象,油箱在被灼烧的情况下,可以坚持半小时,但是塑料无法解决表面渗油。

设计时考虑到现在市场上普遍报废的汽车油箱是铁油箱和塑料油箱,铝合金很少,因此不予考虑。铁的布氏硬度为 185～230,塑料的洛氏强度为 R70(113 HBS)。查阅资料,考虑了两种钻头材质的相对比较,见表 6-4 所示。

表 6-4 高速钢和合金钻头的比较

钻头材质	耐磨性	韧性	成本	应用场合	效率
高速钢(HSS)	强	好	低	木质材料	较高
高速钢(HSS-Co)	较强	好	稍高	一般金属材料	高
合金	极强	稍差	高	混凝土和石材类材料	高

综合考虑加工材料的硬度、加工时间、钻头成本,选取含钴高速钢。高速钢钻头材质型号:HSS-Co。

(二) 孔的参数计算

汽车卸油时流出的液体速度不大于 1 m/s,计算流量如式(6-3)所示:

$$Q = S \times P \tag{6-3}$$

式中:Q——流量;

S——速度,L/min;

P——压强,Pa。

油箱内的压强约等于大气压强 101.325 kPa,带入公式计算得:

$$Q = 1 \text{ m/s} \times 101.325 \text{ kPa} = 6.0795 \text{ m}^3/\text{s}$$

直径的计算,如式(6-4)所示:

$$V_s = 3.14 \times d^2 \times u \div 4 \tag{6-4}$$

式中:d——管内径,m;

u——流速,m/s。

带入公式计算得:

$$d = \sqrt{\frac{4 \times 60.795}{3.14 \times 0.06}} \leqslant 11.35 \text{ mm}$$

为了控制油液的流速小于 1 m/s,取钻孔直径为 10 mm。

以铁质油箱作为计算基准,当高速钢钻头钻孔其他材质的油箱时,根据工作条件选择适当的钻头。从上方可以了解到铁质油箱的硬度:185 HB、需要钻孔速度 1 mm。根据表 6-5 选择适当的进给量及切削速度。

表 6-5 高速钢钻头转速及其推荐值

加工材料		硬度		切削速度 u(m/min)	转头直径 D_C(mm)			转头螺旋角(°)
		布什 HB	洛氏 HRB		3~6	6~13	13~19	19~25
					进给量 f(mm/r)			
铝及铝合金		45~105	~62 HRB	105	0.25	0.40	0.48	32~42	118
碳钢	~0.25 C	125~175	71~88 HRB	24	0.20	0.26	0.32	25~35	118
	~0.50 C	170~225	88~98 HRB	20	0.20	0.26	0.32	25~35	118
	~0.90 C	170~225	88~98 HRB	17	0.20	0.26	0.32	25~35	
塑料				30					

从上表中选取切削速度 24 m/min(0.4 m/s),钻头直径选 10 mm。计算油箱钻孔参数的步骤如下:

第一步 求主轴转速 n,由推算主轴转速。

如式(6-5)所示:

$$n = \frac{(V_c \times 1000)}{(\pi D_c)} \tag{6-5}$$

式中:V_c——切削速度;
D_c——钻头直径。

将参数带入(6-5),计算可得:

$$n=\frac{(24\times1\,000)}{(\pi\times10)}=764.33 \text{ r/min}$$

第二步　求进给速度。

如式(6-6)所示:

$$V_f=\frac{f\times V_c\times1\,000}{\pi\times D_c}=n\times f \tag{6-6}$$

式中:f——每转进给量,mm/r;
V_c——切削速度,m/min;
D_c——钻头直径。

将参数带入(6-6),计算可得:

$$V_f=\frac{(0.26\times24\times1\,000)}{(3.14\times10)}=198.73 \text{ mm/r}$$

第三步　求加工时间[s]。

如式(6-7)所示:

$$T_c=\frac{(60\times H\times\pi\times D_c\times i)}{(f\times v_C\times1\,000)}=\frac{(60\times H\times i)}{v_f} \tag{6-7}$$

式中:H——钻孔深度,mm;
i——钻孔数。

将数值带入式(6-7),可得:

$$T_c=\frac{(60\times1\times1)}{198.73}=0.3 \text{ s}$$

第四步　计算所需功率 P_c[kW]。

如式(6-8)所示:

$$P_c=\frac{HB\times D_c^{0.68}\times V_c^{1.27}\times f^{0.59}}{36\,000} \tag{6-8}$$

式中:f——每转进给量,mm/r;
V_c——切削速度,m/min;
D_c——钻头直径,mm。
HB——布什硬度。

将数值带入式(6-8),可得功率:

$$P_c=\frac{(185\times10^{0.68}\times24^{1.27}\times0.26^{0.59})}{36\,000}=0.63 \text{ k}$$

第五步　计算轴向力 F[N]。

如式(6-9)所示:

$$F = 0.24 \times HB \times D_c^{0.95} \times f^{0.61} \times 9.8 \tag{6-9}$$

式中：f——每转进给量，mm/r；

D_c——钻头直径；

HB——布什硬度。

将数值带入式(6-9)，可得轴向力：

$$F = 0.24 \times 185 \times 10^{0.95} \times 0.26^{0.61} \times 9.8 = 1\,705.07 \text{ N}$$

第六步 计算扭矩 $M_c[\text{N}\cdot\text{m}]$。

如式(6-10)所示：

$$M_c = \frac{(P_c \times 30 \times D_c)}{V_c} \bigg/ = \frac{P_c \times 30 \times 10^3}{n} \tag{6-10}$$

式中：P_c——功率，kW；

D_c——钻头直径，mm；

V_c——切削速度，m/min；

n——主轴转速，r/min。

将数值带入式(6-10)，可得扭矩：

$$M_c = \frac{0.63 \times 30 \times 10^3}{3.14 \times 764.33} = 7.87 \text{ N}\cdot\text{m}$$

第七步 计算切削排出量 $Q[\text{cm}^3/\text{min}]$。

如式(6-11)所示：

$$Q = \frac{\pi^2 \times D_c^3}{V_c \times f \times 10^6} = \frac{\pi \times D_c^2}{n \times f \times 1\,000} \tag{6-11}$$

式中：P_c——功率，kW；

D_c——钻头直径，mm；

V_c——切削速度，m/min；

f——每转进给量，mm/r；

n——主轴转速，r/min。

将数值带入式(6-11)，计算可得切削排出量 Q：

$$Q = \left(\frac{\pi^2 D_c^3}{V_c \times f \times 10^6}\right) = \frac{\pi \times 10^2}{764.33 \times 0.26 \times 1\,000} = 0.000\,106\,8 \text{ cm}^3/\text{min}$$

整理计算结果，见表6-6所示。

表6-6 油箱的钻孔参数

名称	结果	名称	结果
主轴转速(r/min)	764.33	轴向力(N)	1 705.07
进给速度(mm/r)	198.73	扭矩(N·m)	7.87
加工时间(s)	0.3		
所需功率(kW)	0.63	切削排出量(cm³/min)	0.000 106 8

三、仿真实例

(一) 模型建立及网格划分

仿真的首要是创建仿真模型,对于半导体制冷模块主要由上下冷却面、进气口、出气口几部分组成,长为 200 mm、宽为 59 mm、高为 60 mm。

(二) 冷凝模块网格划分

为了进行仿真,当几何区域规划好之后,需要进行网格划分。网格划分是模拟过程中不可缺少的一部分,它的质量好差都会直接影响到数值模拟计算的准确度,且还需要确定网格的数量,网格数量的多少也决定了数值模拟的计算长短。网格数越多,计算的精度也就越高。如果数量过少,将会影响结果的准确度。网格划分主要有两种划分方式,这两种划分方式具有一定的区别:(1) 结构性的网格划分具有一定排列顺序,所以它的网格质量相对来说比较好,主要应用于比较规则、结构简单的模型。(2) 非结构性的网格划分没有规律,它通常包含一些四面体、六面体等形状。由于冷凝模块是一个正四面体,所以需要上下和前后四个面划分面网格。由于此模型为 3D 图形,所以网格划分为非结构性,生成网格的数量为 1 260 750 个,生成网格的节点数为 1 402 086 个。

(三) 冷凝模块仿真计算

本次仿真采用的气体是汽油汽化出的气体,汽油在常温下是没有颜色,很难溶于水并且非常容易挥发的一种液体。利用气体进入模块中,需要分析模块的冷凝温度,以及废油气进入的速度。

(四) 油气的参数设定

废油气主要来自汽油挥发,所以对汽油为液态和气态时的密度、黏度、分子量、导热系数、比热容以及参考温度和标准状态焓设置具体参数,见表 6-7 和表 6-8 所示。

表 6-7 液态参数

密度 kg/m^3	比热容 j/kg−k	导热系数 w/m−k	黏度 kg/m−s	分子量 kg/kgmol	标准状态焓 j/kgmol	参考温度 k
720	2 200	0.14	0.62	116.2	−123.14	293.15

表 6-8 气态参数

密度 kg/m^3	比热容 j/kg−k	导热系数 w/m−k	黏度 kg/m−s	分子量 kg/kgmol	标准状态焓 j/kgmol	参考温度 k
0.61		0.017	9.066	28.06	−52.26	307.15

上述 fluent 两个列表中仅仅包括一种流体物质(空气)和一种固体(铝),所以需要修改材料的材料属性,分别对气态和液态的参数进行设置。

(五) 边界条件设定

在 fluent 仿真过程中,边界条件主要包括:
① 流进出口的条件(入口的压强、入口的速度、质量入口和出口的一些压强等)。
② 壁面的条件。
③ 内部分单元区(内部流体分区和固体分区)。
④ 内面的边界条件(风扇、散热器等壁面条件)。

设定边界条件在边界条件面板中进行,由于模块需要制冷,所以需要对上下冷凝面设置一定的温度,由于汽油油气液化的温度为 0 ℃ 以下,所以选择 −10 ℃ 作为气体进入冷凝模块入口的温度值,即打开 Boundary Conditions 中的 Zone 的 inlet 和 wall 分别对进口的温度、进口速度和冷凝模块上下冷凝面温度进行设置。

(六) 求解方法设定

在完成了前期的一些工作(模型建立、网格生成、边界条件设定等)后,也就可以开始 fluent 仿真,不过为了更好地控制计算过程,提高精度,需要进行求解方法的设定,双击 Run Calculation 设置 Number of Iterations 为 500 步,点击 Calculate 进行计算。

(七) 分析结果以及参数优化

在仿真油气冷凝过程中,主要就是控制上下冷却面的温度、进口的温度以及油气的参数和油气进入的速度。为了提高冷凝效率,需要研究在温度和其他参数不变的前提下,改变进口的油气的速度来进行仿真,计算出速度和温度之间的关系。以下分别分析了在 0.2 m/s、0.5 m/s、1 m/s、1.2 m/s、1.5 m/s 和 2 m/s 这几种不同速度下的温度冷凝情况。

在其他所有参数都不变的前提下,只改变油气入口的速度。通过对几种不同速度所仿真出来的温度云图分析,可以看出在不同的速度下油气冷凝的快慢也各不相同。通过分析得到如下速度和效率的曲线图,可知在速度为 1.5 m/s 时效率最高。

仿真实例的相关图片可参考二维码 6-2。

思考题

1. 对于同一个设计的不同方案,应当如何进行比较和评价?
2. 毕业设计中如何表达对他人知识的引用和借鉴?

第七章　参考文献的标注和著录

参考文献是论文撰写中必要的一环,其写作的规范化是一篇完整、合格论文的有机组成部分。本章主要介绍科技论文撰写中参考文献引用的规范、注意事项等。

第一节　参考文献的作用及重要性

一、参考文献

论文的参考文献一般认为是撰写论文而引用的相关材料,如图书、期刊等,作者需对引用的相关资料信息有过查阅,且内容与论文关系密切,有代表性、可靠性和科学性。参考文献与文章摘要、正文等部分一样,都是完整论文的有机组成部分,也是论文写作过程中的重要环节。

二、参考文献的作用及重要性

论文中参考文献不仅能够反映作者是否具有严谨的科学态度,而且也是反映论文真实性、专业性的科学依据之一,参考文献的质量在一定程度上能够直接影响科技论文的水平,而且参考文献规范引用还能够直接彰显作者尊重他人著作权的态度。归纳而言,参考文献在论文中作用及重要性主要表现在以下几个方面:

① 著录参考文献,反映对他人劳动的尊重,不侵犯原文的著作权和版权。

② 明确地标示出引用他人的学术思想、理论、成果和数据的部分,并给出其来源,反映出论文的科学根据,体现科学的继承性、严肃性,使得论文言之有据。

③ 在论文正文中明确地标示出引用他人的学术思想、理论、成果和数据等部分,并在文末给出其来源,可反映出论文的起点与深度。

④ 在文末给出参考文献的来源,作者可方便地把论文的研究结果与前人的研究进展区别开来,为评价和鉴别论文的价值水平提供依据。

⑤ 著录参考文献有利于节省论文篇幅,扩大论文信息量。

⑥ 参考文献能起到索引的作用,有助于科技情报人员进行情报研究和文献计量学研究。

⑦ 为读者深入探讨有关问题提供了文献查找线索。

第二节 参考文献的引用原则

一、参考文献的引用原则

参考文献是完整论文的有机组成部分,其引用具有明确的原则,主要包括:

① 所引用的参考文献作者均需亲自阅读过,且内容与该论文关系密切。

② 参考文献应选择最必要的、有代表性、可靠性和科学性的文献。

③ 参考文献的引用要忠实于原文,不能篡改文献的内容和观点,但应避免原封不动地直接引用。

④ 主要引用新的文献,尤其是科技论文的写作应包含最新进展的参考文献,已被录用、正在印刷中的文献,可在文献的后面加上"印刷中"或"in press"。

在参考文献的引用过程中,要重点说明的是,不应大段地、原封不动地将参考文献中的内容直接搬到正文中,即使在段落中标注了文献来源,这种行为仍被认为是抄袭而非引用。论文的写作教学中,尽管已取得了长足的进步,但目前仍缺乏学术规范教育,这表现在学生在引用别人的资料时,往往会直接挪用文献中的研究结果或相关话语,而正确的引用方式是在准确理解文献含义的同时,以自己的言语进行转述,否则按照国际通行的学术规范,会被认为犯了抄袭的错误,作为初学者应牢记这一参考文献引用的重要原则。

二、毕业论文中参考文献引用注意事项

针对毕业论文的写作,参考文献的引用还应注意:

① 一定要注明参考文献的出处,一般包括文献的作者姓名、文献名称、出版单位、年限等信息。

② 引用的章节或页码应注明。

③ 引用文献一般可单独地放在每一章后,也可综合后放在论文的最后部分,即参考文献部分。

④ 引用论文内容时,一定注意不可大段地照搬,最好只引用作者的观点或者有论证的论据。

⑤ 一般不建议引用本年度或者未经发表的本校其他学生的学位论文,因为无法公开查询。

第三节 参考文献的标引方法

目前按照国标 GB/T 7714—2015《信息与文献 参考文献著录规则》,参考文献有两种标引方法,分别为顺序编码制的标引方法和著者-出版年制的标引方法,两种标引方法如下:

一、顺序编码制的标引方法

参考文献按正文中出现先后进行编序,其序号注于右上角方括号内,文末按引文顺序列出。以《加拿大一枝黄花的开花动态及柱头与花粉活力》一文为例,正文中对材料进行了介绍,如下:

加拿大一枝黄花为菊科、一枝黄花属、多年生草本植物,原产于北美,1935年首次作为观赏植物引入上海,后逸生并迅速扩散,其在江苏省的多数市县均有分布,是该省危害最严重的入侵植物之一[1]。

加拿大一枝黄花的迅速扩展蔓延,与其发达的有性和无性繁殖能力有密切的关系。该植物既可通过地下茎进行营养繁殖,又可通过产生大量连萼瘦果进行有性生殖。尤其是有性生殖产生的瘦果上附带有花萼变态来的冠毛,可借风力远距离传播。Dong等[2]利用ISSR技术揭示了2个加拿大一枝黄花种群的克隆多样性较高,每个样品都拥有一个独特的基因型,并且相邻样品间的遗传距离与其空间距离并不相关。这表明有性生殖对加拿大一枝黄花的长距离扩散和种群的初期建群等入侵过程起到了关键作用,而无性繁殖则有助于种群的生存壮大[3]。

按照正文中引用文献的出现顺序,在参考文献部分进行了相对应的罗列:

参考文献:
[1] 龚伟荣,褚姝频,胡婕,等.加拿大一枝黄花在江苏地区的发生与防除初报[J].植物检疫,2008,22(1):56-58.
[2] Dong M, Lu B R, Zhang H B, et al. Role of sexual reproduction in the spread of an invasive clonal plant *Solidago canadensis* revealed using intersimple sequence repeat markers [J]. Plant Species Biology, 2006, 21(1): 13-18.
[3] 董梅,陆建忠,张文驹,等.加拿大一枝黄花——一种正在迅速扩张的外来入侵植物[J].植物分类学报,2006,44(1):72-85.

上述这种参考文献标引方法,需要严格与正文中所标引的参考文献序号保持一致。尤其在论文的修改过程中,如果出现引用文献次序的变动,那么参考文献部分的内容也要对应进行变动。

二、著者-出版年制的标引方法

这一标引方法的主要特点是论文正文部分引用的文献在引文后标注"著者"和发表"年份",并用圆括号括起。著者-出版年格式,又称哈佛(Harvard)格式。这种格式的一大优点就是方便作者,因为参考文献不用编号,所以作者可以随时添加或删减参考文献。不管作者对参考文献书目做多少次修改,正文中引用文献的标注,如"Smith 和 Jones(2010)",都不受影响。如果引用"Smith 和 Jones"在2010年发表的两篇论文,需要做相对应的变动,即第一篇标注为"Smith 和 Jones (2010a)",第二篇标注为"Smith 和 Jones (2010b)"。但这种格式也存在一定的缺点,即给读者和出版商带来不便,当读者阅读论文时(特别是论文中引言等含引用文献较多的部分),会发现一个段落甚至一个句子里含有大量引用参考文献,这使得读者经常要跳过多行引用文献的标注才能继续阅读下面的正文,接连引用几个参考文献会对读者阅读和理解论文造成一定干扰。对出版商来说这种格式的缺点很明显,即增加了印刷成本。例如,如果引用的文献"(Paxton,1849;Sykes & Garnock-Jones,1988;Wilson & Gay,2008;Raman & Reddy,2009)"可用标在右上角的"[1,3,6,8]"来代替,那么出版商就可以降低印刷成本。

著者-出版年制的标引方法中,由于一些论文的署名作者人数太多(例如合作者共同完成论文,人数可达到数十人),很多采用著者姓名-出版年参考文献格式的期刊都采纳了"et al.(等)"的规则,根据这一规则,在引用多个作者(一般超过3人)文章时,正文中只书写出第一位作者,然后以"et al.(等)"代替其余作者。以《菊科入侵植物三叶鬼针草的繁殖特性及其与入侵性的关系》一文为例:

> 尽管一些与繁殖相关的特征明显地与植物入侵种的繁盛和扩散相关(Hayes and Barry,2008),但与入侵相关的特定繁殖特征的信息仍然非常有限(Pyšek and Richardson,2007;van Kleunen et al.,2008)。

文中"Hayes and Barry,2008"和"Pyšek and Richardson,2007"参考文献均为两位作者的论文,因此,在引用时将两位作者的姓完整列出,而van Kleunen等的这篇论文有van Kleunen M,Manning JC,Pasqualetto V和Johnson SD四位作者,因此在正文引用中,以"et al."代替除第一作者外的其他作者。

> Hayes KR,Barry SC 2008. Are there any consistent predictors of invasion success?[J]. *Biological Invasions*,10: 483–506.
> Pyšek P,Richardson DM 2007. Traits associated with invasiveness in alien plants: Where do we stand?[M] In: Nentwig W. Biological invasions,Section II. Berlin: Verlag-Springer,97–125.
> van Kleunen M,Manning JC,Pasqualetto V,Johnson SD 2008. Phylogenetically independent associations between autonomous self-fertilization and plant invasiveness[J]. *Am. Nat.* 171,195–201.

值得注意的是,标引作者时,中英文作者有所差异,中文作者需标引姓名,如张涛;而英文作者标引的是姓,不是全名。著者-出版年制标引时,还存在一些细节,根据不同杂志的要求会有部分的变化,主要有以下几种:

1. 单个作者的标引方法

正文中标引单个作者文献的方法有两种,其一是将作者和年代均放入引用句后的括号内,如"(王晓刚,2000)""(Smale,2001)";其二是将作者列入正文中,将发表年代放在随后的括号内,如"王晓刚(2000)""Smale(2001)"。一般规定,若标引的文字中未出现被引作者姓名,则用第一种方法,若已出现王晓刚、Smale等被引作者姓名,则用第二种方法。

单作者的标引实例:

> 作为被子植物的繁殖器官,花表现出极其高的变异性。有花植物进化出如此多样的表达方式只是为了达到最基本的目的——交配成功,其交配对策和性别多样性

> 起源与维持的选择力量,尤其是避免自交和避免雌雄功能干扰,一直是进化生物学家关注的焦点(Barrett,1998,2002,2003;张大勇,2004)。植物之间花粉的有效传递在很大程度上取决于传粉者的种类等。

上面英文作者 Barrett 的全名为 Spencer C. H. Barrett,在标引时只标引他的姓 Barrett,而不需要标引他的名。同一作者不同年代发表的文献,在引用时可只列一次作者,随后按文献发表先后顺序以逗号或分号隔开发表年份。

2. 两位作者的标引方法

正文中标引两位作者的文献时,需要将两位作者均列出。中文正文中,所引用两个作者的姓名之间以"和"连接;英文正文中,所引用两个作者的姓之间以"and"或"&"相连接。在文中标引时,若标引的文字中未出现被引作者的姓名,则需要将作者和年代均放入引用句子后的括号内,如(于江川和武维华,1999),(Clough and Bent,1998);若已在文中出现被引作者姓名,则只需将发表年代放在作者姓名后面的括号内,如于江川和武维华(1999)、Clough and Bent(1998)。

以下为两位作者的标引实例:

> 几种主要外来入侵物种造成的损失平均每年高达 574 亿元人民币(李振宇和解焱,2002)。
>
> 预防生物入侵比入侵后控制防止其大规模爆发更为有效而经济(Waage 和 Reaser,2001)。
>
> Chwedorzewska and Bednarek (2012) found lower genetic differentiation but increased epigenetic variation in the introduced range compared to the native populations.

3. 有三位或三位以上作者的标引方法

三位作者或三位以上作者标引时,中文正文中写出该文献的第一位作者姓名,后写逗号,之后加"等";英文作者正文中写出该文献第一位作者的姓,后写逗号,之后加"et al"或"*et al.*"。在文中标引时,若标引的文字中未出现被引作者的姓名,则需要将作者和年代均放入引用句子后的括号内,如(王晓刚等,2000),(Moore et al,2001);若已在文中出现被引作者姓名,则只需将发表年代放在作者姓名后面的括号内,如王晓刚等(1999),Moore et al (2001)。

在科技论文中,常出现单作者、两作者和多作者的文献同时被引用的情况。以下举例说明单作者、两位作者和多作者文献在正文中的标引实例:

> Austin(1980,1985)、Austin 等(1984)以及 Austin 和 Smith(1989)定义了 3 种类型的生态梯度,分别为资源梯度、直接梯度和间接梯度。

在上例中,Austin(1980,1985)表示分别引用了单作者 Austin 在 1980 和 1985 发表的两篇文献,其中发表年份按照从老到新的顺序;Austin 等(1984)表示引用了 Austin 等三位以上作者在 1984 年发表的文献;Austin 和 Smith(1989)表示引用了这两位作者在 1989 年发表的文献。

另外还应注意参考文献与注释的不同,注释不同于参考文献,是作者对正文中某一内容做进一步解释或补充说明的文字,不要列入文末的参考文献,而要作为注释放在页下,用①②…标识序号。

第四节 参考文献的著录方法

一、参考文献著录的一般规定

中华人民共和国国家标准 GB/T 7714—2015《信息与文献 参考文献著录规则》中对期刊论文、图书、学位论文、专利、标准等的著录方法进行了详细的规定。以下按照这一新标准,对参考文献的著录方法进行介绍。

(一)参考文献类型标识码

参考文献类型的标识,在国家标准中有明确的规定。针对参考文献的著录,我国先后颁布了三项国标,分别是 GB/T 7714—1987,GB/T 7714—2005 以及 GB/T 7714—2015,经过补充与修订,目前按照 GB/T 7714—2015《信息与文献 参考文献著录规则》实施,如图 7-1 和二维码 7-1 所示。

图 7-1 中华人民共和国国家标准《信息与文献 参考文献著录规则》封面图

根据 GB/T 7714—2015《信息与文献 参考文献著录规则》规定,以方括号内加字母的方式标识各种参考文献类型。其中,以单字母方式标识的各种参考文献见表 7－1：

表 7－1 以单字母标识的各种文献

参考文献类型	普通图书	会议录（各种会议的文集）	汇编（多著者或个人的论文集）	报纸	期刊	学位论文	报告	标准	专利
文献类型标志代码	M	C	G	N	J	D	R	S	P

以双字母方式标识的各种参考文献见表 7－2：

表 7－2 以双字母标识的各种文献

电子参考文献类型	数据库	计算机程序	电子公告	磁盘	磁带	光盘	联机网络
电子参考文献类型标识	DB	CP	EB	DK	MK	CD	OL

（二）参考文献著录细则

著录的项目包括:主要责任者、题名项(题名,其他题名信息等)、出版项(包括出版地、出版者、出版年、引文页码等信息),著录的格式为:"主要责任者. 题名:其他题名信息［文献类型标识/文献载体标识］. 出版地:出版者,出版年:引文页码［引用日期］. 获取或访问路径,数字对象唯一标识符."

（三）著者的录入

个人著者无论中文或外文,均采用姓在前名在后的著录方式。欧美著者的名可以采用缩写字母,缩写名后省略缩写点。对于欧美著者的中文译名,只著录其姓即可。

（四）题名的录入

题名包括书名、刊名、报纸名、专利题名、报告名、标准名、学位论文名、档案名等等。题名按照著录信息源所列的内容进行录入。

（五）出版项

出版项按如下顺序进行录入,出版地、出版者、出版年。其中出版地著录出版者所在地的城市名称,如存在多个出版地,只著录第一个或处于显要位置的出版地,如无出版地的文献,中文文献应列入"出版地不详",外文文献录入"S. I.",并置于"［ ］"内。出版者可以按照著录信息源所载的形式录入,也可按国际公认的简化形式或缩写形式著录。出版日期采用公元纪年,并用阿拉伯数字著录,如有其他形式的纪年,如康熙四十年,将该纪年形式置于"（ ）"内备注。

（六）页码

专著或期刊中所引文献的页码或引文页码,应采用阿拉伯数字著录,引自序言或扉页题词的页码,可按照实际情况录入。

(七) 获取和访问路径

针对电子资源在互联网中的实际情况,对所引文献的获取和访问路径进行录入。根据 GB/T 7714—2015《信息与文献 参考文献著录规则》,按照电子资源在互联网中的实际情况,著录其获取和访问路径。

著录格式:作者. 题名:其他题名信息[文献类型标识/文献载体标识]. 出版地:出版者,出版年:引文页码[引用日期]. 获取和访问路径. 数字对象唯一标识符.

> 储大同. 恶性肿瘤个体化治疗靶向药物的临床表现[J/OL]. 中华肿瘤杂志,2010, 32(10):721 - 724 [2021 - 08 - 17]. http://xueshu. baidu. com/s? wd = paperuri% 3A%282fabc5b38bfee5a4c3a34a55acd6488f% 29&filter = sc_long_sign&tn = SE_ xueshusource_2kduw22v&sc_vurl = http%3A%2F%2Fd. wanfangdata. com. cn% 2FPeriodical%2Fzhzl201010001&ie = utf-8&sc_us = 14466480299711872798. DOI: 10.3760/cma. j. issn. 0253-3766. 2010. 10. 001.
> Weiner S. Microarchaeology: beyond the visible archaeological record [M/OL]. Cambridge, Eng. : Cambridge University Press Textbooks, 2010:38 [2021 - 08 - 18]. http://assets. cambridge. org/97805217/05844/copyright/9780521705844_ copyright_info. pdf.
> 刘乃安. 生物质材料热解失重动力学及其分析方法研究[D/OL]. 安徽:中国科技大学,2000:17 - 18[2021 - 08 - 18]. http://xueshu. baidu. com/s? wd = paperuri% 3A%280a46a9b09695d0b2dba37aaac759880b%29&filter = sc_long_sign&tn = SE_ xueshusource_2kduw22v&sc_vurl = http%3A%2F%2Fd. wanfangdata. com. cn% 2FThesis%2FY351065&ie = utf-8&sc_us=76747606285637036553.

上例中的 DOI 表示该文献的数字对象唯一标识符(10.3760/cma. j. issn. 0253 - 3766. 2010. 10. 001)。

(八) 参考文献著录中的标点符号

根据 GB/T 7714—2015《信息与文献 参考文献著录规则》规定,参考文献使用标点符号包括:

➢ ". "。用于题名项、析出文献题名项、其他责任者、析出文献其他责任者、连续出版物的年卷期或其他标识项、版本项、出版项、连续出版物中析出文献的出处项、获取和访问路径以及数字对象唯一标识符前。每一条参考文献的结尾可用". "号。

➢ ":"。用于其他题名信息、出版者、引文页码、析出文献的页码、专利号前。

➢ ","。用于同一著作方式的责任者、"等""译"字样、出版年、期刊年卷期标识中的年和卷号前。

➢ ";"。用于同一责任者的合订题名以及期刊后续的年卷期标识与页码前。

➢ "//"。用于专著中析出文献的出处项前。

➢"()"。用于期刊年卷期标识中的期号、报纸的版次、电子资源的更新或修改日期以及非公元纪年的出版年。

➢"[ ]"。用于文献序号、文献类型标识、电子资源的引用日期以及自拟的信息。

➢"/"。用于合期的期号间以及文献载体标识前。

➢"-"。用于起讫序号和起讫页码间。

二、参考文献著录实例

(一) 普通图书的著录

> 徐光宪,王祥云.物质结构[M].北京:科学出版社,2010.
> 福迪.藻类学[M].罗迪安,译.上海:上海科学技术出版社,1981:1-350.
> 卡恩.种子休眠和萌发的生理生化[M].王沙生,译.北京:中国农业出版社,1989.

(二) 会议录、论文集的著录

> 牛志明,斯文兰德,雷光春.综合湿地管理国际研讨会论文集[C].北京:海洋出版社,2012.
> 中国力学学会.第3届全国实验流体力学学术会议论文集[C].天津:[出版社不详],1990.
> Babu BV, Nagar AK, Deep K, et al. Proceedings of the second international conference of soft computing for problem solving, December 28-30, 2012[C]. New Delhi: Springer, 2014.

(三) 报告的著录

> U. S. Department of transportation federal highway administration. Guidelines for handling excavated acid-producing material: PB 91-194001[R]. Springfield: U. S. Department of Commerce National Information Service, 1990.

(四) 专著中析出文献的著录

> 白书农.植物开花研究[M]//李承森.植物科学进展.北京:高等教育出版社,1998:146-163.
> Roberson J A, Burneson E G. During water standards, regulations and goals [M]// American Water Works Association. Water quality and treatment: a handbook on drinking water. 6th ed. New York: McGraw-Hill, 2011: 111-136.

（五）报纸文章的著录

> 丁文祥.数字革命与竞争国际化[N].中国青年报,2000-11-20(50).
> 张田勤.罪犯 DNA 库与生命伦理学计划[N].大众科技报,2000-11-12(7).
> 傅刚,赵承,李佳路.大风沙过后的思考[N].北京青年报,2000-01-12.

（六）期刊论文的著录

> 陶仁骥.密码学与数学[J].自然杂志,1984,7(7):527.
> Hewitt J A. Technical services in 1983[J]. Library Resource Services,1984,28(3):205-218.

（七）学位论文的著录

> 张志祥.间断动力系统的随机扰动及其在守恒律方程中的应用[D].北京:北京大学,1998.
> Calms R B. Infrared spectroscopic studies on solid oxygen [D]. Berkeley: Univ. of California, 1965.

（八）标准的著录

> 侯汉清,黄秀文,温国强.等.索引编制规则（总则）:GB/T 22466－2008[S].北京:全国信息与文献标准化技术委员会,2008-11-03.
> 王雅戈,杨光辉,温国强,等.学位论文内容索引编制规则:GB/T 41210—2021[S/OL].北京:全国信息与文献标准化技术委员会,2021-12-31.[2021-12-31]. http://std.samr.gov.cn/gb/search/gbDetailed? id=D4BEFFF4EB2EB241E05397BE0 A0AF581.

（九）专利的著录

> 张凯军.轨道火车及高速轨道火车紧急安全制动辅助装置:201220158825.2[P].2012-04-05.
> 冀宏,郑雪平,姚璐晔,等.杏鲍菇工厂化生产用直筒式气孔栽培器:201420337143.7[P].2014-10-22.

冀宏,姚璐晔,徐兵,等.改良的杏鲍菇液体发酵培养基以及利用其培养杏鲍菇液体菌种的方法:201410568173.3[P].2016-06-08.

许广举,陈庆樟,李铭迪,等.废气涡轮增压器的性能测试装置:201520433726.4[P].2015-10-24.

王盛莉,张志君.一种用于提高小包装食品封口质量的装置:CN 207191580 U[P].2018-04-06.

(十)电子专利的著录

河北绿洲生态环境科技有限公司.一种荒漠化地区生态植被综合培育种植方法:CN 01129210.5[P/OL].2001-10-24[2021-08-18].https://d.wanfangdata.com.cn/patent/CN01129210.5.

(十一)电子资源(不包括电子专著、电子连续出版物、电子学位论文、电子专利)的著录

迟延崑.台风观察十二年[EB/OL].(2016-10-30)[2021-08-17].http://blog.sciencenet.cn/blog-3237474-1011710.html.

张国庆.我国板栗产业化对策陋见[EB/OL].(2021-02-09)[2021-08-16].http://blog.sciencenet.cn/blog-3344-1271486.html.

阅读:论文写作中参考文献著录错误分析。(见二维码7-2)

三、参考文献的著录方法

(一)顺序编码制的著录方法

参考文献表采用顺序编码制时,各篇文献应按正文部分标注的序号依次列出。

顺序编码制举例：

文献正文部分对引用文献以[1][2]等进行序号标注,在文章的参考文献部分,对应序号依次列出文献的出处。

参考文献：
[1] 龚伟荣,褚姝频,胡婕,等.加拿大一枝黄花在江苏地区的发生与防除初报[J].植物检疫,2008,22(1):56-58.

[2] Dong M, Lu B R, Zhang H B, et al. Role of sexual reproduction in the spread of an invasive clonal plant *Solidago canadensis* revealed using intersimple sequence repeat markers[J]. Plant Species Biology, 2006, 21(1): 13-18.

[3] 董梅,陆建忠,张文驹,等.加拿大一枝黄花——一种正在迅速扩张的外来入侵植物[J].植物分类学报,2006,44(1):72-85.

[4] 黄华,郭水良.外来入侵植物加拿大一枝黄花繁殖生物学研究[J].生态学报,2005,25(11):2795-2803.

[5] 李亚仲,印丽萍,王庆亚,等.南京地区加拿大一枝黄花的核型[J].江苏农业学报,2007,23(1):74-75.

[6] 吴竞仑,李永丰,王一专,等.苏南地区加拿大一枝黄花繁殖地的植物群落[J].江苏农业学报,2005,21(3):176-179.

(二) 著者-出版年制的著录原则

依据国家标准 GB/T 7714—2015《信息与文献 参考文献著录规则》,参考文献表采用著者-出版年制组织时,各篇文献首先按文种集中,可分为中文、日文、英文、俄文、其他文种五部分;然后按著者字顺和出版年排列,中文文献可以按著者汉语拼音字顺排列,也可以按著者的笔画笔顺排列。

Belkhodja R, Morales F, Abadia A, et al. Chlorophyll fluorescence as a possible tool for salinity tolerance screening in Barley (*Hordeum vulgare* L.)[J]. Plant. Physiol. 1994, 104: 667-673.

Bennet A, Bogorad L. Complementary chromatic adaptation in a filamentous blue-green alga[J]. J. Cell. Biol. 1973, 58: 419-435.

Bolton JJ. Ecoclinal variation in *Ectocarpus siliculosus* (Phaeophyceae) with respect to temperature growth optima and survival limits[J]. Mar. Biol. 1983, 73: 131-140.

Enriquez S, Borowitzka MA. The use of the fluorescence signal in studies of seagrasses and macroalgae [M]//Sugget DJ, Prasil O (eds). Chlorophyll a fluorescence in aquatic sciences: methods and applications. Dordrecht: Springer, 2011, 187-208.

Fracheboud Y, Haldimann P, Leipner J et al. Chlorphyll fluorescence as a selection tool for cold tolerance of photosynthesis in maize (*Zea mays* L.)[J]. J. Exp. Bot. 1999, 50: 1533-1540.

Gong HM, Tang YL, Wang J, et al. Characterization of photosystem II in salt-stressed cyanobacterial *Spirulina platensis* cell[J]. Biochim. Biophys. Acta. 2008, 1777: 488-495.

Hunter NPA, Oquist G, Sarhan F. Energy balance and acclimation to light and cold[J]. Trends. Plant. Sci. 1998, 3: 224-230.

Innes DJ. Genetic differentiation among populations of marine algae[J]. Helgol. Meeresunters. 1984, 38: 401-417.

Jiang Y, Yan XH, Liu CJ. Selection and characterization of a fast growing strain of *Porphyra hanitanensis* (Bangiales, Phodophyta)[J]. J. Fish. China. 2010, 34: 1363-1370 (in Chinese).

注意，在参考文献表中著录同一著者在同一年出版的多篇文献时，出版年后应用小写字母 a,b,…区别，如下例所示。

Kennedy W J, Garrison R E. Morphology and genesis of nodular chalks and hardgrounds in the Upper Cretaceous of southern England [J]. Sedimentology, 1975a. 22: 311-386.

Kennedy W J, Garrison R E. Morphology and genesis of nodular phosphates in the Cenomanian Glauconitic Marl of South-east England [J]. Lethaia, 1975b. 8: 339-360.

思考题

1. 简述参考文献在科技论文写作中的作用及重要性。
2. 参考文献在正文中的标注方法有几种？分别有什么特点？
3. 外文文献著者的书写中要注意哪些问题？
4. 参考文献中可使用哪些标点符号，使用中有哪些注意事项？
5. 将第一章（包括二维码）中所列的各类文献进行著录。
6. 分析以下参考文献著录中的错误，并写出正确的著录方式。

[1] 曾呈奎,孙爱淑.紫菜属的细胞学研究——中国产的七种紫菜叶状体阶段染色体数目的研究[C].科学通报,31(1):67-70.
[2] 王立霞.养殖技术顾问[J].转基因动物的研究简介 2009,8,(8):21-45
[3] Jurand. A and Jacob. J. Studies on the macronucleus of Paramecium Aurelia [J]. Chromosoma, 1969, 26 (3): 355-364
[4] 吴成福主编,科技论文写作。河南:黄河水利出版社,1998

［5］马翎健.细胞生物学(第1版)[M].陕西:西北农林科技大学出版社,2006:1-250.
［6］林建群,李金华.中国资源生物技术与糖工程学术研讨会论文集[C].山东:山东微生物学会,2005.
［7］刘伟.毒死蜱、马拉硫磷和氰戊菊酯对蚯蚓、蚕豆毒性效应的研究[D].山东:山东农业大学,2006.
［8］钟辉.显微镜视觉力觉控制的生物微操作系统研究[C].厦门:厦门大学,2008.
［9］康颐璞,司民真,李清玉,等.水稻白叶病菌生理小种在纳米银膜上的表面增强曼光谱初探[D].云南:西南林学院基础部,2010.
［10］McDonald K L. Life history and cytological studies of some Rhodophyceae. Ph. D. thesis, University of Califormia[D]. Berkeley, 1972, 6: 170.
［11］Ruegsegger, Mark Andrew. Biomimetic oligosaccharide and peptide surfactant polymers designed for cardiovascular biomaterials［D］. Cleveland: Case Western Reserve University, 2002.

二维码 7-3
扫一扫可见
第七章思考题参考答案

第八章　科技论文中的图表

　　科技论文的图表是科技论文重要的组成部分，是科技人员表达实验数据、观测结果和科学思想的形象化语言，也是科技论文中一种极为常用而重要的表达方法。在论文中用适当的图(包括照片图)和表，不仅能作为文字论述的必要补充，表达难以用文字叙述表达的内容，并能客观地展示研究结果，直观易懂。例如，当读者看到一大片文字和看到一张表格或者一张图片时，很明显，读者不用阅读，看一下图表就基本上能把握住表格或者图片中所承载的一些信息，如果是用文字来表达的话，不阅读文字肯定无法把握文字所承载的信息。因此，论文作者应尽可能应用图表并掌握其绘制方法。以下重点介绍科技论文中表格和图片制作中的一些格式和问题。

第一节　如何设计有效的表格

一、表格在科技论文中的作用

　　分析试验结果的第一步工作，往往就是把实验所得到的各种数据用归纳处理的办法，采用最能有效地表现各种因素之间相互关系的方式，列成表格或通过表中数据绘成曲线图。因此，表格在论文中的作用是很大的，必须掌握列表的基本方法。
　　表格是罗列研究方案和实验数据较好的方式，应精心设计。它的基本作用是使大量的数据和问题系列化，便于阅读，更便于比较。尤其是有的表格能反映科学规律，可给人们以莫大的启示。例如，门捷列夫元素周期表就是科学史上的一个特例。当初门捷列夫排列周期表时，根据已知的元素所揭示的规律来列表，表格中有些地方还未有合适的元素填上。当时他就大胆地预言这些空位的元素一定能够被发现，并预言了这些元素的大致性状。果然，镓、钪、锗三个元素被发现了，并同预言惊人地一致。在以统计为主要内容的论文里，虽然图也是一种有效的表达方式，但图不能十分确切地表示数据，因而仍需用表格的形式列出要表达的数据。

二、表格的设计原则

1. 精选原则

　　与插图一样，科技论文的表格不是越多越好，而是按其必要性和经济性进行精选。所谓必要性是指在论文的内容表达中，必须要选用表格这种形式。表格一般适用于以下场合：列举可供运算、对比的具体数据资料，定量地反映事物的运动过程和结果；简要地说明试验情况;消除重复、繁琐的文字叙述。上述场合如果不用表格,势必会造成表述不清或浪费版面。所谓经济性是指以一当十,用最少的表格准确地反映最为深广的科学内容。因此,要求作者在表格初步设计的基础上,对同类表格进行分析和比较,以便进行合并和删减,精选出适合于内容且具代表性的表格。

2. 自明性原则

表格作为描述科技论文内容的辅助手段,本身是一个独立的表述单元,因此,要求表格具有自明性。表格的自明性是指不需要借助于文字说明,仅仅依靠表格自身的信息(表题、栏目、数据以及必要的注释)就能说明所要描述的内容。自明性要求表格设计做到:表题能高度概括表格的中心内容;栏目设置科学、合理,具有代表性,并适合论文内容表达的需要;表格中的数据准确、规范,富有逻辑性和对比功能。

在表格设计中,要将试验或观察研究的背景条件、比较前提、使用方法、实验(或计算)数据和最后结果等逐个分列清楚,使每个要素安排有序,合乎逻辑性,让读者一目了然。

3. 简洁性原则

如果没有特殊的需要,表格中不应该出现一般性的调查,以及实验测定或分析计算使用的常规仪器、手段和材料(或条件)等事项的说明,也不应该出现分析计算过程的中间步骤、环节和数据。表格中列出的一般是反映研究成果的重要实验数据、算式和结论。减少中间环节和不必要的事项说明,就能使表格简洁明了。

4. 科学性原则

为了准确、清晰、简明地表达内容,以及便于排版和阅读,表格设计应当科学合理,符合规定。要使表格设计具有科学性,必须做到:表格本身的内容易于让人理解,各行、列的安排顺序要合理,具有逻辑性;通过栏目中数据,使读者易于得出有关结论;表中数据的精度不得高于实际数据的精度;表格的长度要符合页面尺寸与版式的要求;尽量减少表中空格;表的层次既要适合内容及其分类的需要,又不能因设置过多而影响表格的简洁和美观;有计量单位的项目必须尽可能地置于表头的位置。

三、表格的形式

科技论文中表格的种类较多,主要有系统表、无线表、卡线表与三线表等。

1. 系统表

用于表示多个事项之间的隶属关系和层次的表。

示例:实数的组成如图 8-1 所示。

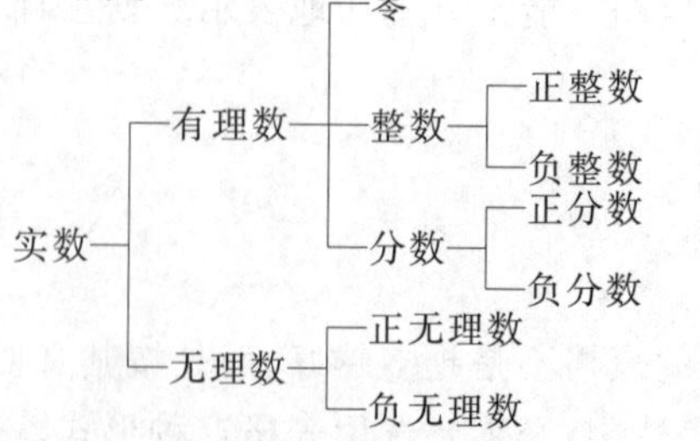

$$
\text{实数} \begin{cases} \text{有理数} \begin{cases} \text{整数} \begin{cases} \text{零} \\ \text{正整数} \\ \text{负整数} \end{cases} \\ \text{分数} \begin{cases} \text{正分数} \\ \text{负分数} \end{cases} \end{cases} \\ \text{无理数} \begin{cases} \text{正无理数} \\ \text{负无理数} \end{cases} \end{cases}
$$

图 8-1 系统表示例

2. 卡线表

用直线作为横栏线和竖栏线将文字或数字分开的表。

卡线表的各项数据之间分隔得很清楚,隶属关系一一对应,读起来不易串行,但缺点是横线和竖线多,显得繁杂不够简练,见表 8-1 所示。

表 8-1 柴油机活塞测温结果
Table 8-1 Results of piston temperature

编号	位置	第一缸温度(℃)	第三缸温度(℃)	第五缸温度(℃)
1	燃烧室中心	260	248	244
2	燃烧室入口	310	288	280
3	燃烧室底部	217	211	226
4	第一道环	238	234	233
5	前端销孔	188	165	178
6	后端销孔	188	189	180

3. 三线表

主要由顶线、底线和栏目线三条线构成的表。三线表保留了传统卡线表的全部功能,增强了表格的简洁性。在学位论文和期刊论文中,一般使用三线表。

三线表的形式如图 8-2 所示。

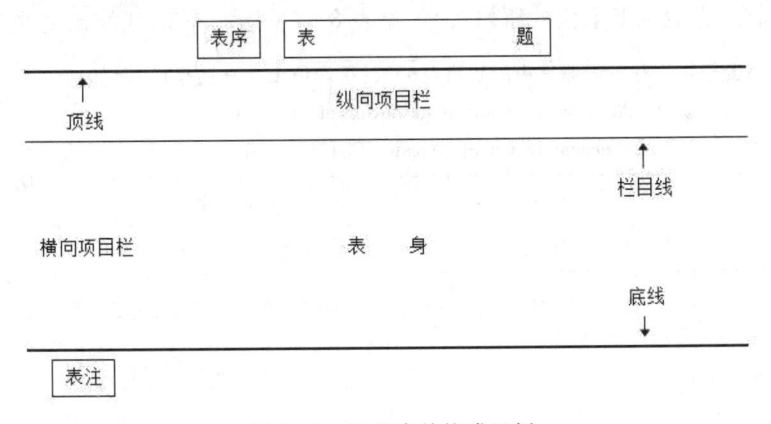

图 8-2 三线表的构成示例

从表格中,我们可以看到,它有 3 条主要的水平线,即顶线、栏目线和底线,而没有垂直线。其中的顶线和底线为粗线,俗称"反线",栏目线为细线,俗称"正线"。粗线的宽度是细线的 2 倍,如细线的宽度为 0.5 磅,则粗线的宽度为 1 磅。

三线表并不一定只有 3 条线,大多数情况下,三线表除了 3 条主线外,还有辅助线。但无论加多少辅助线,仍称为三线表。三线表上所加的辅助线均为横线,一般禁止用竖线作为辅助线,有辅助线的表格见表 8-2 所示。

四、三线表的构成要素

三线表的构成要素主要有表序与表题、项目栏与栏目、表身、表注等。

1. 表序与表题

表序亦称"表的序号"。按照表在文中出现的先后顺序,使用阿拉伯数字连续编排序号,如"表1""表2""表2-2"等。每一表都必须有编号,即使全文只有一个表,也要标示"表1"或"表2-1"等。学位论文、科技报告或科技图书由于篇幅较长,表序可以按章甚至按节连续编号,如"表2-1"或"表2.1"等。

表题是表格的名称,是表格最主要的部分,犹如表格的"眼睛"。与图题一样,要求表题准确得体、简短精炼,既能概括地说明表格的内容,又能避免泛指性的词语。

每个表格必须要有表序和表题。表序与表题之间不用任何标点符号,且空开一个汉字字位,居中排在表格顶线的上方,见表8-2所示。表序和表题的总长超过表格宽度时,则转行排。

2. 项目栏与栏目

表格顶线与栏目线之间的部分称为项目栏。项目栏一般至少要放置2个以上的"栏目"。

项目栏反映表身中该栏信息的特征或属性,由量的名称或符号和量的单位组成。量的名称或符号与单位之间用斜线"/"分隔,如"功率/kW"或"P/kW""电流/mA"或"I/mA""速度/(m·s^{-1})"或"v/(m·s^{-1})"等。项目栏有单层次的,也有多层次的。多层次的栏目之间要用辅助线隔开,它表现上下位的所属关系,见表8-2所示。辅助线均比主线短。

表8-2 小麦干物质在不同器官中的积累与分配(平均值±标准误差)(N=20)
Table 8-2 Accumulation and distribution of dry matter in different organs in wheat (Mean±SD(N=20))

处理 Treatment	茎 Stem		叶鞘 Leaf sheath	
	干重 Bi(g)	比重 Pe(%)	干重 Bi(g)	比重 Pe(%)
CK	18.31±2.56	48.37±5.64	6.13±1.29	6.19±1.62
N	14.04±3.21	40.08±9.58	7.21±2.36	20.57±3.94
P	18.20±5.16	49.35±4.37	6.30±1.81	17.09±4.34

←表序和表题
←顶线
←辅助线
←栏目线
表身
横向项目(行)
←底线
纵向项目(列)

项目栏分为横向项目栏(行)和纵向项目栏(列)。横向项目栏说明每一个"行"的属性,位于表格的左侧;纵向项目栏说明每一个"列"的属性,位于表格的右侧。将表格的项目由左至右横读,数据依次竖读。

3. 表身

表身是指三线表栏目线以下、底线以上的部分。表身是表格的主体,容纳了表格中的绝大部分信息。表身大多由数字组成,在设计和制作表身时,需要注意以下问题。

① 表身内的数字一般不带单位,也不能带百分号"％",应将单位符号和百分号归并在栏目(标目)中。如果整个表身内有共用单位、均数标准差和观察样本数等,则可在表题后注明,并加用括号(见表8-2)。

② 表身中处于共同标目之下的同一栏多行的数值,有效位数应该相等,个位数(或小数点)或"～""/"等符号应上下对齐。表格中的文字采用左对齐,数字优先使用小数点对齐方式,其次再使用右对齐方式。这主要是一种出版上的格式要求,也是为了美观。

③ 上下、左右相邻栏内的文字或数字相同时,应重复给出,不得使用"同上""同左"(或 ibid, loc, cil, op cit)等字样。小数点前的"0"不能省略,小数点前后每隔3位数留空半个英文字符。

④ 表身中没有数字的栏,不能轻易添上"0"或画上"—"等。国家标准 GB 7713 规定:表内"空白"代表未测或无此项,"—"或"…"代表未发现,"0"代表实测结果确为零。

4. 表注

表格中的符号、标记、代码等需要注释、补充或说明的内容,可用最简练的文字横排于表题的下面,或附注于表格的底线下面作为表注。如果表注不止一条,则应给每条表注编号,顺序排于表格的底线下面。

五、表格的制作

Word 提供了丰富的表格处理功能,不仅可以快速地创建表格,而且可以对表格进行编辑、修改、表格与文本之间的相互转换、表格格式的自动套用等。这些功能大大方便了用户,使得表格的制作与排版变得比较简单。

在 Word 中,可以快速地插入内置表格。在"插入"选项卡的"表格"组中单击"表格"按钮,在弹出的菜单中单击"快速表格"选项,在打开的"内置"模板中任选一种模板单击,即可快速地插入内置表格。

在 Word 中,还可以插入 Excel 工作表,在"插入"选项卡的"表格"组中单击"表格"按钮,在弹出的菜单中选择"Excel 电子表格"选项即可。

六、表格的修饰

建立一个表格后,Word 会自动设置表格使用0.5磅的单线边框。科技论文中要求的表格样式为三线表,而 Word、WPS 或 Excel 中内置的表格式样常不符合要求,因此,需要使用"边框"对话框,重新设置表格的边框来修饰表格,使表格符合期刊或答辩单位的要求。

在 Word 和 Excel 中设置边框的方法见二维码8-1。

二维码 8-1

扫一扫可见
三线表制作过程

第二节　如何设计有效的插图

图往往比表格能够更直观地表现数据之间的差异、变化趋势、相关性等，因而在科研论文写作中被广泛使用。

一、插图的特点与作用

（一）插图的特点

1. 示意性

科技论文中的插图与艺术作品中的图画不同，科技论文中插图的目的是图解，即用图示的方法来直观地表达试验数据、结果，以及实物和资料。因此，科技论文的插图着重于示意，而艺术作品则着重于美观。即使是机械制图，若插图仅表现整个设备中的某一部件，该部件以外的部分则被虚化，只用简单的轮廓线或框图指出该部件的具体位置，并不要求将整个设备绘制出来。函数曲线图也不像设计手册那样准确精细，大多采用简化坐标的形式表示。

2. 科学性

整幅插图及其各个细节，必须真实地反映事物的形态、运动变化规律，具备有序性和一定的数量关系，不允许随意虚构、任意取舍，也就是说，插图设计必须坚持科学性。

3. 规范性

所谓规范性，是指插图的图序、图题、尺寸，以及图中的数字、符号、文字、计量单位、线型、标目、标值、图注等都要符合有关规定，尤其是图中使用的量和单位必须按照国家标准进行标注。只有按照规范制图，科技论文的作者、编者和读者才有了共同语言，达到交流思想、提高可读性的目的。因此，科技论文的插图不仅量符号、单位符号、名词术语要符合国家标准，并与文中相一致，而且风格、体例要趋于一致，内容相同的插图缩比尺寸要相对一致。

4. 自明性

插图与表格一样，要求具有自明性，即指读者不需要阅读论文，不必借助于文字说明，只需通过插图本身（图、图题及其图注）所表示的信息就能读懂插图的全部含义。为达到自明性，要求科技论文作者对插图各构成要素的设计简洁明了、规范准确。

（二）插图的作用

1. 简洁经济

插图可使某些内容描述简洁、清晰，有利于紧缩篇幅、节省版面。

2. 明确直观

插图的视觉敏感度大大高于文字，使科技论文内容的表达明确而直观。文字和插图阅读形式的改变，有利于消除读者的视觉疲劳，提高读者阅读效率。

3. 生动美观

插图具有活跃和美化版面的作用，能把研究成果、结论形象、生动地展现出来。

二、插图的设计原则

1. 必要性原则

在科技论文中,插图并非是越多越好,而是以确有必要和说明问题为原则。有些作者唯恐自己的表达不清楚,常常不厌其烦地用文字和图表重复同一现象或过程,结果是文章累赘冗长,浪费版面。科技论文插图视其必要性,一般以 8 幅为限。学位论文的插图篇幅可适当放宽。

2. 适用性原则

难以用文字表达清楚的内容才选用插图和表格,但插图和表格各自有不同的使用场合。对插图来说,一般适用于论文内容强调的是物体的形貌,或者需要形象直观地表现事物的运动过程及其关系,以及参变量变化的过程和结果的场合。

3. 精炼性原则

初步确定插图后,作者还要对相同类型的插图进行合并整理,精选出那些确有必要、各具特点的插图。

三、插图的种类

科技论文插图的种类很多,按表达功能和印制工艺大致可分为函数曲线图、示意图、照片图和计算机屏幕图四大类。

(一) 函数曲线图

函数曲线图可分为许多种,如折线图、柱形图、饼图、条形图、面积图、散点图、曲面图等,如图 8-3 至图 8-6 所示。

折线图常用于表示某种因素在一定时间内的变化趋势或两个可变因素之间的关系。一般用纵、横两个坐标代表两个可变因素,时间总是用横坐标表示。

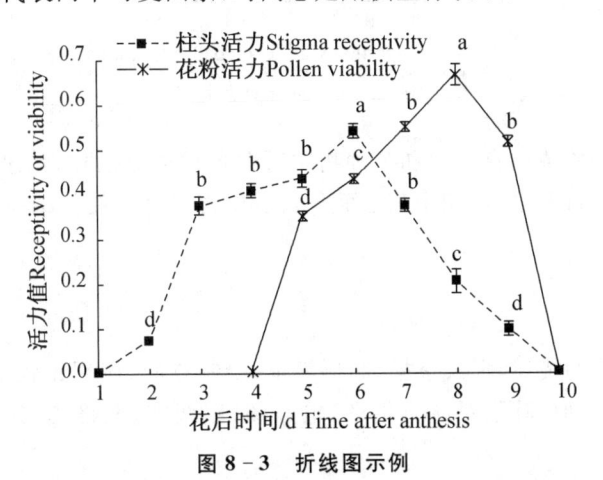

图 8-3 折线图示例

柱形图又称为直方图或直条图,用于对相互独立的参量数值的大小进行比较的情况,称为比较柱形图;用于某参量的分布状态,称为分布柱形图。

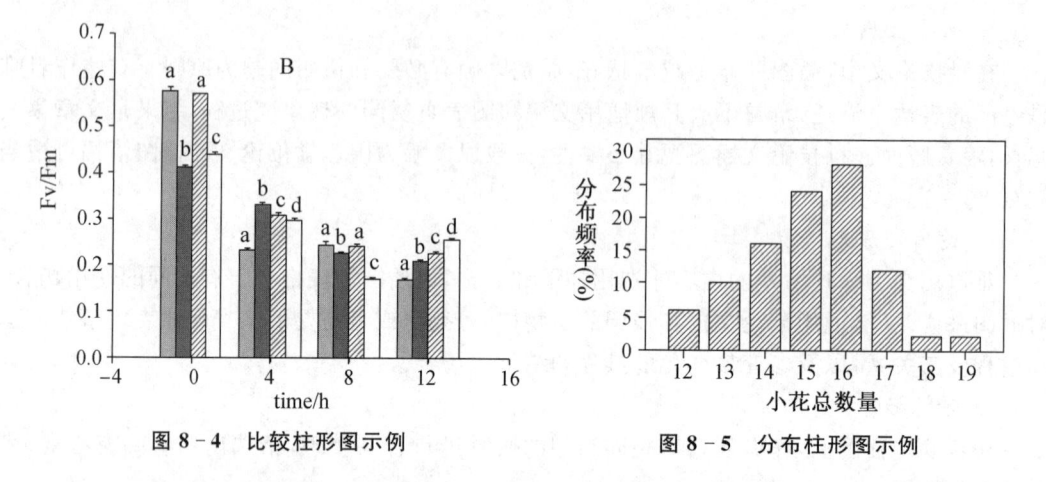

图 8-4　比较柱形图示例

图 8-5　分布柱形图示例

散点图主要用于函数关系比较模糊的场合,将实验结果表示在图中,但仍然能看出变化的趋势和一般规律。有时也有必要将计算值和试验值进行比较。

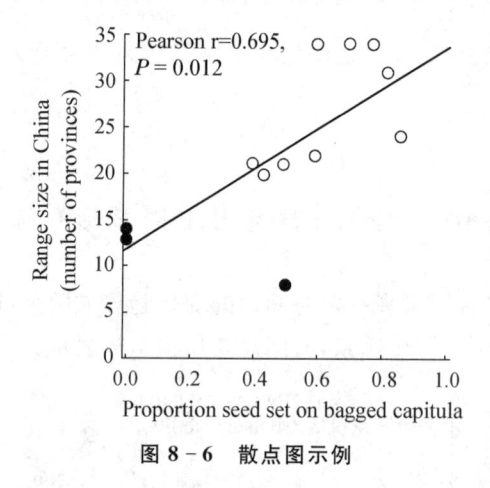

图 8-6　散点图示例

饼图常表示事物构成的百分比和某种物质所含各种成分的比例,多用于有关数据的统计比较。圆的面积为百分之百,圆中扇形面积表示所占的百分数。这种图比较直观,图示整体性强。

(二)示意图

示意图用于定性的描述,形式多样,图形简单,绘制方便,应用比较多,如模型结构示意图、工作原理图、系统方框图、电路图、路线图、网络图、计算机仿真图等。

二维码 8-2
扫一扫可见
示意图范例

（三）照片图

照片图分为黑白图与彩色图两类。

科技论文的照片图大多为实物照片图和显微照片图。

实物照片图用于表达实物物体的外部形态，而显微照片图中的金相图、组织切片图、微生物形态图、电子显微镜图等用于显示内部结构。作者在提交或者刊登这类照片图时，需注意以下几点。

1. 图片的分辨率需达到印刷出版的质量要求

如果图片的分辨率过低，印刷出来后可能就不清晰了。不清晰的图片，就失去了价值，也给读者造成阅读理解上的障碍。一般来说，扫描的、黑白的图片，分辨率不应小于 300dpi，矢量线条图的分辨率不小于 600dpi。为了使图片的分辨率达到印刷出版的质量要求，需要在扫描时设定较高的分辨率，或者拍照时设定较高的分辨率。可使用相应的绘图软件来对图片进行处理，如 Photoshop、CorelDraw、Protel、Origin、Flash、Illustrator、Freehand 和 AutoCAD 等。

2. 显微照片图应当标注标尺或放大倍数

目前的数码显微镜、激光共聚焦显微镜和电子显微镜所拍摄的照片均可提供显微标尺，因此，应注意将标尺固定在原图片上，如后期需要对照片进行放大或缩小处理时，也应当按比例调整标尺，以保持比例不变。如照片中无标尺，则需要标注出放大倍数。如"45 钢金相图（×100）"，其中"（×100）"指图形是原实物的 100 倍。若印制时由于受版面限制，必须将照片缩小或放大，则应将放大倍数换算后重新在图题上标注实际的放大倍数。若原照片的放大倍数标注为 100，现将此照片缩去 3/10，则缩小后所得照片的实际放大倍数为：$100 \times (1 - 3/10) = 100 \times 7/10 = 70$。因此，图题应改为：45 钢金相图（×70）。

（四）计算机屏幕图

计算机屏幕图作为科技论文的插图已越来越普遍，作者常常直接采用计算程序的设计和计算结果图作为自己的研究结果，但作者提供的计算机屏幕图由于黑白对比度不够，图的背景（计算机屏幕）设置颜色太深，大多不合格，其需要着重展现的主体部分不突出，甚至会弄成黑乎乎一片，很不美观。作者在制作时应将计算机屏幕背景设置成白色或浅灰色，最好为白色，以黑色表示其主体部分。这样，才会有较好的黑白对比度和制版效果。

第三节　Excel 中图表制作与处理

Excel 软件具有强大、便捷、高效的作图功能模块，因而在科研图表制作中非常普遍，其中的函数曲线图，如柱状图、折线图、散点图、条形图、饼图等都极为常用。不同类型的图常常可以根据目的和要求相互换用。柱状图通常用于表示不同类型的处理或者考察对象在测定指标上的比较，例如不同地区的人口密度或不同地区的人口年龄组成；折线图多用于表示某一处理或者考察对象随时间或浓度变化的趋势;饼图多用于展现一组数据中不同组别的百分比;散点图则多用于表现两组连续数据之间的相关性。

Excel 中图表具有易于绘制、篇幅小、图面简洁、说明性强、使用灵活、修改方便等优点。建立了图表后,可以通过增加图表项,如数据标记、图例、标题、文字、趋势线、误差线及网格线来美化图表及强调某些信息。本节对 Excel 图表的组成及绘制方法进行介绍。

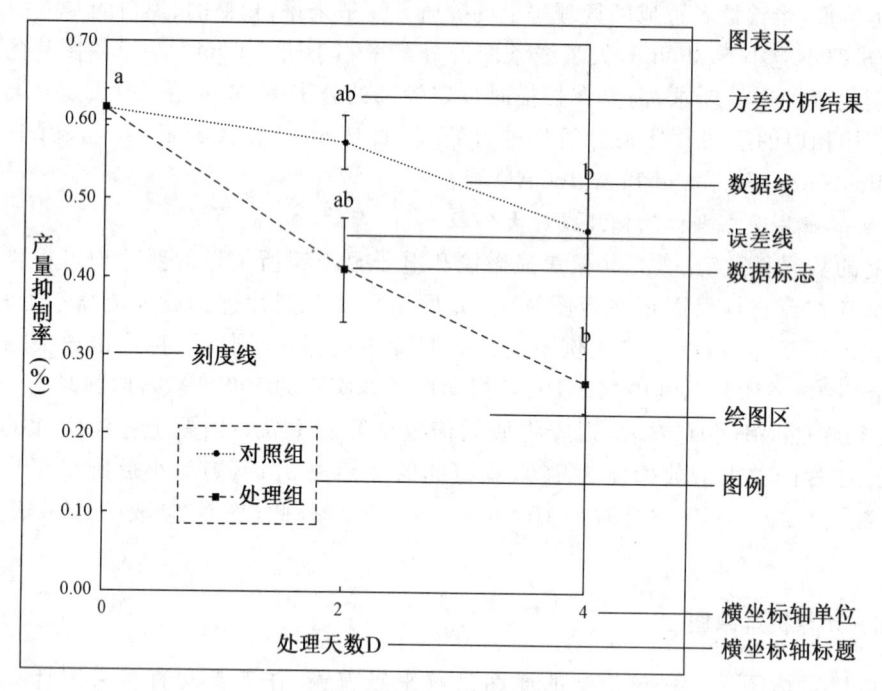

一、Excel 图表组成

Excel 图表主要由以下几个部分组成:图表区、图表标题、绘图区、数据系列、图例、坐标轴以及坐标轴标题等,如图 8-7 所示。

图 8-7 Excel 图表组成

1. 图表区

整个图表及包含的元素。正式发表的科技论文中,常要求图表区的边框无线条。

2. 图序与图题

图序就是插图的序号,按文中出现的先后顺序编号,如"图 1""图 2",全文插图必须连续编号。图题即图名称,一般用来说明图想要反映的数据。如果一篇论文中只有一个插图,即为"图 1",而不用"附图"。

在 Excel 自动生成的图中,图题常位于图表顶部居中。但在科技论文中,一般要求将图题居于底部居中。在 Excel 2007 及以上版本中,可以通过点击"图表工具"→"布局"→"图表标题"对其进行设置。

3. 绘图区

绘图区是以坐标轴为界并包含全部数据系列的区域。绘图区是图表中最重要的部分之一，工作表中的数据信息都将按照设定好的图表类型显示在绘图区中。绘图区包括纵坐标轴、纵坐标轴标题、横坐标轴和横坐标轴标题四个部分，如果图表类型是三维图表，那么绘图区还将包括侧面墙和基底。

正式发表的科技论文中，常要求清除绘图区填充，使绘图区成为无框线、无阴影、无网格线的式样。在 Excel 中，可以通过点击"图表工具"→"布局"→"绘图区"对其进行设置。

4. 数据系列

图表中的图形部分就是数据系列，它将工作表中行或列中的数据以图形化显示，是绘图区最核心的部分。

数据系列中每一种图形对应一组数据，且呈现统一的颜色或图案，在横坐标轴上每一个分类都对应着一个或多个数据，并以此构成数据系列。

在 Excel 图表中可以有一个或多个数据系列，可用不同的数据图形、不同的数据图形颜色或者不同形状/颜色的数据标志来区分多条数据系列。不同的数据系列可在图例中自动显示出来。

5. 数据标记

数据标记是对应于相应横坐标上的纵坐标数值。在 Excel 图表中，可以通过"设置数据系列格式"中的"数据标记选项""数据标记填充""线条颜色""线型""标记线颜色"和"标记线样式"等对不同的数据系列进行标示，以使不同的数据系列得以明显区分，满足发表或答辩的要求，如图 8-8 所示。

图 8-8 数据标记图示

6. 图例

图例往往以矩形框的形式出现在图表中的空白区域，用于显示该数据系列的名称或分类以及对应的数据系列。正式发表的科技论文中，常要求图例边框无线条。在 Excel 2007 及以上版本中，可以通过"图表工具"→"布局"→"图例"进行格式和式样更改。

7. 坐标轴及其标题

横坐标轴是指图表中水平方向的 X 轴，它用来表示图表中需要比较的各个对象。默认情况下，横坐标轴上的刻度代表各个对象的值。

纵坐标轴是指垂直方向的 Y 轴，它是根据工作表中数据的大小来自定义数据的单位长度，表示数值大小的坐标轴。默认情况下，纵坐标轴上的刻度范围介于数据系列中的所有数据最大值和最小值之间，以便参考图形对应的数据大小。

科技论文中常使用源数据区的行或列标题作为纵、横坐标轴上的数据分类点名称。

坐标轴标题分为横坐标轴标题和纵坐标轴标题，它们分别表示自变量和因变量的因素或处理情况。在 Excel 中，可以通过"图表工具"→"布局"→"坐标轴标题"进行格式和式样更改。

在作图时，对坐标轴的最大与最小值应进行有效的截选，不要随意扩大。比如，数据值的范围为 30～70，那么坐标轴的最大刻度值就没有必要扩大到 100，最多扩大到 80 即可。同理，坐标轴的最小刻度值可以截选以 0 为起点，也可以以 30 或者 20 为起点。坐标轴的刻度线可以调整为指向内部或外部。

二、Excel 图表制作——以折线图为例

通过 Excel 提供的“图表工具”功能区，可以方便地创建各种类型的图表。右击创建后的空白处，可以为图表重新设置各属性选项，如图表类型和图表数据源等。利用 Excel 提供的“图表工具”功能区，可以方便地对图表布局等各属性进行详细编辑。

在正式发表的科技论文图表中，常要求以黑、白、灰三色，结合不同的线型或柱形、数据标记形状及标记线式样等来区分不同的数据系列。此外，还要求标示出数据标记点上的实际误差值(SD 或 SE)和方差分析结果(如单因素方差分析或 T 检验结果等)。针对以上要求，本文以图 8－9 所采用的数据为例，对各个部分的设置和绘制方法做如下介绍。

第一步　工作表中选定用来创建图表的数据区，如图 8－9 中的 A3～C5。

第二步　单击“插入”，找到“图表”版块，选择一种图表类型(如柱形图、条形图、饼图等)及相应的子图表类型；本例中选择“折线图”→“二维折线图”中的第一种类型。

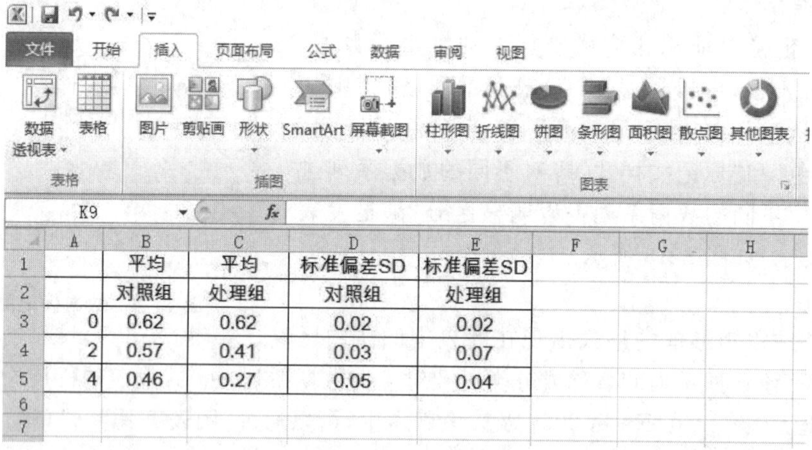

	A	B	C	D	E
1		平均	平均	标准偏差SD	标准偏差SD
2		对照组	处理组	对照组	处理组
3	0	0.62	0.62	0.02	0.02
4	2	0.57	0.41	0.03	0.07
5	4	0.46	0.27	0.05	0.04

图 8－9　图表制作数据

第三步　单击鼠标左键，由 Excel 自动生成默认格式的图表。

第四步　在网格线处右击，在弹出的菜单中选择“删除”按钮，删除掉网格线。

第五步　在图表区域的右下方空白处右击，在弹出的菜单中选择“设置图表区域格式”按钮，在弹出的菜单中选择“边框颜色”→“无线条”，去除图标区域的框线，如图 8－10 所示。

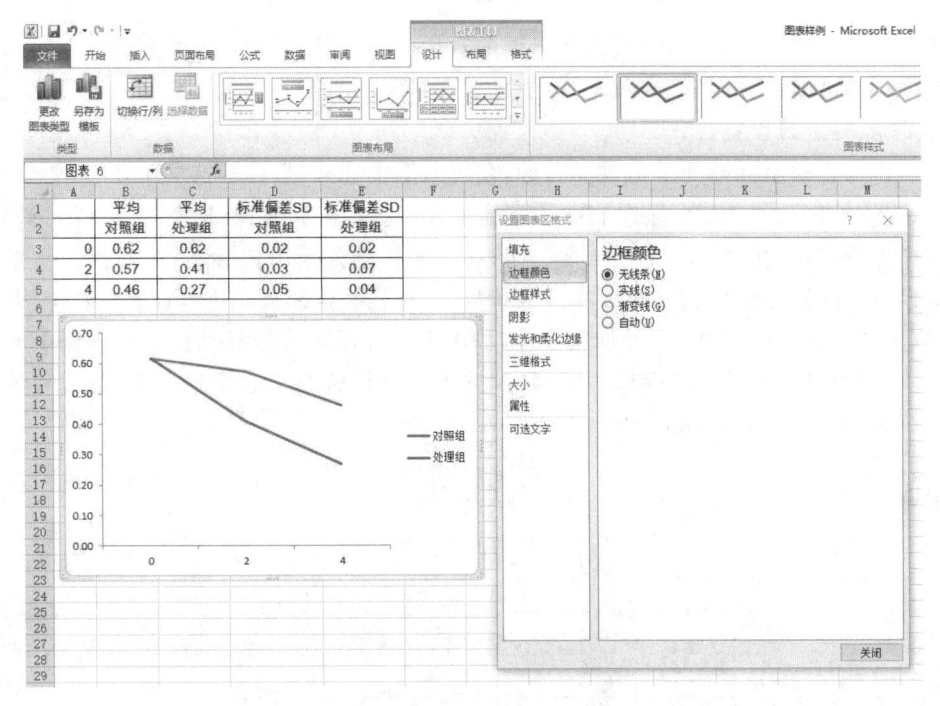

图 8-10 设置图表框线图示

第六步 单击绘图区,在出现的图表工具中点击"布局",添加横、纵坐标轴标题,并输入相应标题内容。本例中分别为"处理天数 D"和"产量抑制率(%)",如图 8-11 所示。

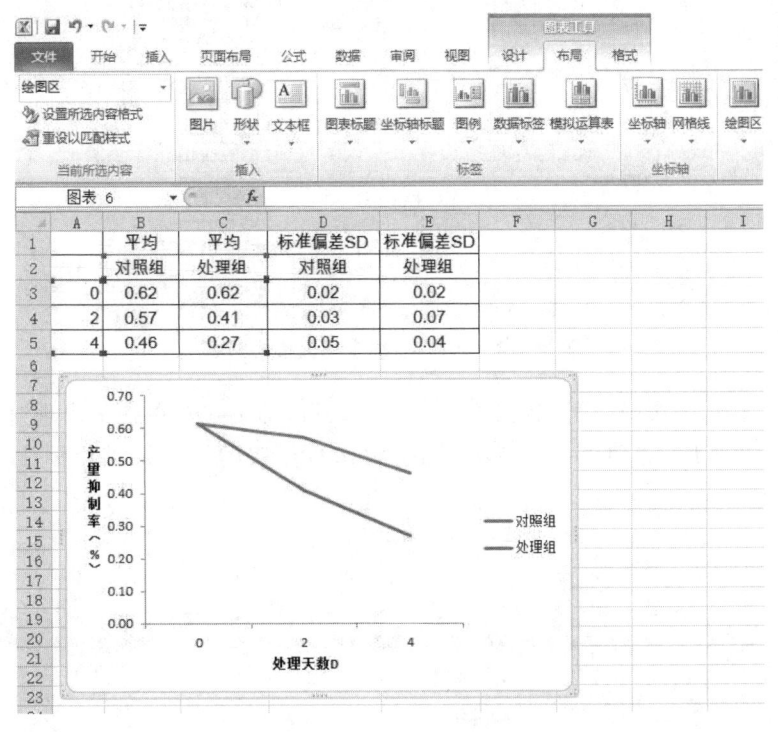

图 8-11 添加横、纵坐标轴标题图示

第七步　右键点击一条数据线,在出现的对话框中选择"设置数据系列格式",对该数据线的数据标记类型(选"内置")、数据标记填充(在"图案填充"中选择"纯色填充")、线型(如选宽度 2 磅)等进行设置。

第八步　在横坐标轴处单击鼠标右键,在对话框中选择"坐标轴选项",在"主要刻度线"类型中选择"外部",使刻度线朝外;在"位置坐标轴"选项中选择"刻度线上",在"线条颜色"的标签中选择实线,在"线型"中选宽度 1 磅;在纵坐标轴处单击鼠标右键,对纵坐标格式进行类似设置,并通过选定横、纵坐标的文字和数字,对其字体和大小进行设置。在本例中,选择宋体(英文可选 Arial)、10.5 号加粗字体,如图 8-12 所示。坐标轴标题和图例中的字体和大小,可以通过选中后,在"字体"和"字号"选项下进行调整。通常情况下,英文和数字等符号建议选择英文 Times new roman 或 Arial 等字体。

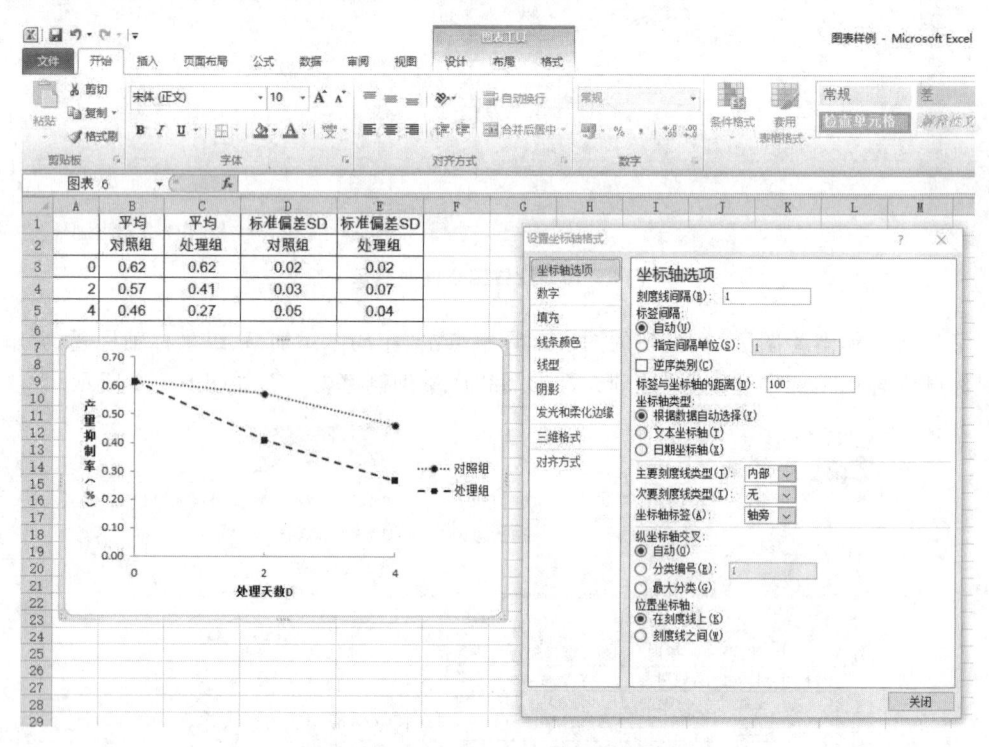

图 8-12　修改横、纵坐标轴格式图示

第九步　如要添加误差线,将鼠标单击绘图区后,即可在菜单栏中出现"图表工具"选项,点击其中的"布局"选项卡中的误差线,对每条数据线的误差线进行标注,如图 8-13所示。

图 8-13　添加误差线图示

需要注意的是,误差线不能选固定的数值,而应该选实际计算出的误差值,即"自定义"选项。如本例中,对照组的误差值应当选 D3～D5 列的数值,处理组的误差值应当选 E3～E5 列的数值。绘制误差线时,应当将数据系列与相应的误差值一一对应,避免错配。本例中的误差线标注好后,如图 8-14 所示。

第十步　方差分析结果的表示。对于方差分析结果的表达,通常以"＊＊"表示具有极显著差异,以"＊"表示具有显著差异。以大写的字母 A、B、C、D 等表示彼此之间有极显著差异,以小写的字母 a、b、c、d 等表示彼此之间存在显著差异,相同的字母表示彼此之间没有显著差异。

在 Excel 2010 中,分析结果的显示可通过"添加数据标签"的选项进行。默认的数据标签为实测数值,可通过鼠标选择上述数字后,将其修改为字母或＊号的形式进行。本例修改好的方差分析结果如图 8-15 所示。

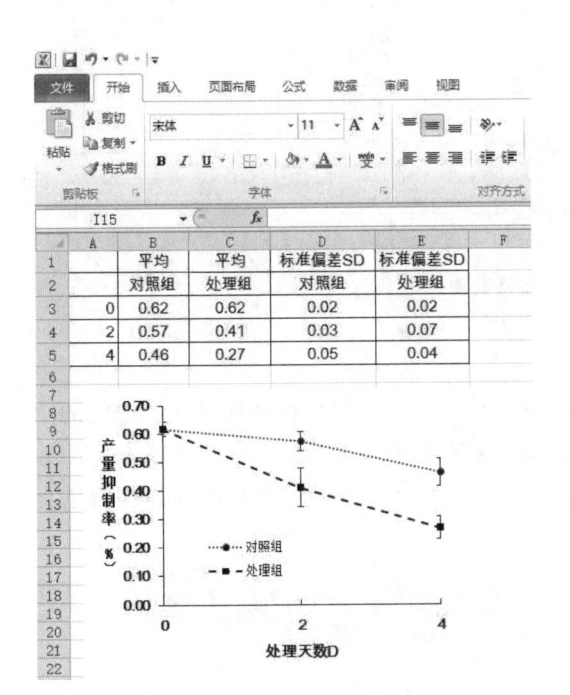

图 8-14　自定义误差线的选择图示

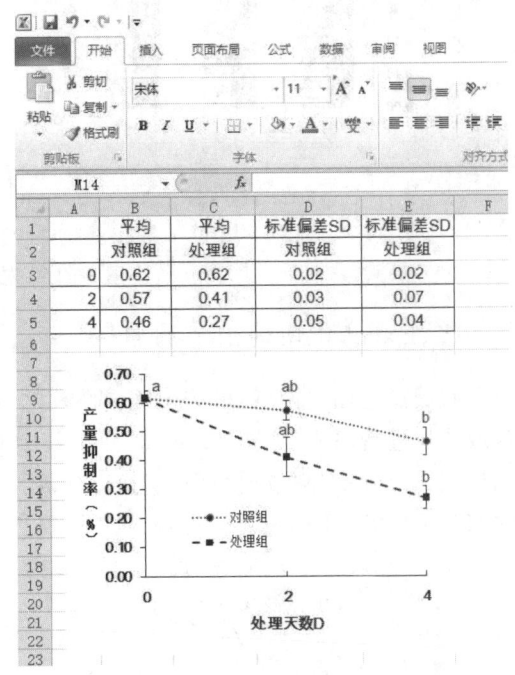

图 8-15　方差分析结果的添加图示

按照科技论文中图表的要求,Excel 创建的原始折线图或柱形图等都需要经过各种处理和调整,使其无阴影、无网格线、无框线、刻度线朝内或朝外、字体和大小恰当,特别是其中的数据线,要求用不同的线型和数据标志能区分出不同的数据系列(如此例中的对照组和处理组),图例放在不占用过多空间的位置上,因此,需要做各种调整。图 8-16 为利用上述数据制作的柱形图样例。

关于 Excel 2013 中制作折线图和柱形图的方法及其各部分的具体调整方法,可参考二维码 8-4 中链接的具体步骤进行。

二维码 8-4

扫一扫可见

折线图和柱形图示例

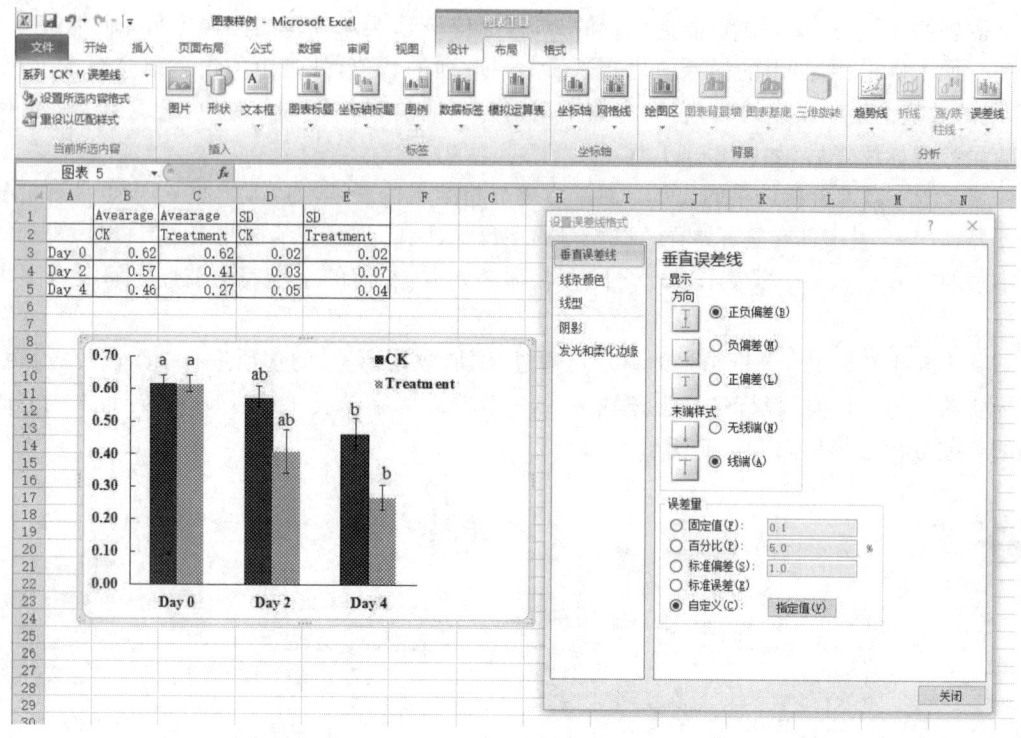

图 8-16 柱形图修改图示

三、Excel 作图的细节调整

右键点击图内区域，可调出编辑图片的众多设置。例如，可将数据系列格式以选定的图片或照片进行填充（如图 8-17）。点击其中的选择数据可以重新选择横坐标和纵坐标的数据区域、添加或删除数据系列、切换行列等。在 Excel 中绘制散点图可通过添加趋势线进行回归分析（如图 8-18）。

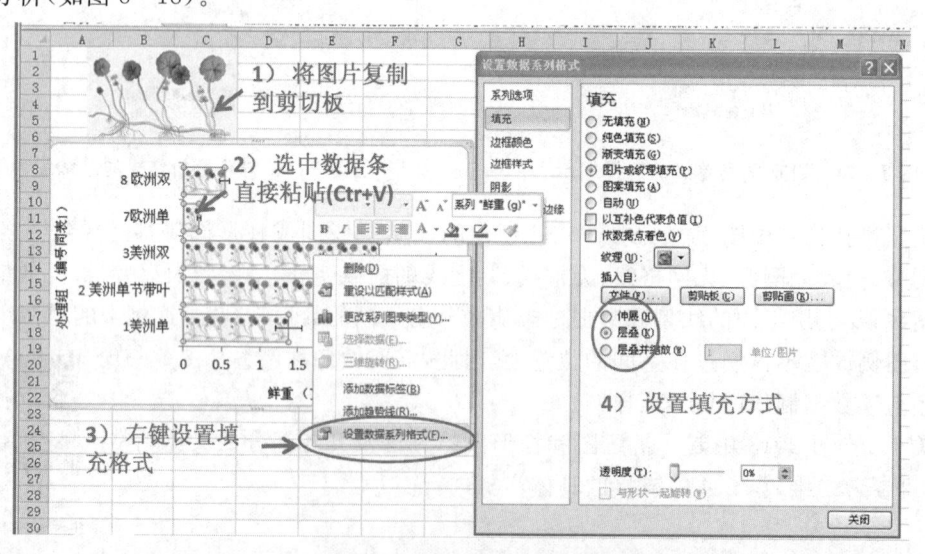

图 8-17 在 Excel 中以选定的图片或照片填充数据系列

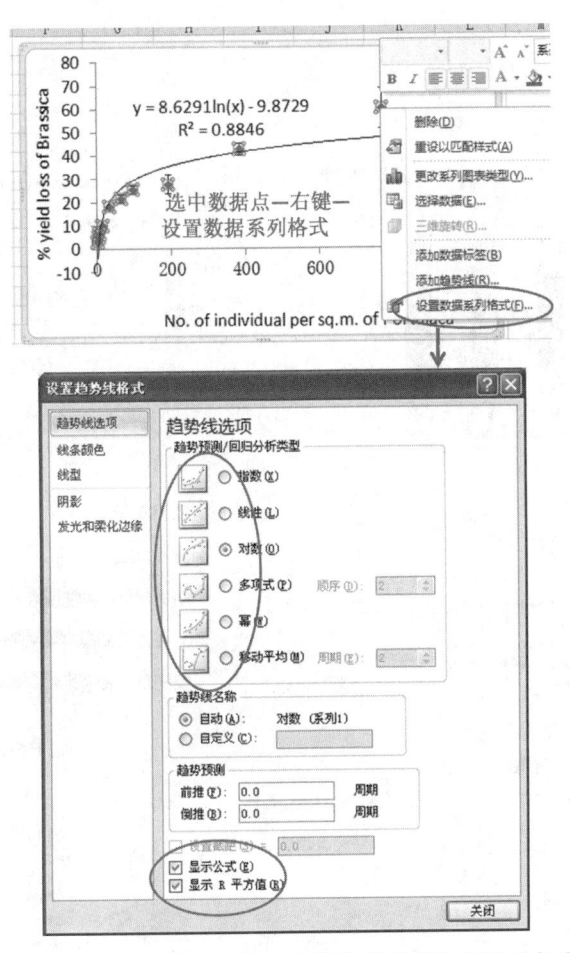

图 8-18　在 Excel 中制作散点图、添加趋势线和线形回归分析

有时候需要在图中额外插入文本框或其他形状,此时必须先选中图,然后点击菜单栏内的"插入"选项卡,插入文本框或其他形状,如箭头、线条等。

最后基于简洁、准确的目标完成对图片的调整并定稿(如图 8-19)。

四、Excel 中实现图表结合使用

采用表格可以提供准确的数据便于定量研究,而图形可以给人直观的印象,便于定性分析,因而在必须提供准确数值的同时又希望提供直观的图表,就可以采用两者结合的方法。Excel 中的"条件格式"功能为实现上述设想提供了便利(如图 8-20、图 8-21)。

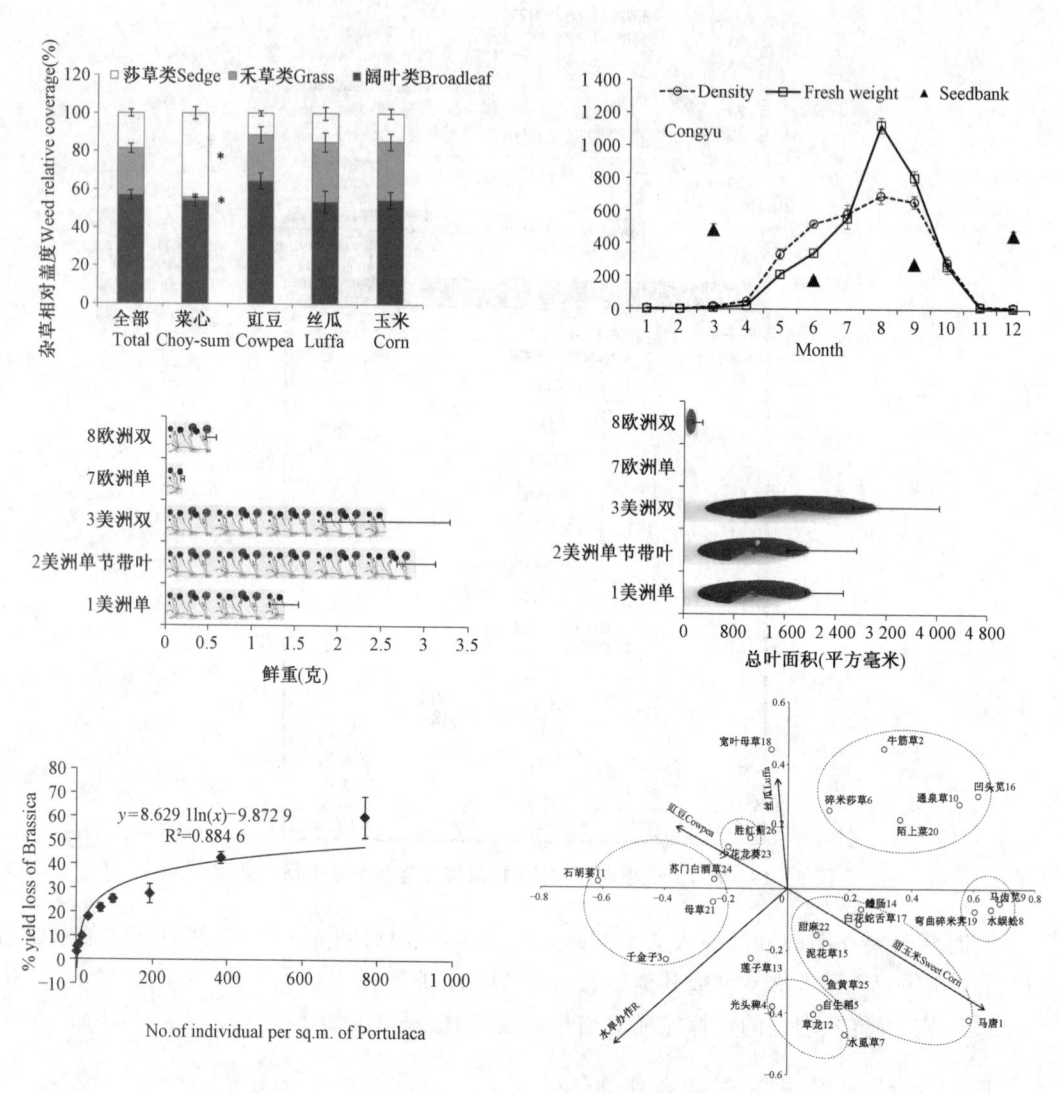

图 8－19 Excel 中绘制柱状图、折线图、条形图、散点图示例

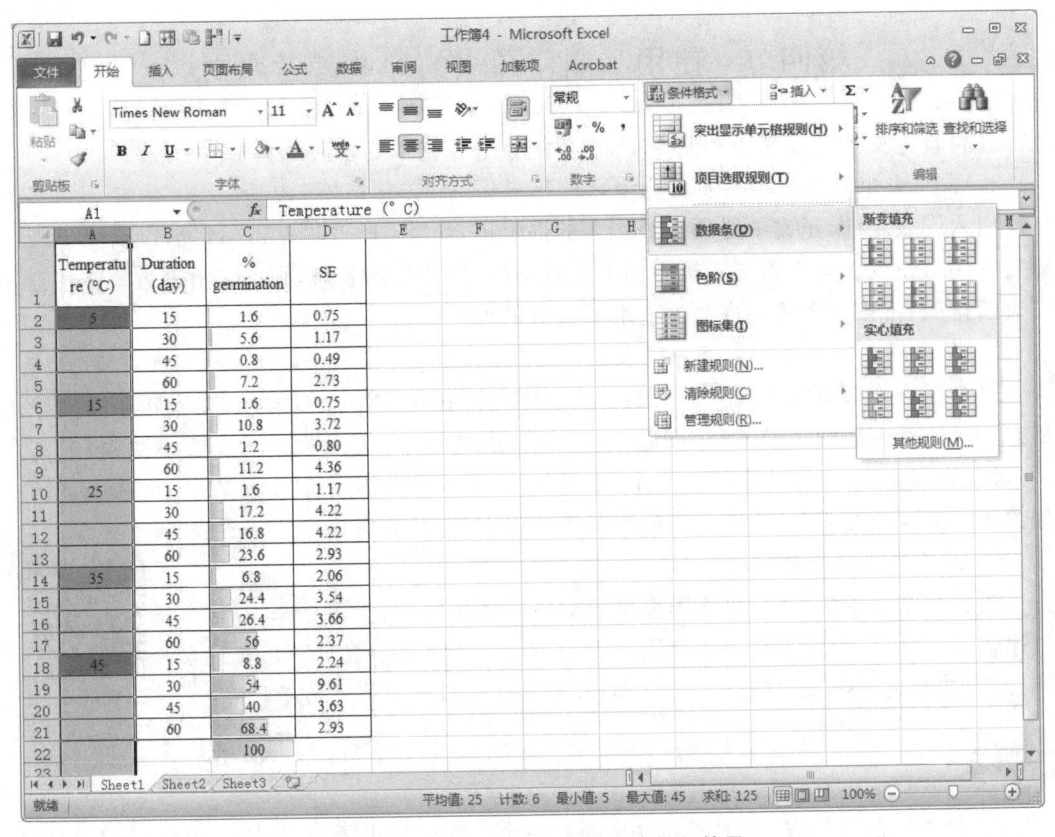

图 8-20 Excel 条件格式操作路径和效果

图 8-21 Excel 条件格式表格粘贴至 Word 文档操作路径

第四节　使用和制作图表的一些参考原则

在科技论文的图表使用和制作中,需要注意一些基本要求。

1. 在正文中首次出现图表的地方应进行标注

引入图表之前,正文中必须有该图表的提示语,如"图 1-1""表 2-1"等,以确保排版印刷后的图表位置正确。若提示语后面的版页不够,排放该图表时,则可将图表后的文字提到图表前排版,将该图表移到次页最上端或次页的首段末。

2. 每个图表均应有图表序和图表题

每个图表均应有图表序和图表题。图表序用阿拉伯数字连续编号,图表题在图表序之后空一字。对于插图来说,图序图题置于图下,图题用中、英文两种文字居中摆放,中文在上;对于表格来说,表序表题位于表上,表题用中、英文两种文字居中排放,中文在上。同一幅图表有多幅分图表时,分图号用(a)(b)等字母表示,并应有相应的分图表名。

3. 注意图表的排放位置

图表宽度大于版心时,可将图表进行横排。横排后,对于表格来说,表头一律朝左,表底一律朝右。当表格需要跨页时,应尽量采用双页跨单页底骑缝表方式(避免单跨双的翻页)。照片的宽度最好设置成半栏宽或整栏宽。

二维码 8-5
扫一扫可见
图表排放位置示例

思考题

1. 分别绘制三线表、折线图和柱形图各一个。需要写出图表序号、图表题目,有相应栏目名称和单位、横坐标和纵坐标标题名称等详细信息。

2. 打开或下载几篇本科学位论文,从中找出使用不当、格式错误或需要修改的表格或图片,并尝试进行修改。

第九章 试验设计与实验数据分析

第一节 试验设计与实验数据分析基础

　　试验设计是一门独立的学科,但其与论文写作有直接的联系。一个良好的试验设计,可以用最少的试验次数,得到足够的实验数据。为了能够用严格的统计学方法,计算和分析实验结果,在试验之前就应当根据统计学的要求制定出一套完整的实验方案,实验过程就是方案的实施过程。必要的数据决不可丢失,不必要的数据大胆舍弃。合理的试验设计,可取得事半功倍的效果。有些研究者不甚注意试验设计和统计学的密切结合,或者是缺乏生物统计学或试验设计中某一方面的知识,在实验中收集了大量的数据,不管有用没用,胡子眉毛一把抓,却单单把关键的问题忽略了。其结果是有用的数据不多,事倍功半。例如,在设计一个实验时,忽略了实验材料的同质性,加大了实验误差,处理间本来存在的差异却检验不出来,从而得出错误的结论。

　　试验设计和实验结果分析都是为实验服务的,为了得到正确的结果,实验者必须要有实事求是的科学精神,认真负责的科学态度。实验开始之前要做周密的设计,随时发现问题随时纠正,一丝马虎不得。一旦发现比较严重的错误,甚至整个实验都需要推倒重来,决不能图一时省事,迁就遮掩,自欺欺人。科学的结论是不以人的意志为转移的,到头来只能是自食其果。

　　为了保证试验设计不出大的纰漏,必须了解试验设计的基本原则。试验设计的三个基本原则是重复(replication)、随机化(randomization)和局部控制(local control)。

　　所谓重复就是将一基本实验重做一次或几次。例如,测定不同年龄组正常人血红蛋白含量实验,在每一年龄组内测一人,即为一基本实验。若将这一基本实验重做5次,即每一年龄组,抽取5人测血红蛋白含量,则称该实验有5次重复。

　　请大家注意,我们这里所讲的重复,是指将"基本实验"重做一次或几次,而不是指一次基本实验的结果重复测量多次。设置重复有两个重要意义:① 只有设置重复才能得到实验误差的估计。实验误差包括实验偏差和实验误差等。根据标准误差的定义,为了得到标准误差(Standard Error, SE),首先必须计算出标准偏差(Standard Deviation, SD)。标准偏差是通过重复得到的,实验不设置重复,便无法得到标准差,也就得不到标准误差。只有获得重复三次以上的数据,才能计算出标准偏差。② 只有设置重复才能推断出处理效应。设置重复是试验设计的最基本原则,除特殊情况外,没有重复的试验设计是不被认可的设计。对这样的数据无法做任何统计处理,也不能得出任何令人信服的结论。但有些特殊实验无法做出重复,则应当按照相应的专业要求进行数据设计。

试验设计的第二个原则是随机化。随机化是指实验材料的配置和实验处理的顺序都是随机确定的。设置重复固然提供了估计误差的条件。但是,为了获得无偏的试验误差估计值,也就是误差的估计值既不夸大,又不贬低,则要求试验中的每一处理都有同等的机会设置在任何一个试验小区中。因此,随机排列与重复相结合,就能提供无偏的试验误差估计值。一般而言,随机应当贯彻在整个试验过程中,不仅在处理实施到试验单位时要进行随机,在试验材料的抽取、试验样本抽取、观察对象的选择等各个环节都应随机。随机顺序可采用抽签、掷硬币、查随机表或由计算器、计算机程序等各种方法产生。

试验设计的第三个原则是局部控制。局部控制指分范围、分地段地控制非试验因素(试验条件),使各处理所受的影响趋于最大限度的一致。比如在田间试验中就是将要比较的试验处理设置在土壤较均匀的局部作用地段内,以便控制试验条件,减少试验误差,又称为划分区组(block)。其方法是将试验地按重复次数划分为同等数目区组。如果有较为明显的土壤差异,最好能按肥力的变化划分,使每一个区组的本身具有较为一致的土壤肥力条件,而不同区组之间容许有较大的差异。然后在每一区组中按处理数目划小区,使每一区组的各处理能在较小面积的地段内进行对比,这样就减少了土壤差异对各处理的影响。而受土壤差异影响较大的区组间的差别,则可应用适当的统计方法予以分开。田间试验设置重复能有效地降低误差,但随着重复的增加,整个试验地的面积亦相应扩大,土壤差异亦随之增大,如果同一处理的各重复小区按完全随机方法设置,则由于土壤差异的增大,重复的增加将不能最有效地降低误差。通过划分区组将能产生较大误差的差异留在区组间,而区组内不同小区之间的误差较小。

在试验设计中只要掌握了重复、随机化和局部控制这三个基本原则,试验设计就不会出现原则问题。配合适当的统计分析方法,就既能准确地估计试验处理的效应,又能获得无偏的、最小的试验误差估计,从而能对试验做出可靠的结论。

第二节 试验设计

一、实验计划书的编制

(一) 实验计划书的格式

在进行任何实验之前,必须首先编制一套完整的实验计划书。实验的过程就是实验计划书的实施过程。一个好的实验计划书应做到在设计者不参与的情况下,实验执行者可以完全实现设计者的全部意图。一般来说,一个实验计划书应包括以下几部分:

封面(写明实验名称、计划书编制者或编制小组名称以及设计时间等)、国内外研究动态、实验目的、预期结果、试验设计的选择、实验方法的确定和实验记录。下面我们分别对除封面外的几部分内容加以解释。

1. 国内外研究动态

在一个研究项目提出之前,必须对该领域国内外研究的现状有所了解。看一看该项目前人是否已经做过？现在是否有人正在做？已经得到哪些结论？是否有必要再重复？如果是应用课题，应查阅是否有人已经申报了专利？该项研究成果是否还能获得专利？等等。这些问题都应在立项之前得到明确的答案，避免工作的盲目性。决不能等到工作已经完成，为了撰写论文或为了写工作报告，才去查国内外研究动态。到那时，一旦发现该项研究工作别人早已完成，甚至于做得更好或者已经获得专利权，那么前面所投入的精力、花费的时间、消耗的费用等都付之东流，这样惨痛的例子并不鲜见。当然，有些时候并不是事先没有查阅，只不过是查阅得不仔细，该查到的没有查到，直到实验完成之后才发现由于疏忽所造成的损失。在信息时代的今天，这种情况不应当再发生。

2. 实验目的

任何一项研究都必须有明确的实验目的。实验目的是在实验开始之前提出的，为了实现实验目的而进行一系列研究工作。打个比方，实验目的好比是靶，做实验好比是打靶。一个好的射手应当是"指到哪里，打到哪里"，而决不能做"打到哪里，指到哪里"的射手。一枪射出之后，不管打到哪里，都大言不惭地说："这正是我要打的地方！"研究工作也是一样，事先没有明确的目的，实验完成之后，不管得到什么结果，都郑重声明："这就是我的实验目的！"这样的声明有谁会相信呢？

从另一个角度讲，任何研究工作在实验过程中，都有可能出现一些意想不到的结果，沿着这个新的发现做下去，有可能取得重大突破。这种情况不同于没有目的地做实验，探索性的工作本身也是有明确目的的。

一项研究工作如果是由一个研究小组共同完成，那么小组中的每一个成员对实验目的都应当有清楚地了解，为了一个共同的目的，团结协作、集思广益，依靠集体的智慧和力量，不达目的决不罢休。

3. 预期结果

预期结果也可以说是研究的意义。科学研究都会有很大的投入，包括人力、时间和经费，投入之后必定要求回报的。一项研究完成后，究竟会取得哪些成果，这些成果在理论上和实用上有哪些价值，在做计划时应当给出一个预期值。譬如，在理论上可以解释某些现象或可以得出某些规律等。在实用上，可取得什么样的经济效益、社会效益或生态效益等。预期结果一定要有根据，不能胡乱说一通，要对研究工作负责任，以科学的态度对结果做实事求是的预期。

4. 试验设计的选择

试验设计的选择是实验计划书的核心，包含的内容很多，下面逐项予以介绍。

(1) 因素和水平的选择。在安排一个实验时，首先要考虑哪些因素会对实验结果产生影响。既不能贪大求全，在一个实验里包罗万象，又不能丢掉主要影响因素。在设计实验时应考虑，在这些因素中究竟哪些因素最重要。经过文献检索结合自己的工作经验或专业知识，确定选择的因素。确定每个因素的水平，也是一项至关重要的内容。水平的确定是和因素的类型密切相关的。如果是固定型因素，则应考虑所选出的水平必须有代表性；如果是随机型因素，则应考虑如何从该因素的水平总体中随机抽出实验所需的水平数。

(2) 响应变量的选择。所谓响应变量(response variable)就是实验所观测的指标。选择哪些响应变量，在实验开始之前就要做周密考虑，不要在实验完成之后才发现缺少某些记录,到那时已经无法补救了。

(3) 试验设计的选择。在一个实验计划中,采用哪一种设计方式安排实验是很重要的。实验所采用的设计方式是根据实验的需要选择的。如果是单因素实验,可以选择完全随机化设计或随机化完全区组设计;如果是两因素实验,根据实验的要求可选择两因素交叉分组设计,裂区设计或套设计等。后文将详细介绍一些常用的试验设计方法,在这里我们只把选择试验设计的基本原则做一介绍。在制定实验计划时,实验者首先必须确定希望在变量间发现多大的差异和允许冒多大的风险,以便确定样本含量(重复数)。例如,对一个成组比较实验,首先需要确定,希望发现两个总体平均数之间的多大差异,希望发现的差异越小,所需的样本含量就越大。另外,容许犯两种错误的概率越小,样本含量也应越大。实际操作时,应根据工作的需要选择一个适当的值,以满足实验的要求为准,不要一味追求重复越多越好。在制订计划时,还必须确定以怎样的方式收集数据以及在各个处理之间如何进行随机化等,以便满足试验设计中对随机化的要求。

在这里还需要强调的另一个问题是,在设计实验时必须考虑统计的可靠性和花费代价之间的平衡。为了提高统计的可靠性,一般的做法是扩大样本含量,扩大样本含量的直接后果是增加了实验的费用并消耗了更多的时间和精力。一个良好的试验设计是既保证统计上的可靠性,而且在投入上也是最经济的。在设计实验的同时,还应提出适当的统计模型和拟采取的统计分析方法,以便对数据做统计分析。

5. 实验方法的确定

在选择了试验设计方案之后,就要考虑使用什么方法完成实验,是采用比色法还是HPLC法或其他什么方法。以下几个方面在设计实验时,是必须要考虑的。

(1) 实验材料的来源。列出实验材料的用量和备用量,对实验材料的要求等。实验材料的供应是否有保证,纯度和同质性是否符合要求?如果不能达到要求,事先需做哪些处理?如果是田间试验,需要多大面积的试验田,土壤肥力是否需要做勘测,用什么方法勘测。水源如何解决,周围环境是否安全,种植的材料是否会受到破坏等。

(2) 实验仪器和设备。列出需要的仪器和设备,种类、数量、规格、型号。

(3) 试剂。所需试剂的种类、数量、生产厂家、等级。根据文献或自己的设计,列出每一实验的试剂配制方案。

(4) 实验流程。参考文献资料或本实验室的前期工作,写出每一实验的流程。

(5) 经费核算。核算购买以上数量的实验材料、试剂、消耗品以及技术服务的开支。已有的经费是否可满足要求,如果经费不敷支出的话,可重新调整方案,以便实验可顺利完成。

6. 实验记录

实验记录是实验工作的重要一环,它记录了整个实验过程和实验结果,实验记录是总结研究结果和查找实验过程中出现问题的依据。实验记录表或记录本在做实验计划书时就应周密设计,以防实验开始后措手不及而丢失珍贵数据。为了全面反映实验的各个方面情况,至少应有以下几个方面的记录。

(1) 实验室日志。实验室日志实际上就是实验室工作的一本流水账,包括每天在实验室所做的工作和所发生的一切情况,尤其是一些异常情况和不应该发生的情况。例如,头一天结束工作后,离开实验室时没有切断应切断的电源,没有关掉煤气阀门或者发现室内有被人翻动过的现象等。记录每天自己的工作和所发生的各种情况,有利于总结工作和找出实验成功和失败的原因,督促自己培养良好的习惯,对实验室的安全也起一定的保障作用。

(2) 仪器使用登记表。贵重和精密仪器的使用一定要建立使用登记制度。使用者在每次使用前后都应检查仪器性能、工作状况等。使用仪器进行登记,并不是限制使用,但要提醒使用者一定要按仪器操作规范使用,要对仪器的正常运转负责。一旦发现损毁,便于查找责任和及时修复,以免影响使用。

(3) 借物登记表。实验室之间互相借用一些物品是经常的事,但一定要认真管理,建立借物登记制度。借物登记表包括物品名称、借用日期、归还日期、借用人等。自己借用别人的物品一定记住及时归还。

(4) 实验原始记录。实验的原始记录应尽量详细,认为可记可不记的现象一定要记,不要等到实验完成后凭回忆,那是不可靠的。原始记录包括:试剂的配制、实验流程、结果记录、意外现象的记录、数据记录等。

"实验记录"这四个字已经很清楚地指明是记录下所做的实验。我们发现有一些学生甚至一些研究人员,在记录实验的环节上存在一些错误。下面以配制溶液为例,说明错误之所在。溶液的配制是根据实验计划书中所设计的方案,称取一定量的试剂,然后定容到一定的体积。在实验记录上应当记下实际上称取了多少克溶质。如果是机械天平,就应当核实一下砝码,记下克数;如果是电子天平,就应当记下窗口上的数字。然而,有一些人却把实验计划书中所设计的方案直接抄到记录本上作为实验记录,这种做法是不正确和不可取的。应该称取多少和实际称取多少,是两个不同的概念,不能混为一谈。这样做的最大害处是:一旦因为数量称取错误而造成实验失败,失败的原因无从查找。在记录实验流程时,也有类似的情况。实验记录应当记录实际操作的过程,而不是把实验方案中的流程抄到记录本上。

实验结果所记载的内容包括描述性的结果,如 PAGE 结果的照片,DNA 测序结果以及形态描述等;也包括一些现象的描述,如两种物质混合后变得黏稠了等。意外现象的记录容易被人们忽略,认为没有得到理想结果,不值得记载。实际上,实验中出现的意外现象有时是很有价值的。例如,人类染色体研究的早期,全部处理过程都是在等渗液中进行的,所制得的染色体标本团在一起很难分辨。在一次实验中,偶然发现染色体分散得特别好,以前从未见过。经过核实记录发现,实验员在配制等渗液时错误地配成了低渗液。经重复,发现了低渗液在染色体制片中的重要作用,这一发现促使人类染色体研究在 20 世纪 60 年代取得一个大的飞跃。对于需要记录数据的结果,最好事先列出表格,只需把数字填入相应的位置,避免错记或漏失。

二、常用试验设计方法

(一) 完全随机试验设计

1. 完全随机试验设计概念

完全随机试验设计是采用完全随机化的方法将同质的受试对象分配到各处理组,然后观察各组的试验效应。完全随机试验设计也称为单因素试验设计,或成组试验设计,被试对象被分成若干组,每组分别接受一种试验处理,有几种试验处理就分为几组,各试验组的受试对象之间相互独立,因而又叫独立组试验设计。

2. 完全随机试验设计的含义

完全随机试验设计是科学研究和生产实践中最常用的一种试验设计方法。它是将同质的受试对象随机地分配到 n 个处理组中进行试验观察,各组分别接受不同的处理,试验结束后比较备试验组均值之间的差异有无统计学意义。

完全随机试验设计的本质是将供试对象随机分组,就是要保证每个供试对象都有相同机会接受任何一种处理,而不受试验人员主观倾向的影响。

当试验条件特别是试验对象的初始条件比较一致时,可采用完全随机试验设计。这种设计应用了重复和随机化两个原则,试验结果受非处理因素的影响基本一致,能真实反映出试验的处理效应。

3. 完全随机试验设计的特点

完全随机试验设计是一种简单的试验设计方法,主要优缺点如下:

试验设计容易。完全随机试验设计适用面广,处理数与重复数都不受限制,但在总样本量不变的情况下,各组样本量相同时设计效率最高。

统计分析简单。无论所获得的试验资料各处理重复数相同与否,都可采用 t 检验或方差分析法进行统计分析。当少量数据缺失时,也不影响其余数据的统计分析。由于未应用局部控制的试验原则,非试验因素的影响被归入试验误差,试验误差较大,试验的精确性较低。

在试验条件、环境、受试对象差异较大时,不宜采用这种设计方法。

完全随机试验设计一次试验只能分析一个因素。

(二) 随机区组试验设计

随机区组试验设计又称配伍组设计,它是按照一定的条件,将几个条件相同的受试对象划分为一个区组或配伍组,然后在每个区组内部按随机原则将每个受试对象分配到各组,对每组分别实施不同的处理,然后对其结果进行方差分析。

1. 随机区组试验设计的含义

随机区组试验设计是根据局部控制的原理,先按影响试验指标的非处理因素(如性别、体重、年龄、职业、病情、病程等)将受试对象分成若干个区组(block),再分别将各个区组内的受试对象随机分配到各处理或对照组。由于一个区组内试验的所有处理(一般不取重复)都要随机地分配到试验对象上,故也称为完全随机区组设计。由于这种设计方法使每个区组包含全部处理,因此,不同区组对比较处理而言,更具方差齐性,有助于在分析试验结果时消除受试对象的差异带来的影响。

2. 随机区组试验设计的适用范围

"区组"的名称源于农田试验。在农田试验中,如需要比较某种农作物的不同品种的产量,就选择若干不同的地块(每一地块的肥沃性、水利等基本相同),将每个品种都种植到每一块地上,且在同一地块上按随机顺序种植,这就是随机区组试验设计。

随机区组试验设计是广泛使用的一种试验设计方法。从原则上讲,凡试验目的是回答两种因素(被试因素、区组因素)各自的差异有无统计学差异的情况,不管是两个或多个处理组,均可采用随机区组试验设计。例如,试验设备、机器的部件、原材料的批次、试验的时间等往往可以作为区组,试验中往往需要通过区组化来消除这些"外来"影响引起的干扰。

随机区组试验设计时,第一因素应当安排研究的主要因素,第二因素相对次要一点,可以是待考察的因素,也可以是仅仅为了排除它对试验结果的影响。

正确划分区组的条件十分重要,总的原则是必须将对试验结果有明显影响的非处理因素列为划分区组的条件,要求区组间差异越大越好,区组内差异越小越好。

3. 随机区组试验设计的特点

在随机试验设计中,一次只能分析一个主要影响因子,必须假定其他因子对指标的影响都不大。在试验的时候,对其他因子不加控制而任其变化,它们影响的总和称为随机误差。试验的目的是要比较对指标起主要影响的那个因子的各个处理(即各个水平)的影响程度。

如果在试验过程中,有其他因子对指标有较大影响,称这种影响为外来影响。这时,如果使用完全随机试验设计,为了消除这种影响,应该把这些因子固定在相同的水平上进行试验。但是在实际上,可能无法固定这些因子,或者不应该将这些因子固定。在这种情况下,就可以采用随机区组试验设计,将外来的这些影响因子分为若干个区组,再在区组内随机分配,从而消除外来因素的影响。

随机区组试验设计具有以下特点:

随机区组试验设计属于两因素设计,它不仅能回答处理因素(第一因素)间的差异有无统计学意义,而且能够告诉区组因素(第二因素)间差异对试验结果有无明显影响。

由于各个区组条件相同或基本相同,组间均衡性好,因而抽样误差较小,试验效率较高。

在样本分配上,不仅各处理组的样本含量相等,而且每个区组所含的受试对象例数(受试单元)与处理组数相等或是处理数的倍数。但是在某些情况下,一个区组可以是一个受试对象,如在不同时期接受不同处理或在不同部位进行不同观察等。

(三) 拉丁方试验设计

完全随机试验设计只能考察一个处理因素,随机区组试验设计可以考察一个处理因素、一个控制因素,即区组因素(或称配伍组因素)。如果试验研究涉及一个处理因素和两个控制因素,每个因素的类别数或水平数相等,此时可采用拉丁方设计来安排试验,将两个控制因素分别安排在拉丁方设计的行和列上。拉丁方试验设计是在随机区组试验设计的基础上发展起来的,它可多安排一个已知对试验结果有影响的非处理因素,增加试验的均衡性,减少了误差,提高了效率。

1. 拉丁方试验设计的含义

随机区组试验设计适用于存在一个外来因素的试验问题,区组化的作用是使统计分析时能够消除这个外来因素的干扰,更好地对处理均值做比较。但是在实际问题中,这种外来因素可能多于一个,在这种情况下,为了达到试验的目的,所制定的试验方案应该保证在对处理的均值做比较时能够消除两个外来因素的干扰。按区组化的思想,必须将两个外来因素作为两个区组因素,要求试验安排满足:在每个区组因素的每个区组里,每个处理都要做一次试验,即处理因素相对于每个区组因素而言,都是正交的。拉丁方矩阵正好可以满足上述要求,因此,可采用拉丁方来安排这种试验,即拉丁方试验设计。

拉丁方的基本含义是指：将几个拉丁字母 A,B,C,…,排成一个 n 行 n 列的 n 阶方阵，每个拉丁方字母在每一行、每一列都出现，且只出现一次，则称该 n 阶方阵为 $n \times n$ 阶拉丁方。拉丁方试验设计就是利用这种拉丁方来安排试验。它可以从行和列两个方向进行局部控制，较随机区组试验设计仅在行方向进行局部控制更进了一步，使行列两向都称为区组，以剔除两个方向的系统误差，因而有较高的精确度和准确度。

2. 拉丁方试验设计的特点

拉丁方试验设计以拉丁字母代表处理因素，用行与列分别代表另外两个因素，将试验单元排成拉丁方阵。若有 n 个拉丁字母，表示有 n 个试验处理，排成 $n \times n$ 的拉丁方阵。通常将第二因素排于行，即区组；第三因素排于列，即序列。

拉丁方试验设计要求处理因素间、区组间与序列间没有交互作用，且方差齐性。在安排上，要求每种处理在不同区组和不同序列间分布均匀，每种处理在任意一行与任意一列均出现一次，无论在行的方向或列的方向出现差异时，拉丁方试验设计均可克服这两个方向的差异带来的干扰，能够充分显示出处理间的差异。这就是拉丁方试验设计的特点。由于拉丁方试验设计的变异来源分为四项：处理间、区组间、序列间和误差，得到的信息有 3 个，并且误差较小，因此，这是一种节约样本量的高效率试验设计。

但是由于它在因素和水平上有严格的限制，$n \times n$ 个试验单元必须排成 n 行 n 列，这样使试验空间缺乏伸缩性，重复太多，要估计的效应太多，剩下的误差自由度太少，用起来缺乏灵活性，而且不能显示因素间的交互作用，故在应用上有一定的局限性。但是，若试验的处理数在 5~10 个，并且要求精度高时，可采用拉丁方试验设计。

拉丁方试验设计也可以用于相互无交互效应的三因素设计，即行因素和列因素也是需要加以考虑的因素，不再当外来因素，这时它们不再是区组因素，不再是随机化的限制。因为这时拉丁方试验设计满足：对其中任意两个因素而言，都是正交的，所以拉丁方试验设计是一个正交试验设计。因此，凡三因素试验，若每个因素的水平数能做到相等，都可以采用拉丁方试验设计。在药物的实验室研究中，尤其是细胞培养的试验，拉丁方试验设计有着广泛的用途。

（四）正交试验设计

正交试验设计是研究多因素多水平的一种设计方法，它是根据正交性从全面试验中挑选出部分有代表性的点进行试验，这些有代表性的点具备"均匀分散，齐整可比"的特点。正交试验设计是分析因式设计的主要方法，是一种高效率、快速、经济的试验设计方法。

1. 正交试验设计概述

正交试验设计用部分水平组合代替全部水平组合进行试验，设计重点是安排试验点，试验目的是要挑选最优水平组合（最佳配方、最佳工艺条件等）或重要因素。

日本著名的统计学家田口玄一将正交试验选择的水平组合列成表格，称为正交表。例如做一个三因素三水平的实验，按全面实验要求，须进行 $3^3 = 27$ 种组合的实验，且尚未考虑每一组合的重复数。若按 $L_9(3^4)$ 正交表安排实验，只需做 9 次，按 $L_{18}(2 \times 3^7)$ 正交表安排实验，只需进行 18 次试验，显然大大减少了工作量。因而正交试验设计在很多领域的研究中已经得到广泛应用。

2. 正交试验设计的基本思想

当因素数和每个因素的水平数不多的情况下，人们一般首先考虑采用全面试验，并且通过数据分析获得丰富的信息，而且结论也比较准确。考虑进行一个 3 因素，每个因素有 3 个水平的试验。如果做全面试验，需做 $3^3 = 27$ 次。4 因素 3 水平的全面试验水平组合数为 $3^4 = 81$，5 因素 3 水平的全面试验水平组合数为 $3^5 = 243$，显然，这种方案数据分布的均匀性极好，各因素和水平的搭配十分全面，但其缺点是试验次数多，这在生产实践或科学试验中有可能做不到。

另外一种方案是简单比较法。这种方法由于试验次数比较少，在工农业生产实践和科学试验中也常常被采用。仍然以 3 因素 3 水平试验为例，进行说明。

第一步 常将 A 和 B 分别固定在 A_1 和 B_1 水平上，与 C 的三个水平进行搭配，$A_1B_1C_1, A_1B_1C_2, A_1B_1C_3$，做完这 3 次试验后，若 $A_1B_1C_3$ 最优，认为在后面的试验中，因素 C 应取的水平为 C_3。

第二步 让 A_1 和 C_3 固定，再分别与 B 因素的三个水平搭配，$A_1B_2C_3, A_1B_3C_3$。这两次试验做完以后，若 $A_1B_2C_3$ 最优，确定因素 B 较合适的水平是 B_2，这样就确定了 2 个因素 B 和 C 的水平。

第三步 再做两次试验 $A_2B_2C_3, A_3B_2C_3$，然后做一比较，若 $A_3B_2C_3$ 最优，则可断言 $A_3B_2C_3$ 是我们欲选取的最佳水平组合。这样仅做了 7 次试验就选出了最佳水平组合。

这种简单比较的试验方案选取的优点是试验次数较少，但是各因素的各水平参加试验的次数不相同；各因素的各水平之间的搭配很不均衡，数据分布的均匀性是毫无保障；用这种方法比较条件好坏时，只是对单个的试验数据仅仅进行试验指标数值上的简单比较，不能排除必然存在试验误差对试验指标的干扰。

3 因素 3 水平的正交试验设计通过 $L_9(3^4)$ 正交表来安排试验，只需要做 9 次试验。如果将 A, B, C 三个因素分别安排在正交表的 1，2，3 列，则试验方案为 $A_1B_1C_1, A_1B_2C_2, A_1B_3C_3, A_2B_1C_2, A_2B_2C_3, A_3B_1C_3, A_3B_2C_1, A_3B_3C_2$。这些试验方案的确定则是根据 $L_9(3^4)$ 正交表来确定。正交试验设计虽然只有 9 次试验，但这 9 个试验点分布十分均匀，它们是 27 次全面试验的很好代表。对正交试验的全部数据进行统计分析，所得结论的可靠性肯定会好于简单比较法。正交试验设计兼有全面试验和简单试验设计方法的优点。因此，正交试验设计是进行多因素多水平试验时效率很高的一种设计方法。这种设计不仅能明确各因素的主次地位，而且能知道哪些因素存在什么性质的交互影响，还可以找出各因素各水平的最佳配比，所以它被广泛应用于各种领域。

正交试验设计通常通过正交表来安排试验。正交表的表达形式是 $L_n(k^m)$，其中 L 代表正交表，n 代表试验方案号，k 代表水平数，m 代表可能安排的最大因素数。

正交表常用的有 $L_8(2^7), L_9(3^4), L_{16}(4^5), L_8(4 \times 2^4), L_{12}(2^{11})$ 等。符号中各数字均有各自的含义，如符号 $L_8(2^7)$ 中各数字的意义：7 为此正交表中所含列的数目，也就是 $L_8(2^7)$ 最多可安排的因子数；2 为因子的水平数，所有因子均为 2 个水平；8 为该正交表的行数，也就是试验的次数。符号 $L_{18}(2 \times 3^7)$ 中各数字的意义：有 7 列可安排 3 水平的因素；有 1 列是可安排 2 水平的因素。$L_{18}(2 \times 3^7)$ 的数字告诉我们，用它来安排试验，做 18 个试验，最多可以考察 1 个 2 水平因子和 7 个 3 水平因子。

3. 正交试验设计的特点

正交设计 j 用部分水平组合代替全部水平组合试验,就是从选优区全面试验点(水平组合)中挑选出有代表性的部分试验点(水平组合)来进行试验;设计重点是安排试验点,试验目的主要挑选最优水平组合(最佳配方、最佳工艺条件等)或重要因素。正交试验设计的基本特点是:用部分试验来代替全面试验,通过对部分试验结果的分析,了解全面试验的情况。正因为正交试验是用部分试验来代替全面试验的,它不可能像全面试验那样对各因素效应、交互作用进行一一分析;当交互作用存在时,有可能出现交互作用的混杂。虽然正交试验设计有上述不足,但它能通过部分试验找到最优水平组合,因而很受实际工作者青睐。

4. 正交试验的安排

正交试验设计的关键在于试验因素的安排。通常,在不考虑交互作用的情况下,可以自由地将各个因素安排在正交表的各列,只要不在同一列安排两个因素即可(否则会出现混杂)。一旦当要考虑交互作用时,就会受到一定的限制,如果任意安排,将会导致交互效应与其他效应混杂的情况。

因素所在列是随意的,但是一旦安排完成,试验方案即确定,之后的试验以及后续分析将根据这一安排进行,不能再改变。对于部分正交表,如 $L_{18}(2\times3^7)$,则没有交互作用列,如果需要考虑交互作用,则需要选择其他的正交表。

正交试验设计可以从所要考察的因子水平数来决定最低的试验次数,进而选择合适的正交表。比如要考察 5 个 3 水平因子及 1 个 2 水平因子,则起码的试验次数为 $5\times(3-1)+1\times(2-1)+1=12$(次)。这就是说,要在行数不小于 12,既有 2 水平列又有 3 水平列的正交表中选择,$L_{18}(2\times3^7)$ 适合。

(五) **Plackett-Burman 试验设计**

Plackett-Burman 试验设计,简称 PB 试验设计,是属于响应面试验设计的一种,是用于中心组合试验之前挑选优化因素的一种试验设计方法。如果与试验有关的因素有许多,重要性各不相同,在试验的初始阶段就需要进行筛选试验。PB 设计可以用来进行筛选试验,它试图用最少试验次数达到使因素的主效果得到尽可能精确的估计的目的。它适用于从众多的考察因素中快速有效地筛选出最为重要的少数几个影响因素,供进一步研究用。

1. PB 试验设计概述

PB 试验就是因素筛选试验,主要针对因素数量较多,且未确定多个因素对响应变量的显著影响采用的一种试验设计方法。PB 试验设计不能区分主效应与交互作用的影响,但可以确定对相应变量有显著影响的因素,避免在后期的优化试验中由于因素数量太多或部分因素不显著而浪费试验资源,从而达到筛选的目的。

2. PB 试验设计的基本原理

PB 试验设计是一种 2 水平的设计方法,主要通过对每个因素取 2 个水平,即高水平和低水平来进行分析。低水平一般为原始水平,高水平一般为低水平的 1.5 倍左右,但是对某些因素高低水平的差值不能过大,以防掩盖了其他因素的重要性,应依实验条件而定。对于 PB 试验的 N 次试验(N 应该为偶数),至多可研究 $k=N-1$ 个因素。但有时为了方差分析,实际因素应该要少于 $N-1$ 个,至少要有 1 个虚拟变量用以估计误差,一般要留 13 个,也就是所谓的空项。在 N 次 PB 试验中,每个因素高、低水平分别出现 $N/2$ 次,可以计算这个因素的效应,所有空项的效应用以估计试验误差。当某个因素处于高(低)水平时,其余因素均各出现高、低水平 $N/4$ 次,所以其他因素的效应将正负抵消而消除。这样可以只考察这个因素的效应。对试验结果可以进行多元线性回归分析,对各因素回归系数进行 t 检验,得到检验统计量 t 值和可信度水平;也可以采用方差分析得到可信度水平,一般选择可信度大于 95%(或 85%)或者显著性水平达到 0.05 或 0.15 的因素作为重要因素。根据实际情况,显著性水平甚至可以取到 0.2。

3. PB 试验设计的特点及其适应范围

PB 试验设计矩阵的特点是按规则生成,其排列往往不具唯一性,但其试验次数 N 应为 4 的倍数,一般不取为 2 的整数次幂。常用的试验次数 N 为 12,20,24,28,36,40,44,48 等。PB 试验设计的矩阵一般是由 N 行,$N-1$ 列组成的。其中,每行的高水平因子数是 $N/2$ 个,低水平因子数是 $N/2-1$ 个;每列的高低水平的因子数则相等。在 N 次试验的组合矩阵中,第一行的高低水平在满足上述要求的基础上是任意排列的,最后一行则全部是低水平;其余的每行,都是将上一行的最后一列作为本行的第一列,上一行的第一列作为本行的第二列,第二列作为本行的第三列,以此类推。遵循以上三个基本原则,即可得到 N 次试验的正交矩阵。

另外,由于 PB 试验不能考察因素间的交互作用,结果可能遗漏某些存在很大交互作用的因素。在实际应用 PB 试验设计时,还要注意以下几个方面:

因素的确定:根据经验、常识、历史数据等确认试验模型的因素,应尽量多取,只要避免完全不可能的因素被选取就可以了。

水平的选取:对每个因素选取合适的水平,在这里一定要注意水平选取的合适性,尽量涵盖每个因素允许取值的最大空间,避免由于水平区间过小而反映不出实际的因素影响能力,但也要注意不能选太大。

现场试验:根据 PB 设计方案安排试验,在进行试验时应尽量避免其他因素的影响而使试验失真。例如,某变量受环境温度影响较大,但环境温度控制的可能性较小,必须将其固定在一个比较平稳的水平。

测量结果:测量结果前必须对测量系统进行评估,确保可接受后才能进行试验结果的测量,测量结果需记录好矩阵。

(六) Box-Behnken 试验设计

1. Box-Behnken 试验设计概述

Box-Behnken 试验设计是可以评价指标和因素间的非线性关系的一种试验设计方法,是一种拟合响应曲面的 2 阶 3 水平设计,因设计与不完全区组设计组合而成,所得出的设计对所要求的试验次数来说十分有效,且它们是可旋转的或接近可旋转的。这种设计的另外一个优点就是它是球形设计,所有设计点都在半径为 $2^{1/2}$ 的球面上,即正方体各棱的中点以及一个中心试验点。

与中心复合试验设计不同,Box-Behnken 试验设计不需连续进行多次试验,并且在因素数相同的情况下,Box-Behnken 试验的试验组合数比中心复合试验设计少,因而更经济。

Box-Behnken 试验设计常用于在需要对因素的非线性影响进行研究时的试验。

2. Box-Behnken 试验设计的原理

Box-Behnken 试验设计是一种符合旋转性或几乎可旋转性的球面设计。何谓旋转性？即试验区域内任意一点与设计中心点的距离相等，而变异数是此点至设计中心点的距离函数，与其他因素无关，所以是一种圆形设计。而且，所有的试验点都位于等距的端点上，并不包含各变量上下水平所产生于立方体顶点的试验，即不存在轴向点，而存在轴向点的中心复合试验却有生成的轴向点可能超出安全操作区域或不在研究范围之内的问题。Box-Behnken 试验设计可以避免很多因受限于现实考虑而无法进行的试验。

3. Box-Behnken 试验设计的特点与应用范围

① 可以进行因素数在 3~7 个范围内的试验。

② 试验次数一般为 15~62 次。在因素数相同时比中心复合试验设计所需的试验次数少。当从 3 因素到 7 因素增加时，中心复合试验设计（包含全因子，未分组）所需要的实验次数依次为 13,20,31,52,90；而对应的 Box-Behnken 试验设计所需试验次数依次为 15,27,46,54,62。在因素数相同的情况下，Box-Behnken 试验的试验组合数比中心复合试验设计少，因而更经济。

③ 可以评估因素的非线性影响。Box-Behnken 试验设计一个重要的特性就是以较少的试验次数去估计一阶、二阶与一阶具交互作用项之多项式模式，可称为具有效率的响应曲面设计法。它是一种不完全的三水平因子设计，其试验点的特殊选择使二阶模型中系数的估计比较有效。

④ 适用于所有因素均为计量值的试验。

⑤ 使用时无需多次连续试验。

Box-Behnken 试验方案中没有将所有试验因素同时安排为高水平的试验组合，对某些有特别需要或安全要求的试验尤为适用。和中心复合试验设计相比，Box-Behnken 试验设计不存在轴向点，因而在实际操作时其水平设置不会超出安全操作范围。存在轴向点的中心复合试验却存在生成的轴向点可能超出安全操作区域或不在研究范围之内的问题。这是 Box-Behnken 试验设计的一个优势。

第三节 实验数据分析

实验数据类型通常分为两大类：

（1）连续性的变量

例如种子萌发率、土壤 pH 值、样方内特定生物个体数等，这些变量可以有小数点，可以直接录入数值。

（2）分类变量

其变量值是定性的，表现为互不相容的类别或属性；分类变量又可以进一步分为无序变量和有序变量两类。① 无序分类变量是指所分类别或属性之间无程度和顺序的差别，例如二元分类，性别（雌/雄）、寄生生活（是/否）、无性繁殖能力（有/无）等，在统计分析时二元数据常以 1 和 0 进行替换；还有一种无序分类变量为多项分类数据，例如花的性别（雌花、雄花、雌雄同花)、生活史(一年生、二年生、多年生)等。② 有序分类变量是指各类别之间有程度的差别,例如根据危害性不同,常将杂草分为恶性杂草、主要杂草、常见杂草、偶见杂草等。

数据分析是指用适当的统计分析方法对收集来的数据进行分析,提取有用信息并形成结论的过程。

通用的数据统计分析软件有 SPSS、SAS、Matlab、Minitab、Stata、S-plus、Sigmaplot、R、Origin、Excel 等。

常用的数据统计分析方法有描述统计、t 检验、单因素方差分析、相关及回归分析、聚类分析、主成分及因子分析等。

本章将以应用最广泛的两种数据分析即 Excel 和 SPSS 为例,讲解几种常见的数据统计分析方法,为正确分析实验和观察过程中所获得的各种数据、得出科学有效结论奠定基础,同时也为进行科学思维和做出科学判断提供理论依据。

一、单因素方差分析

单因素方差分析(one-way ANOVA)用于完全随机设计的多个样本均数间的比较,测试某一个控制变量在不同水平时是否给观察变量造成显著性差异和波动。实验设计要求仅涉及一个控制变量,并且该变量具有 3 个或以上水平。多水平处理组均数比较方差分析有两个基本假定:① 各处理组的试验结果分别服从总体均数为 $\mu_i = \mu + a_i$ 的正态分布;② 各处理组试验结果的总体方差相等,即方差整齐(homogeneity of variance)。如果试验结果不满足上述假定,则应对试验结果数据进行变量转换,或者采用非参数检验方法。常用的变量转换方式包括开平方根、对数转换以及两者结合使用,可采用 SPSS 软件进行单因素方差分析,具体研究实例如下。

(一) 研究实例一——不同浓度 NaCl 溶液处理对种子萌发率的影响

1. 实验数据和问题

以同一天采自同种杂草的同一种群种子为实验材料,研究 NaCl 溶液对其萌发率的影响。NaCl 溶液浓度设置 0 mol/L、0.05 mol/L、0.1 mol/L、0.15 mol/L、0.2 mol/L 5 个梯度水平(处理组),每个处理重复 6 次,不同浓度 NaCl 溶液处理 14 天后该杂草种子的总萌发率见表 9-1 所示。问题:不同浓度的 NaCl 溶液处理对种子萌发率有无显著影响? 如果有影响,各个浓度间的影响水平有无显著差异?

表 9-1 某种杂草种子在不同浓度 NaCl 处理条件下培养 14 天后的萌发率

	0 mol/L	0.05 mol/L	0.1 mol/L	0.15 mol/L	0.2 mol/L
重复 1	98.0	88.7	23.3	23.3	0.0
重复 2	93.3	70.0	18.7	42.0	4.7
重复 3	84.0	70.0	23.3	28.0	0.0
重复 4	74.7	65.3	14.0	56.0	9.3
重复 5	72.0	88.7	4.7	37.3	0.0
重复 6	98.0	70.0	42.0	32.7	0.0

2. SPSS软件操作过程

第一步 将全部数据输入SPSS,在Data view窗口中输入数据值;在Variable View窗口中修改各个变量的名称、标签等(如图9-1)。

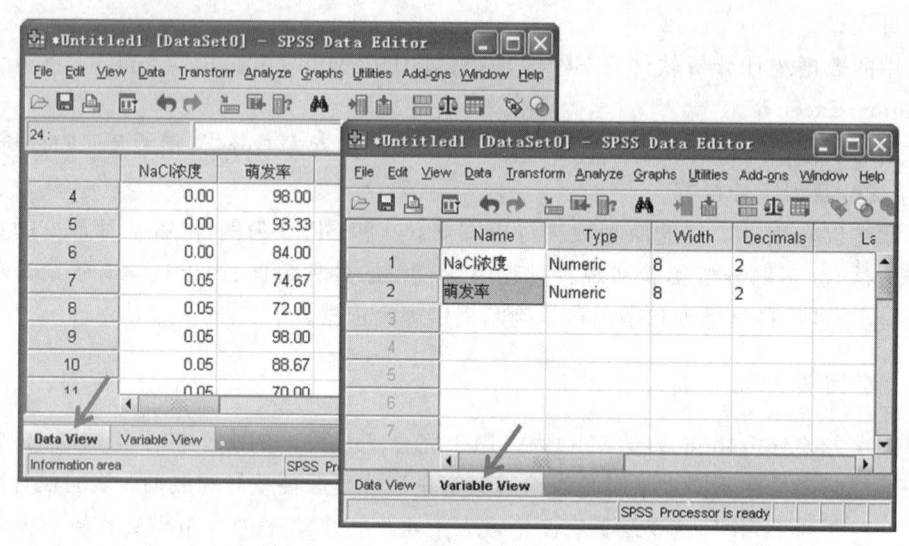

图9-1 SPSS中数据视图和变量视图窗口

第二步 选择菜单Analyze—Compare Means—One-Way ANOVA(如图9-2)。

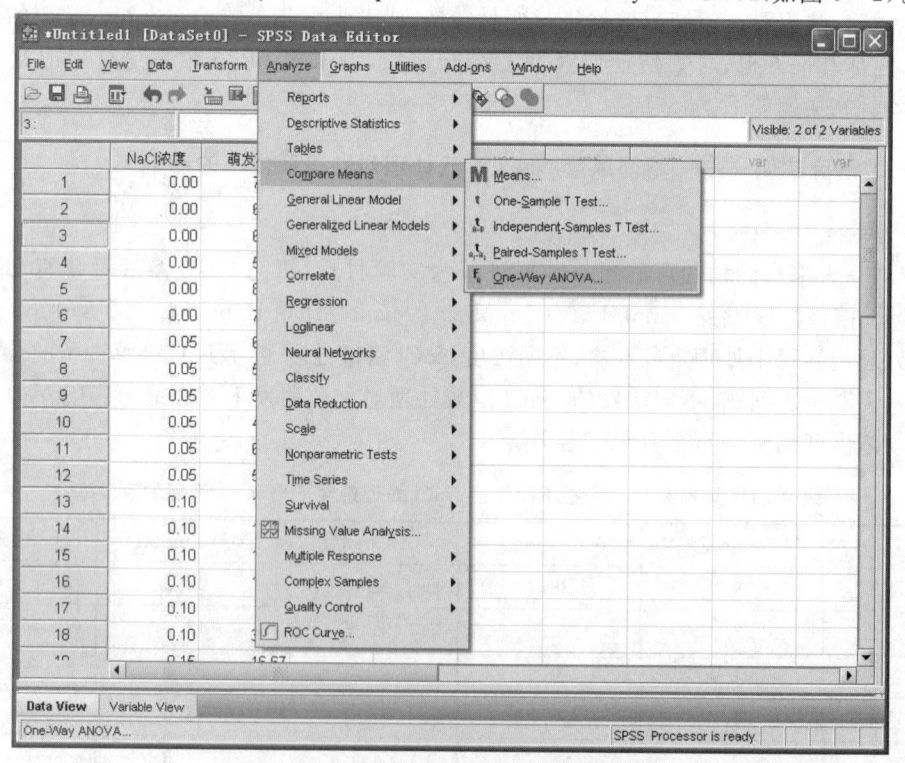

图9-2 SPSS中单因素方差分析操作路径

第三步 选中"萌发率"点击右侧的箭头移入 Dependent List 窗口,选中"NaCl 浓度"移入 Factor 窗口(如图 9-3)。点击右侧 Contrasts 选中 Polynomial,选完点击 Continue 返回,下同。

第四步 点击右侧的 Post Hoc,弹出单因素方差分析策略窗口,选择相应的分析策略。此处 LSD 方法的敏感度最高,因而在研究中用得较多,此外 Tukey、Duncan、S-N-K 等方法也较为常用。以上均为方差整齐时用的统计分析方法(如图 9-3),选完后点击 Continue 返回,下同。

第五步 点击右侧的 Options 按钮弹出选项窗口,选中 Descriptive 可生成详细数据报表,选中 Homogeneity of variance test 可以进行方差整齐性检验,Brown-Forsythe 选项和 Welch 选项用于当数据方差不整齐时检验各处理组均数是否有显著差异(如图 9-3)。

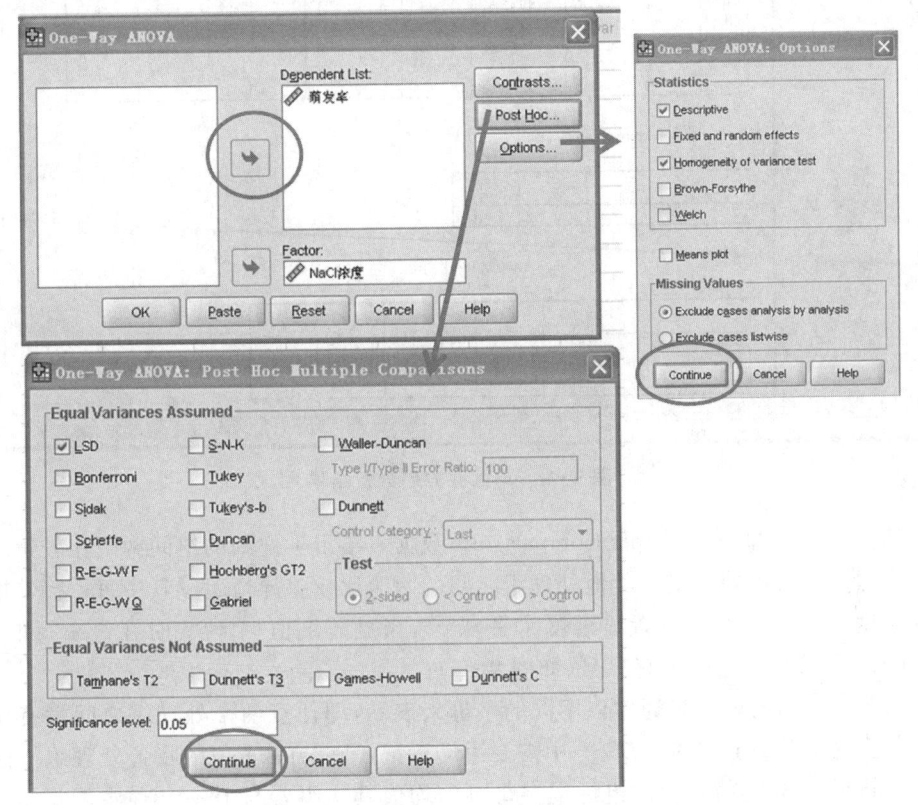

图 9-3 单因素方差设定变量和因素、方差分析策略及常用统计选项

3. 结果分析

第一步 在结果窗口中选中 Descriptives,即数据统计报表,给出了各个 NaCl 溶液浓度处理水平下的该杂草种子萌发率的均值(Mean)、标准差(Std. Deviation)、标准误(Std. Error)等统计值。整张表可直接复制-粘贴到 Excel 中用于作图(如图 9-4)。

第二步 Test of Homogeneity of Variances 数据表格显示方差齐性的统计结果,其中 Sig. 即 P 值,该数值>0.05,则表示方差整齐,若此处 $P<0.05$,则应对原始数据进行转换,数据转换的常用方法包括开平方根、取对数或者两者结合使用。总之,应尽量达到方差整齐

（如图 9-4）。

　　第三步　ANOVA 数据表中给出了组间和组内的平方和（Sum of Squares）、自由度（df）、均方（Mean Square）、F 值和组间差异的显著度 P 值。此处显著度值为 0.000，表示不同处理组间存在显著差异，因而可以进一步比较各个处理组之间的差异性情况（如图 9-4）。

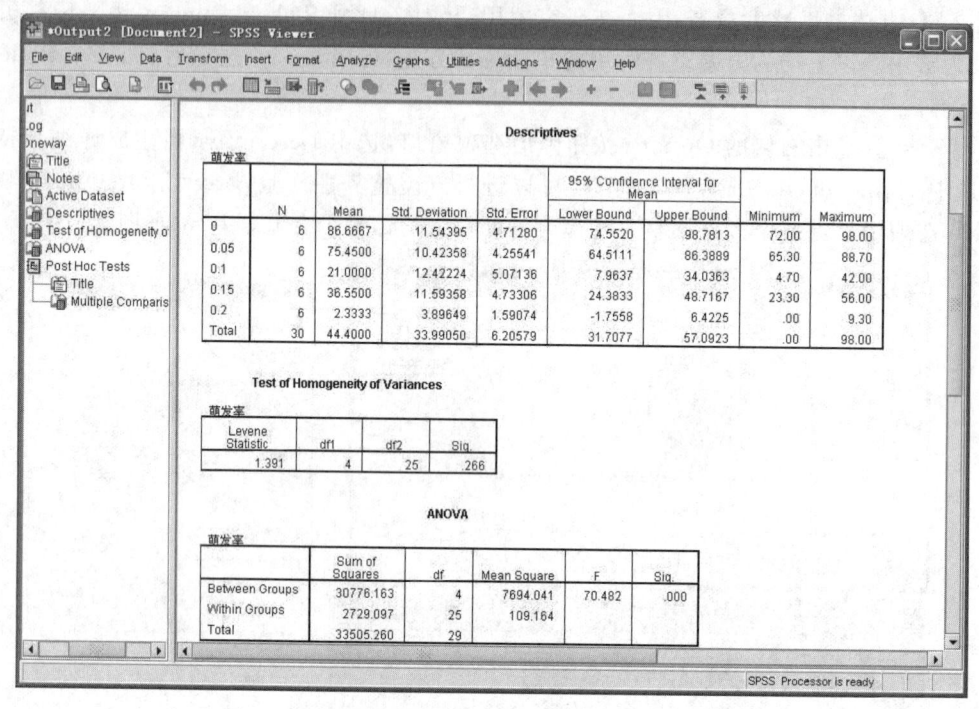

图 9-4　单因素方差分析结果

　　第四步　Post Hoc Multiple Comparisons 数据表给出了详细的组间两两比较情况。在数据表中给出了每个处理组与其他处理组之间的两两比较差异情况。其中每一行数据中给出了显著度值（Sig.），默认设置显著度水平 0.05，当显著度值<0.05 时在每一行的 Mean Difference(I-J) 数值后标记有星号（如图 9-5）。

　　第五步　多重比较结果通常以不同的字母来表示，即任意两个处理组之间没有相同字母表示相互之间的差异显著。SPSS 中需要手动标记，具体方法是：① 将各处理组按照均值从大到小排列。② 均值最大的组标记字母"a"，均值其次组若与上一组有显著差异则标记字母"b"，无显著差异则标记"a"。③ 然后看均值第三的组，若该组与前两者均有显著差异，则直接标记下一个字母；若该组与均值最高组有显著差异，而与均值次高组无显著差异，则标记下一个字母，而均值次高的组需要标记第一组和第三组的字母。④ 后面依次类推。例如在这个例子中不同 NaCl 浓度处理组之间的字母标记应该是：0(a)、0.05(a)、0.1(c)、0.15(b)、0.20(d)，即 NaCl 浓度为 0 mol/L 时萌发率显著最高，与 0.05 mol/L 时的萌发率没有显著差异，0.1、0.15 和 0.20 mol/L 浓度时的萌发率显著低于 0 和 0.05 mol/L，并且后三者之间也存在显著差异，其中 0.20 mol/L 时的萌发率显著最低。

Multiple Comparisons

萌发率
LSD

(I) NaCl 浓度	(J) NaCl 浓度	Mean Difference (I-J)	Std. Error	Sig.	95% Confidence Interval	
					Lower Bound	Upper Bound
0	0.05	11.21667	6.03224	.075	-1.2070	23.6403
	0.1	65.66667*	6.03224	.000	53.2430	78.0903
	0.15	50.11667*	6.03224	.000	37.6930	62.5403
	0.2	84.33333*	6.03224	.000	71.9097	96.7570
0.05	0	-11.21667	6.03224	.075	-23.6403	1.2070
	0.1	54.45000*	6.03224	.000	42.0264	66.8736
	0.15	38.90000*	6.03224	.000	26.4764	51.3236
	0.2	73.11667*	6.03224	.000	60.6930	85.5403
0.1	0	-65.66667*	6.03224	.000	-78.0903	-53.2430
	0.05	-54.45000*	6.03224	.000	-66.8736	-42.0264
	0.15	-15.55000*	6.03224	.016	-27.9736	-3.1264
	0.2	18.66667*	6.03224	.005	6.2430	31.0903
0.15	0	-50.11667*	6.03224	.000	-62.5403	-37.6930
	0.05	-38.90000*	6.03224	.000	-51.3236	-26.4764
	0.1	15.55000*	6.03224	.016	3.1264	27.9736
	0.2	34.21667*	6.03224	.000	21.7930	46.6403
0.2	0	-84.33333*	6.03224	.000	-96.7570	-71.9097
	0.05	-73.11667*	6.03224	.000	-85.5403	-60.6930
	0.1	-18.66667*	6.03224	.005	-31.0903	-6.2430
	0.15	-34.21667*	6.03224	.000	-46.6403	-21.7930

*. The mean difference is significant at the 0.05 level.

图 9-5 组间多重比较结果

(二) 研究实例二——不同 pH 值对种子霉变的影响

1. 实验数据和问题

以同一天采自同种杂草的同一种群种子为实验材料,研究不同 pH 值对其种子霉变的影响。pH 值采用缓冲液设置 4、6、7、8、10 等 5 个水平(处理组),每种处理重复 6 次,培养 14 天后,不同处理组溶液该杂草种子的发霉率见二维码 9-1。问题:不同 pH 溶液处理对种子发霉率有无显著影响?如果有影响,各种 pH 溶液间的影响程度有无显著差异?

二维码 9-1
扫一扫可见
单因素方差
分析实例一

2. SPSS 软件操作过程及结果分析

将数据输入 SPSS 软件中进行单因素方差分析,方法如研究实例一。方差齐性检验结果的 Test of Homogeneity of Variances 表中,Sig. 的值为 0.001(<0.05),即方差不整齐,不符合单因素方差分析的基本假定,因而需要进行数据转换。对二维码 9-1 中的数据采用开平方根转换得到表 9-2 中的数据(可以在 Excel 中完成)。

表 9-2 开平方根转换后的数据

	pH=4	pH=6	pH=7	pH=8	pH=10
重复 1	5.5	2.6	4.5	6.8	1.8
重复 2	5.2	4.5	3.7	6.8	1.8
重复 3	4.1	3.7	3.7	5.5	1.8
重复 4	4.5	3.7	5.2	4.1	3.2
重复 5	4.1	3.2	2.6	2.6	0.0
重复 6	5.2	3.7	3.2	4.1	3.7

再以表 9-2 中的数据输入 SPSS 软件进行单因素方差分析,此时方差齐性检验结果的 Test of Homogeneity of Variances 表中 Sig. 的值为 0.057(>0.05),方差整齐,可以采用多重比较结果。在发布数据处理结果时,各个处理的平均值和标准误差采用原始数据的结果,而各个处理组之间的两两比较结果采用数据转换后的分析结果,标记不同的字母,即按照原始数据平均值从高到低排序依次是:pH=8(a)、pH=4(ab)、pH=7(ab)、pH=6(b)、pH=10(c),表明不同 pH 溶液处理对种子发霉率有显著影响。在 pH8 与 pH4 和 pH7 中的发霉率没有显著差异,pH4 和 pH7 与 pH6 中的发霉率没有显著差异,但 pH8 与 pH6 和 pH10 之间有显著差异,pH6 与 pH10 之间也存在显著差异。

二维码 9-2
扫一扫可见 单因素方差 分析实例二

操作过程和结果详见二维码 9-2。

二、双因素方差分析

双因素方差分析,是对两个影响因素进行检验,究竟是一个因素在起作用,还是两个因素都起作用,或是两个因素的影响都不显著。以下用两种卷心菜种子在不同播种日期下的产量问题,来说明双因素方差分析的过程和结果。

(一) 数据与问题

用两个品种卷心菜种子在 3 个不同日期进行播种,之后测定产量,每个处理重复 10 次,测得的实验结果见表 9-3 所示。需要了解:① 所测定的两个品种在测试栽培条件下产量是否有显著差异? ② 不同播种日期(5 日、10 日和 25 日)对产量是否有影响? ③ 播种日期若有影响,是否具有品种依赖性?

表 9-3 两个品种卷心菜在不同日期播种后测定的产量

	播种日期—1 号品种			播种日期—2 号品种		
	25 日	5 日	15 日	25 日	5 日	15 日
重复 1	2.5	3	2.2	2	4	1.5
重复 2	2.2	2.8	1.8	2.4	2.8	1.4
重复 3	3.1	2.8	1.6	1.9	3.1	1.7

(续表)

	播种日期—1号品种			播种日期—2号品种		
	25日	5日	15日	25日	5日	15日
重复4	4.3	2.7	2.1	2.8	4.2	1.3
重复5	2.5	2.6	3.3	1.7	3.7	1.7
重复6	4.3	2.8	3.8	3.2	3	1.6
重复7	3.8	2.6	3.2	2	2.2	1.4
重复8	4.3	2.6	3.6	2.2	2.3	1
重复9	1.7	2.6	4.2	2.2	3.8	1.5
重复10	3.1	3.5	1.6	2.2	2	1.6

(二) SPSS 操作过程

第一步 将表9-3中的数据分为品种、播种日期和产量3个变量(列)输入SPSS。

第二步 选择菜单:Analyze—General Linear Model—Univariate(如图9-6)。

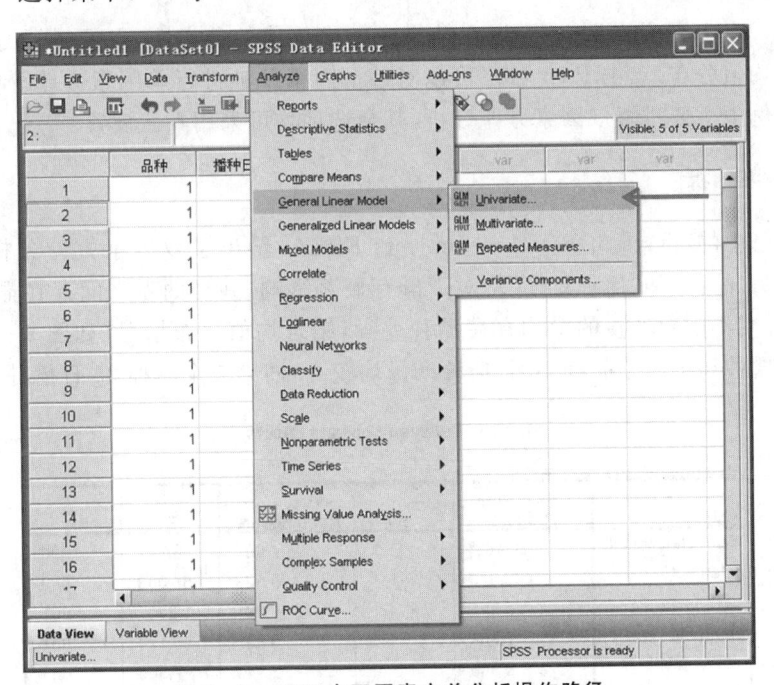

图9-6 SPSS中双因素方差分析操作路径

第三步 将"产量"选入Dependent Variable框内,将"品种"和"播种日期"放入Fixed Factor(s)框内(如图9-7)。

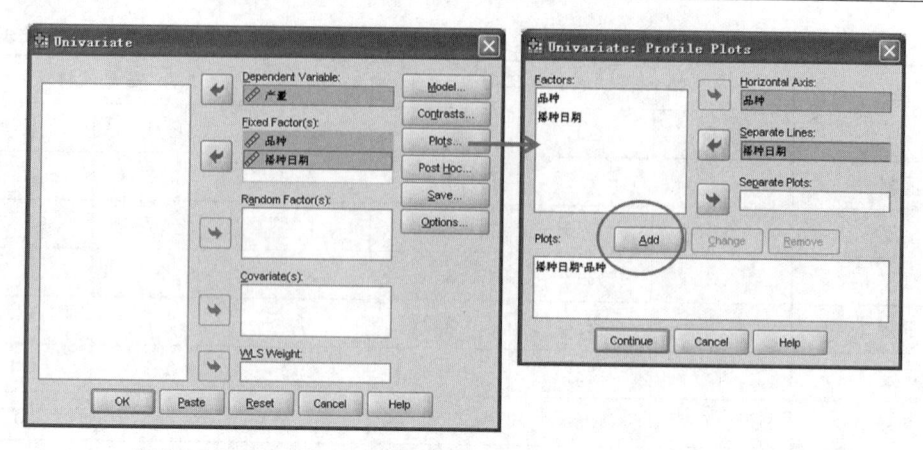

图 9-7　SPSS 中双因素方差分析 Profile Plots 窗口的调出与设置

第四步　点击右侧的 Model 按钮弹出分析策略,此处可采用默认选项(Full Factorial)以考察两个因素之间的交互效应。如果不考虑两个因素之间的交互效应,则选择 Custom,然后分别将"品种"和"播种日期"选入右侧的 Model 框内,并在 Build Term(s) Type 中选择 Main Effects。

第五步　点击右侧的 Plots 可以在结果中输出均值的分布图,以便于即时判断不同处理组之间的均值分布;点击 Post Hoc 可以对每个因素单独进行单因素方差分析,具体见前文所述。本例中主要进行双因素方差分析,其余选项均可采用默认设置。

（三）结果分析

结果表格中的 Tests of Between-Subjects Effects 给出了双因素方差分析结果（如图 9-8),其表明"品种"和"播种日期"均对产量有显著影响,并且两者之间存在显著的交互效应,即播种日期不同对产量的影响存在品种差异,结合均值分布情况(如图 9-9)可知第一个品种 5 日播种和第二个品种 15 日播种产量均较高,而第二个品种 25 日播种产量最低。

Tests of Between-Subjects Effects

Dependent Variable:产量

Source	Type III Sum of Squares	df	Mean Square	F	Sig.
Corrected Model	20.483ª	5	4.097	8.691	.000
Intercept	403.523	1	403.523	856.063	.000
品种	5.891	1	5.891	12.497	.001
播种日期	7.706	2	3.853	8.174	.001
品种 * 播种日期	6.886	2	3.443	7.305	.002
Error	25.454	54	.471		
Total	449.460	60			
Corrected Total	45.937	59			

a. R Squared = .446 (Adjusted R Squared = .395)

图 9-8　双因素方差分析结果

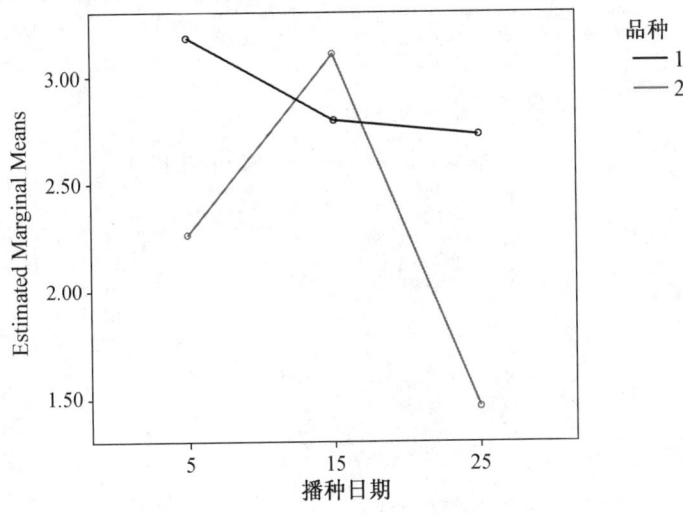

图 9-9　双因素方差分析中各个处理均值分布图

操作过程见二维码 9-3。

二维码 9-3
扫一扫可见
双因素方差分析实例

三、独立样本 T 检验和成对样本 T 检验

(一) 独立样本 T 检验 (Independent-Sample T Test)

独立样本 T 检验用于进行两个样本均数的比较,进行独立样本 T 检验的前提条件包括:① 两样本应该是相互独立,供试对象采用完全随机设计;② 样本来自的两个总体应该服从正态分布。SPSS 软件进行独立样本 T 检验时同时给出了数据方差整齐性检验结果,以及两个样本在方差整齐和方差不整齐时的检验结果。以下以原产地和入侵地种群种子在适宜条件下培养后萌发率的比较为例,说明独立样本 T 检验的分析过程。

1. 数据与问题

采集某种外来入侵植物原产地和入侵地同一纬度带、相似生境下种群的种子,并分别进行适宜条件下的萌发试验,各重复 8 次,结果如下:

入侵地种群 8 个重复的萌发率分别是:87%、68%、73%、74%、77%、92%、89%、94%

原产地种群 8 个重复的萌发率分别是:72%、70%、65%、75%、57%、62%、69%、71%

需要了解:所研究的原产地和入侵地种群种子在适宜条件下培养后的萌发率是否有显著差异?

2. SPSS 中的操作

第一步　输入数据。

第二步　选择菜单:Analyze—Compare Means—Independent-Samples T Test(如图 9-10)。

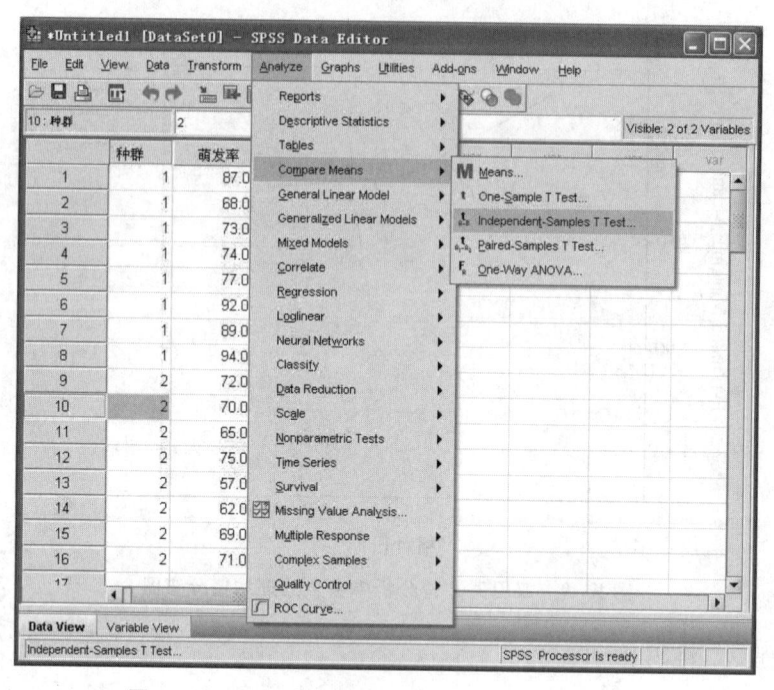

图 9-10　SPSS 中运行独立样本 T 检验的操作路径

第三步　将"萌发率"选入 Test Variable(s)框内,将"种群"放入 Grouping Variable 框内(如图 9-11)。点击 Define Groups 弹出 Define Groups 窗口,在 Group1 和 Group2 中分别输入 1 和 2(原始数据中将入侵地种群定义为 1,原产地种群定义为 2)。点击 Continue 按钮。

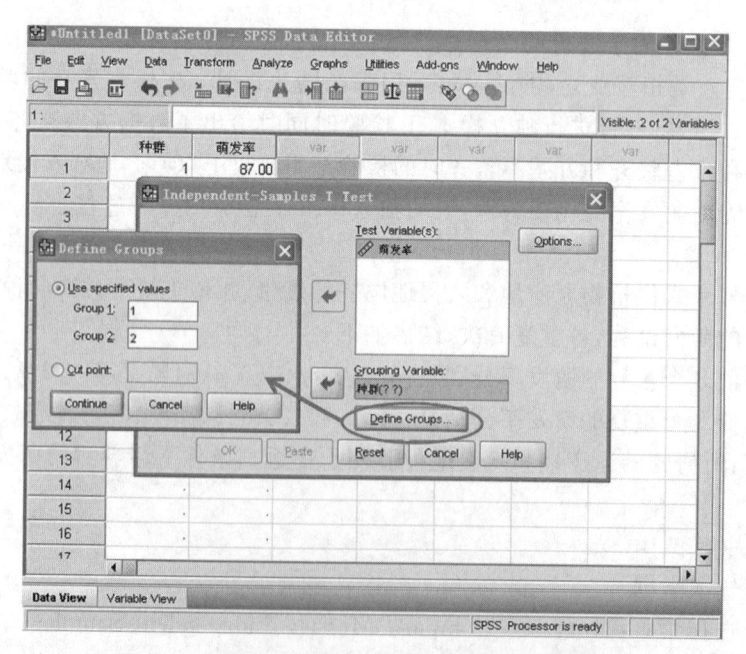

图 9-11　SPSS 进行独立样本 T 检验时的变量设置

第四步 点击 OK,运行得到结果。

3. 结果分析

结果表格中的 Group Statistics 表分别给出了两个种群的均值、标准差和标准误。Independent Samples Test 表格中 Levene's Test for Equality of Variances 中给出了 F 值和方差整齐性检验结果 P=0.022,也即方差不整齐,因而 T 检验结果应该采用校正检验结果,即图 9-12 中下面一行的数据(如图 9-12)。综合分析结果,表明入侵地种群种子萌发率显著高于原产地种群(P=0.005)。

Independent Samples Test

		Levene's Test for Equality of Variances		t-test for Equality of Means				
		F	Sig.	t	df	Sig. (2-tailed)	Mean Difference	Std. Error Difference
萌发率	Equal variances assumed	6.655	.022	3.471	14	.004	14.12500	4.06943
	Equal variances not assumed			3.471	11.431	.005	14.12500	4.06943

图 9-12 SPSS 进行独立样本 T 检验结果

操作过程见二维码 9-4。

(二) 成对样本 T 检验

成对样本 T 检验(Paired Sample T Test)用于配对样本差值的均数与总体均数比较的 T 检验。其用于考察同一样本进行两次测试所获得的两组数据,或者对两个完全相同(尽可能)的样本在不同条件下进行测试所得的两组数据。成对样本 T 检验的前提条件包括:① 两样本应该是配对的,两样本的观察值数目相同且观察值的顺序不可随意更改;② 样本来自的两个总体应该服从正态分布。与独立样本 T 检验不同,成对样本 T 检验不用事先进行方差齐性检验,因为配对样本的数据是成对数据,可以认为方差一致。成对样本 T 检验常用于将受试对象按情况相近者进行配对,分别施加两种处理,观察两种处理之间会否存在显著差异。以下以某种恶性入侵植物对入侵地土壤 pH 的影响为例,说明成对样本 T 检验的分析过程。

二维码 9-4
扫一扫可见
独立样本 T 检验范例

1. 数据与问题

为研究某种恶性入侵植物对入侵地土壤 pH 的影响,选取 10 个种群(每个种群为 1 个样地)进行研究,每个种群测定入侵植物植株根际土壤 pH,同时测定同一种群无植被覆盖的土壤样品 pH,实验数据见表 9-4 所示。需要了解:该入侵植物对土壤 pH 是否有显著影响?

表 9-4 数据测定的 10 个种群根际和对照土壤样品的 pH 值

	样地1	样地2	样地3	样地4	样地5	样地6	样地7	样地8	样地9	样地10
根际土	6.2	6.5	5.7	5.1	5.8	5.2	4.7	5.4	5.6	5.2
对照	6.5	7.1	5.7	5.4	6.2	5.1	4.8	5.6	5.5	5.9

2. SPSS 操作过程

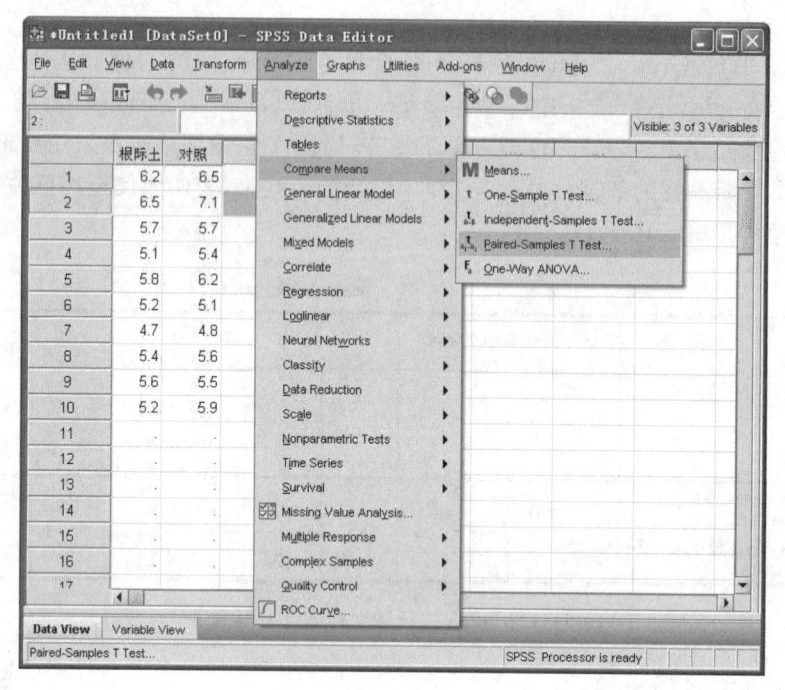

图 9-13　SPSS 中运行成对样本 T 检验的操作路径

第一步　将表 9-4 数据分为"根际土"和"对照"两列输入 SPSS 的数据窗口。
第二步　菜单 Analyze—Compare Means—Paired Sample T Test。
第三步　按 Shift 键的同时选中成对分析的两个变量移入右侧 Paired Variables 窗口。
第四步　点击 OK，得到结果。

3. 结果分析

第一步　Paired Samples Statistics 统计报表给出了数据均值、标准差、标准误等。
第二步　Paired Samples Correlations 报表中给出了两组数据之间的相关性，显著度值（Sig.）为 0.000，即极显著相关，应该采用成对样本 T 检验。若显著度值＞0.05 则表示两组数据不存在显著的相关性，可以使用独立样本 T 检验。
第三步　Paired Samples Test 报表给出分析结果，其中显著度[Sig.(2-tailed)]为 0.022，差异显著，结合均值的比较，得出结论：入侵植物根际土 pH 显著低于对照土壤。

操作过程见二维码 9-5。

二维码 9-5
扫一扫可见
成对样本 T 检验范例

四、重复测量数据的方差分析

重复测量数据的方差分析是对同一因变量进行重复测量的一种试验设计技术。在进行实验处理后，分别在不同的时间点上通过重复测量同一个考察对象获得待测指标的观察值，常采用该统计分析方法。以下以一种新型铲草机械除草效果为例，说明重复测量数据的方差分析的过程。

(一) 数据与问题

在某农田采用新型铲草机进行除草,并以百草枯推荐剂量处理和空白处理作为对照,每种处理各设置 9 个小区,分别于控草处理前、处理 30 天后、60 天后测定每个小区内杂草株数,需要了解:该新型铲草机械除草的效果如何。详细数据见二维码 9-6。

二维码 9-6
扫一扫可见重复测量数据的方差分析范例

(二) SPSS 操作过程

第一步　输入数据。

第二步　选择菜单:Analyze—General Linear Model—Repeated Measures(如图9-14)。

图 9-14　SPSS 中运行重复测量统计分析操作路径

第三步　在 Number of Levels 框内输入 3(即 3 种处理:机械除草、百草枯除草、对照),点击下方的 Add 按钮,单击 Add 按钮边上框内的 factor1(3)按钮—点击 Define 弹出 Repeated Measures 窗口。

第四步　在 Repeated Measures 窗口内将"处理前""处理 30 天后""处理 60 天后"选入 Within-Subjects Variables (factor1)框内,将"分组"选入 Between-Subjects Factor(s)框内(如图 9-15)。

第五步　点击右侧的 Model 按钮,弹出分析策略,此处可采用默认选项(Full factorial)

以考察两个因素之间的交互效应。如果不考虑两个因素之间的交互效应,则选择 Custom,然后分别将"factor1"和"分组"选入右侧的 Model 框内,并在 Build Term(s) Type 中选择 Main effects。

第六步　点击右侧的 Plots 可以在结果中输出均值的分布图,以便于即时判断不同处理组之间的均值分布(如图 9-15);点击 Post Hoc 可以对每个因素单独进行单因素方差分析,具体见前文所述;点击 Options 可以调出更多的统计数据。

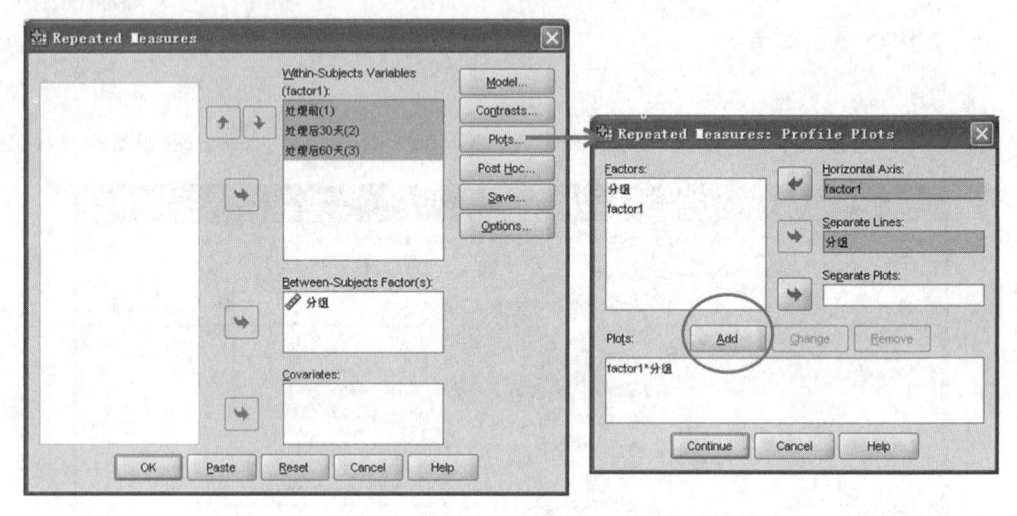

图 9-15　SPSS 中运行重复测量统计分析 Repeated Measures 窗口和 Profile Plots 窗口

(三) 结果分析

① Descriptive Statistics 数据报表给出了描述性统计结果。

② Mauchly's Test of Sphericity 表格是球形检验结果,如图 9-16 所示,显著度值>0.05,所以满足球形分布假设。若显著度值<0.05,则不满足球形分布假设,需要进行多变量方差分析或者自由度调整,SPSS 接下来会给出两种结果。

Mauchly's Test of Sphericity[b]

Measure:MEASURE_1

Within Subjects Effect	Mauchly's W	Approx. Chi-Square	df	Sig.	Epsilon[a]		
					Greenhouse-Geisser	Huynh-Feldt	Lower-bound
factor1	.900	2.419	2	.298	.909	1.000	.500

图 9-16　SPSS 重复测量数据统计分析中的球形度检验结果截图

③ Tests of Within-Subjects Effects 数据表格给出了主体内效应检验结果(如图 9-17),所谓"主体内"是指重复测量的各个时间。由于满足球形检验,看第一行数据结果即可。

④ Tests of Between-Subjects Effects 数据表给出了主体间效应检验结果(如图 9-18),即不同控草措施之间的差异性分析结果和组间误差情况。结果表明不同的调查时

间(处理前、处理后 30 天、处理后 60 天)和处理方式(机械铲草、百草枯处理和无控草对照)均对杂草株数有显著影响,并且两个因素之间存在显著的交互效应。

Tests of Within-Subjects Effects

Measure:MEASURE_1

Source		Type III Sum of Squares	df	Mean Square	F	Sig.
factor1 处理前后 不同天数	Sphericity Assumed	8281.654	2	4140.827	387.978	.000
	Greenhouse-Geisser	8281.654	1.818	4554.195	387.978	.000
	Huynh-Feldt	8281.654	2.000	4140.827	387.978	.000
	Lower-bound	8281.654	1.000	8281.654	387.978	.000
factor1 * 分组 不同处理 方式	Sphericity Assumed	2022.716	4	505.679	47.380	.000
	Greenhouse-Geisser	2022.716	3.637	556.160	47.380	.000
	Huynh-Feldt	2022.716	4.000	505.679	47.380	.000
	Lower-bound	2022.716	2.000	1011.358	47.380	.000
Error(factor1) 组内误差	Sphericity Assumed	512.296	48	10.673		
	Greenhouse-Geisser	512.296	43.643	11.738		
	Huynh-Feldt	512.296	48.000	10.673		
	Lower-bound	512.296	24.000	21.346		

满足球形检验看第一行结果

图 9-17　SPSS 重复测量数据统计分析中的主体内效应的检验

Tests of Between-Subjects Effects

Measure:MEASURE_1
Transformed Variable:Average

Source	Type III Sum of Squares	df	Mean Square	F	Sig.
Intercept	339629.938	1	339629.938	5.076E3	.000
分组	2720.691	2	1360.346	20.333	.000
Error	1605.704	24	66.904		

图 9-18　SPSS 重复测量数据统计分析中的主体间效应的检验

⑤ Profile 图给出了各个处理组在不同调查时间下的均值分布(如图 9-19)。

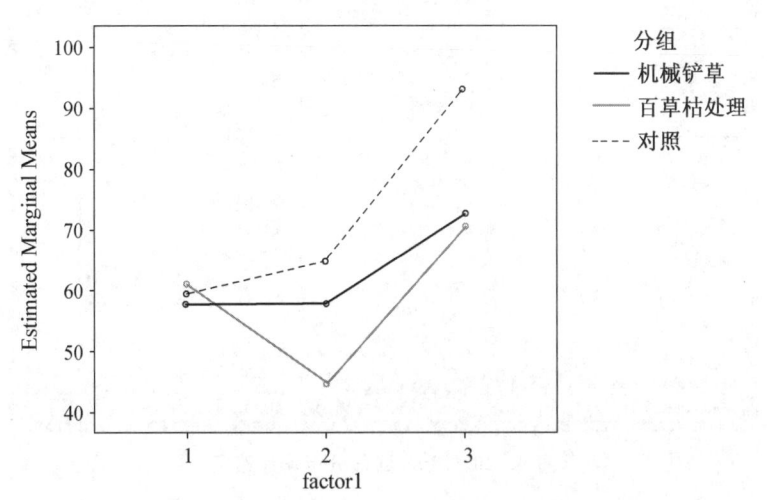

图 9-19　SPSS 重复测量数据统计分析结果中不同处理组均值分布图

操作过程见二维码 9-7。

五、回归分析方法

回归分析是研究随机现象中变量之间关系的一种数理统计方法,其目的是根据自变量的变化来估计或预测应变量的变化情况。回归分析在生产实践和科学研究中有着广泛的应用。

回归分析包括简单的一元线性回归分析法和引入其他自变量的多元回归分析法。以下以不同 NaCl 溶液浓度对根长的影响为例,对一元线性回归分析法进行介绍。

(一)数据与问题

将某种植物的种子分别放在 20、40、60、80 和 100(mM)的营养液中培养,10 天测得根长数据分别为 0.31、0.55、0.76、0.88 和 0.98(cm),需要了解:营养液浓度对根的长度是否有影响?

(二)SPSS 数据分析过程

首先,将数据输入 SPSS 中,并点击变量窗口(Variable View)编辑两列数据的名称,然后点击菜单栏的 Analyze—Regression—Curve Estimation(线性拟合)或者 Linear(一元线性回归分析),如图 9-20 所示。

图 9-20 SPSS 回归分析操作路径

然后将变量"营养液"和"根长"分别选入变量(Variable)和因变量(Dependent)栏中,如图 9-21 所示。一元线性回归中将营养液选入自变量(Independents)中,如图 9-22 所示,然后在下方的模型框(Models)中选择相应的模型,点击 OK 即可。

图 9-21 SPSS 回归分析线性拟合窗口

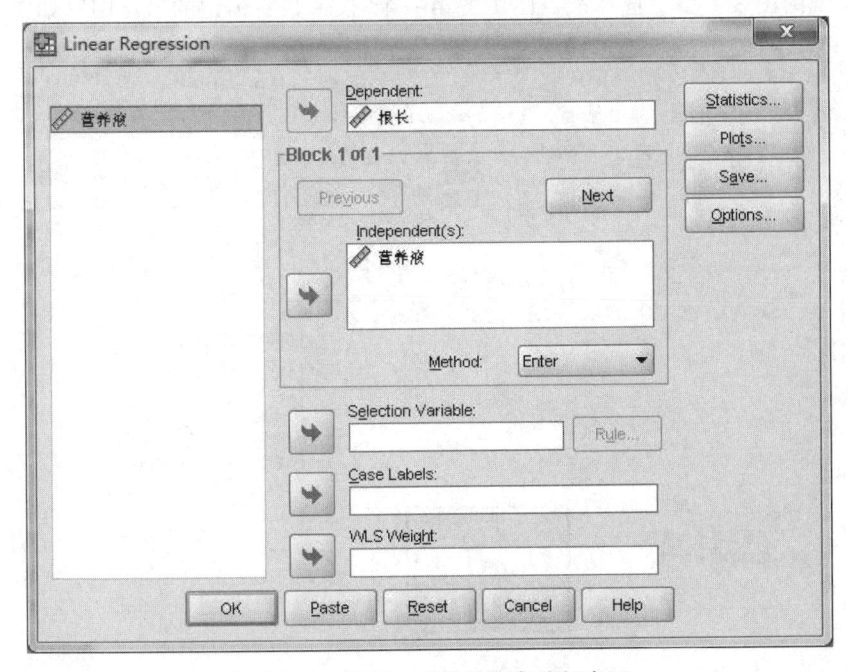

图 9-22 SPSS 一元线性回归分析窗口

线性拟合回归分析结果如图 9-23 所示,其中的 R Square 即为拟合的 R^2 值,R^2 值反映两组间数据的相关性,该值越大,相关性越大;Sig. 值为相关性的显著度(即为 P 值),一般而言,该值<0.05 则表示两者间显著相关。图 9-23 表格中最后两列(Parameter Estimates 所含的 Constant 和 b1)为具体的拟合参数。因此,根据结果,我们可以得出结论,营养液浓度与根长显著正相关,即在供试营养液浓度范围内,营养液浓度越大,供试植物根生长得越快。不同回归模型的选择一般要视具体情况选择合适的模型。

Model Summary and Parameter Estimates

Dependent Variable:根长

Equation	Model Summary					Parameter Estimates	
	R Square	F	df1	df2	Sig.	Constant	b1
Linear	.965	83.417	1	3	.003	.195	.008
Logarithmic	.994	531.861	1	3	.000	-.971	.422
Power	.989	274.812	1	3	.000	.037	.726
Exponential	.893	24.991	1	3	.015	.281	.014

The independent variable is 营养液.

图 9-23　SPSS 线性拟合回归分析结果

(三) 回归分析图的绘制

在撰写科研报告和论文时经常要求给出具体的拟合曲线图,简单的线性回归分析图在 Excel 里面较容易绘制。首先,将上述浓度数值和根长数据分别输入 Excel 表格中。单击插入项,在出现的图表类型中选择散点图中的第一个"仅带数字标记的散点图"(如图 9-24)。

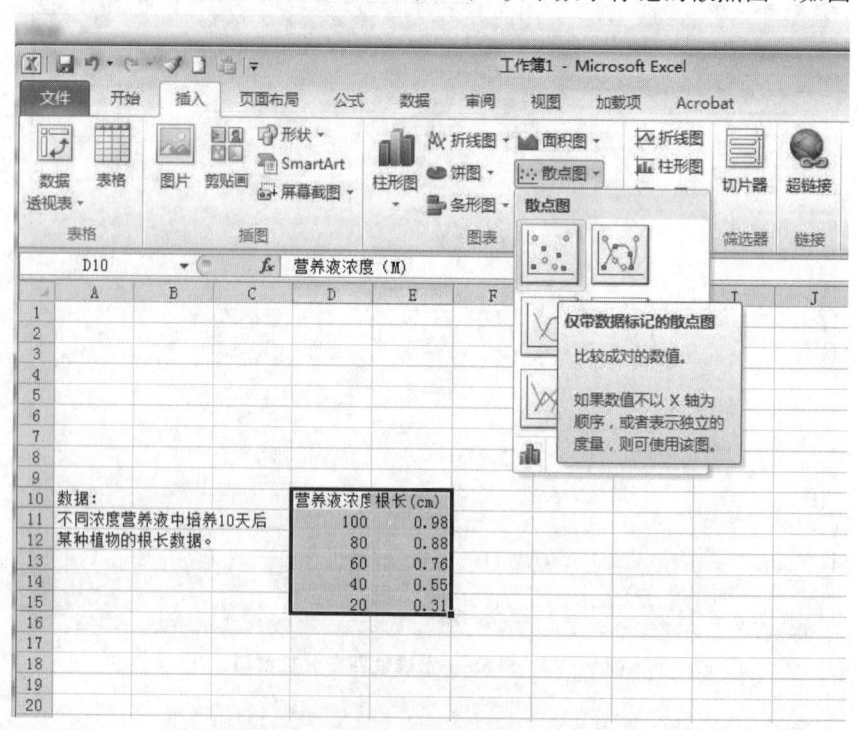

图 9-24　Excel 中的散点图产生过程

在出现的散点图的数据点上右击,在出现的对话框中选择"添加趋势线"(如图 9-25)。

图 9-25 Excel 中的散点图产生过程

在出现的趋势线选项中选择"线性",并在下面的复选框中勾选"显示公式"和"显示 R 平方值",得到线性回归方程和决定系数 R^2 值(如图 9-26)。

图 9-26 一元线性回归方程的获得

若在趋势线选项中选择不同的"趋势预测/回归类型",则得到不同的回归分析图(如图9-27)。

二维码9-8
扫一扫可见
回归分析图
的绘制步骤

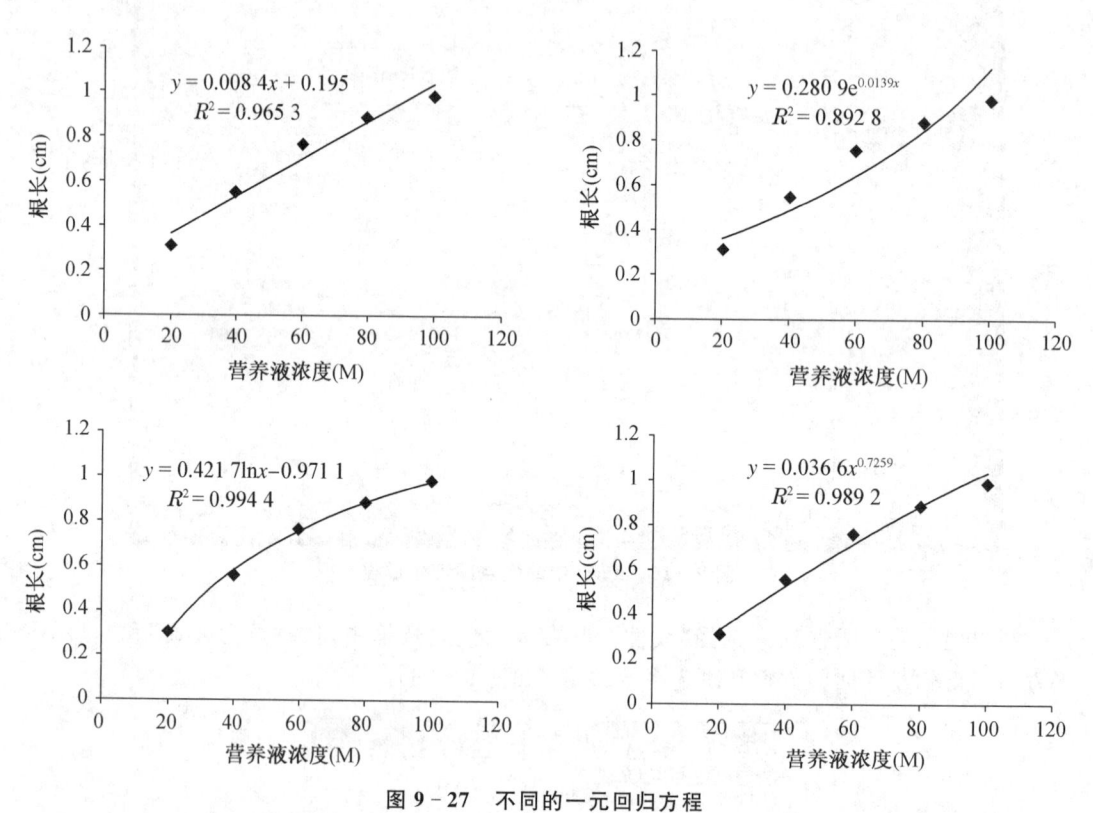

$y = 0.0084x + 0.195$
$R^2 = 0.9653$

$y = 0.2809e^{0.0139x}$
$R^2 = 0.8928$

$y = 0.4217\ln x - 0.9711$
$R^2 = 0.9944$

$y = 0.036 6x^{0.7259}$
$R^2 = 0.9892$

图9-27 不同的一元回归方程

六、Excel 的统计分析功能

Microsoft Excel 是微软公司开发的办公软件 Microsoft office 的重要组件之一,是电子表格程序,它可以进行数据处理、统计分析等。本节将重点介绍 Excel 的数据分析工具的使用。

(一) Excel 数据分析工具的加载

Excel 提供了数据分析模块,此工具不是 Excel 的标准安装部件,需要专门安装才能使用。安装"数据分析"工具的流程如下:

文件—选项—Excel 选项—自定义功能区—勾选开发工具复选框—确定—在开发选项卡下单击"Excel 加载项"—在弹出的对话框中勾选"分析工具库"—确定。切换至"数据"选项卡后,在右上角出现"数据分析"工具。

(二) 利用 Excel 进行描述统计

利用 Excel 数据分析中的描述统计工具可以根据数据组快速计算出常用的数据统计量,如平均数、标准误差、中位数、众数、标准差、方差等。具体方法见下例。

1. 数据与问题

牛膝菊种子在光照和黑暗条件下萌发 9 天后,每天的萌发种子数见表 9-5。计算光照和黑暗条件下的平均萌发率、标准偏差、标准误差等各是多少?

表 9-5 牛膝菊种子在光照和黑暗条件下萌发 9 天后的数据

	光照				黑暗			
	第一皿	第二皿	第三皿	第四皿	第一皿	第二皿	第三皿	第四皿
1	10	8	4	5	1	1	2	5
2	15	7	14	13	4	3	9	7
3	5	4	4	4	4	6	10	5
4	4	6	5	2	3	1	3	0
5	1	2	2	1	1	7	2	9
6	2	1	0	0	0	0	0	1
7	0	1	0	1	0	1	0	0
8	1	0	0	0	0	0	0	3
9	1	0	0	0	2	1	0	0
各皿剩余种子数	14	16	21	14	27	30	25	29
各皿总萌发数	39	29	29	26	15	20	26	30
各皿总种子数	53	45	50	40	42	50	51	59
各皿萌发率	0.74	0.64	0.58	0.65	0.36	0.40	0.51	0.51

2. Excel 操作过程

第一步 先将两种条件下各 4 个皿萌发率的数值从 Excel 表格中复制粘贴到空白处,粘贴时在"选择性粘贴"工具中勾选"数值"和"转置"两个复选框,使萌发率的数值从公式格式转换为纯数据格式、从 1 横行变为 2 纵列,如图 9-28 所示。

光照	黑暗
0.74	0.36
0.64	0.40
0.58	0.51
0.65	0.51

图 9-28　萌发率数据的转换

第二步　点击数据分析，在数据分析框中选择描述统计，之后在描述统计对话框中选定输入区域即光照和黑暗条件下 2 列 8 个数据的区域，分组方式为默认的"逐列"，选定一个输出区域，并勾选"汇总统计"复选框，点击确定后，自动计算出结果，如图 9-29 所示。

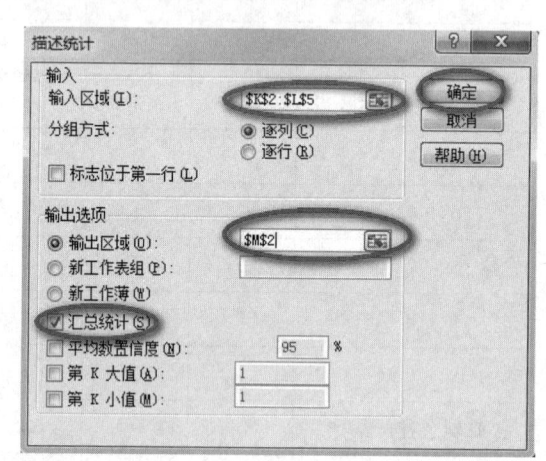

图 9-29　Excel 中描述统计的操作界面

3. 结果分析（见表 9-6 和表 9-7）

表 9-6　牛膝菊种子在光照和黑暗条件下萌发 9 天后的描述统计值

	光照	黑暗
平均	0.652 573	0.443 855
标准误差	0.031 982	0.038 695
中位数	0.647 222	0.454 237
众数	#N/A	#N/A
标准偏差	0.063 965	0.077 389

(续表)

	光照	黑暗
方差	0.004 091	0.005 989
峰度	1.600 696	−4.524 09
偏度	0.496 002	−0.258 46
区域	0.155 849	0.152 661
最小值	0.58	0.357 143
最大值	0.735 849	0.509 804
求和	2.610 294	1.775 421
观测数	4	4

表 9-7 牛膝菊种子在光照和黑暗条件下的萌发率指标

萌发指标	光照	黑暗
平均萌发率	0.65	0.44
标准偏差（SD）	0.06	0.08
标准误差（SE）	0.03	0.04
中位数	0.65	0.45

操作过程见图 9-28 和二维码 9-10。

（三）利用 Excel 进行 t 检验

t 检验用于进行两个样本均数的比较，分为单样本 t 检验、独立样本 t 检验和成对样本 t 检验三种方法。本章第三节已经介绍了用 SPSS 进行独立样本 t 检验和成对样本 t 检验的方法。Excel 的数据分析工具里也可以进行这两种检验，具体介绍如下：

1. 独立样本 t 检验

（1）数据与问题。在上述描述统计实验中，牛膝菊种子在光照和黑暗条件下萌发 9 天后的平均萌发率在两种萌发条件之间有没有显著差异？

（2）操作过程。主要操作过程见图 9-30 和二维码 9-11。

图 9-30 Excel 进行独立样本 t 检验的操作过程图示

(3) 结果分析。结果表明,牛膝菊种子在光照和黑暗条件下的萌发率之间有显著差异($t=4.158, df=6, p=0.006$)。

2. 成对样本 t 检验

(1) 数据与问题。10 名儿童接种某种疫苗前后体温变化见表 9-8,试检验他们接种前后体温是否有显著变化?

表 9-8　儿童接种某种疫苗前后体温

	A	B
1	接种前体温	接种后体温
2	36	36.4
3	36.2	36.5
4	36.2	36.5
5	36.4	36.8
6	36.4	36.9
7	36.1	36.5
8	36.1	36.7
9	36.2	36.5
10	36.5	36.5
11	36.3	37

(2) 操作过程。主要操作过程如图 9-31 所示。

t-检验:成对双样本均值分析		
	变量 1	变量 2
平均	36.24	36.61
方差	0.02489	0.0388
观测值	10	10
泊松相关系数	0.37911	
假设平均差	0	
df	9	
t Stat	-5.8421	
P(T<=t) 单尾	0.00012	
t 单尾临界	1.83311	
P(T<=t) 双尾	0.00025	
t 双尾临界	2.26216	

图 9-31　Excel 进行成对样本 t 检验的操作过程图示

(3) 结果分析。结果表明,10 名儿童接种后体温显著升高($t=-5.842, df=9, p=0.000$)。

主要操作过程见二维码 9-12。

二维码 9-12
扫一扫可见
操作过程

思考题

1. 试验设计的三个基本要素及三个基本原则分别是什么？
2. 常用的试验设计方法有哪些？分别在什么情况下使用？
3. 以自己的实验结果数据或其他数据为素材，利用 SPSS 或 Excel 软件，进行下列统计分析练习：

（1）数据描述：均值、中位数、众数、标准差、标准误差和方差等。

（2）独立样本 T 检验。

（3）成对样本 T 检验。

（4）单因素方差分析。

（5）相关分析。

第十章　毕业论文答辩及学术论文发表

毕业论文写作完成之后,接下来的工作就是要全身心地投入到答辩工作。毕业论文答辩是毕业论文的最后一个环节,是对学生研究课题情况和综合能力素质的一次重要检验,同时也是对已完成的论文质量和真伪的最后审核。在毕业论文答辩之前或之后,毕业论文中的全部和部分内容可以在老师的指导下总结发表。本章主要介绍毕业论文答辩及学术论文发表的相关问题。

第一节　毕业论文答辩

一、毕业论文答辩的目的

毕业论文答辩是以检验学生是否达到毕业论文的基本要求为主要目的。

毕业论文答辩是答辩委员会、答辩小组的成员(以下简称答辩老师)和撰写毕业论文的学生面对面,由答辩老师就毕业论文提出有关问题,让学生当面回答。它有"问"有"答",还可以有"辩"。毕业论文答辩是对毕业论文进行考核的必需环节,对保证毕业论文质量具有重要作用。

在答辩之前学校通常要对毕业论文进行评审,这是为毕业论文答辩进行的必要准备工作之一。但是毕业论文评审只是对毕业论文进行单向的、书面的、静态的考核,它对毕业论文的考核还是初步的、不全面的,而毕业论文答辩则是对毕业论文进行双向的、口头的、动态的考核,能较为全面地考查毕业论文的质量和水平。

对于参与答辩的学生来说,毕业论文答辩是一个提高和培养能力的重要过程。为了参加毕业论文答辩,答辩学生在答辩前就要积极进行各方面的准备,这种准备本身就是积累知识和增长知识的过程。毕业论文答辩会是众多大学生未经历过的场面,不少人因此而胆怯、缺乏自信,通过参加毕业论文答辩,可以使答辩学生的口头表达能力、演讲能力和应变能力得到锻炼,帮助学生克服怯场心理、增强自信心,也为答辩学生将来走向工作岗位和参与社会竞争提供了一次很好的锻炼机会。

毕业论文答辩的成功与否,直接关系到毕业论文的价值和成绩的评定,也是决定学生是否能够顺利毕业的重要条件之一。凡是没有经过批准无故不参加答辩,或者是答辩没有通过的学生,将领不到毕业证书,更谈不上被授予学位了。

毕业论文答辩的目的,对于组织者(校方)和答辩学生是不同的。

(一) 组织者进行答辩的目的

1. 审查答辩学生毕业论文的真实性

近年来由于受社会上某些弄虚作假等不正之风的影响,致使在毕业论文中抄袭剽窃、请人代笔等学术不端行为时有发生,而急功近利的浮躁之风又使这种不端行为有蔓延的态势。例如,个别学生的毕业论文是雇佣"枪手"代作的;还有个别学生平时忙些其他事情,主要精力没有用在学习上,到快要上交毕业论文的时候仍"苦思冥想"写不出,于是随意东拼西凑上交一篇,企图蒙混过关,有的学生编造或随意篡改实验数据。加强毕业论文真实性的审查力度,能起到遏制不良现象的发生和端正学风的作用,对纯洁学术道德也有良好的教育示范作用。

目前很多学校在都先后制定了毕业设计(论文)作假行为的处理办法,购买了中国知网"大学生论文管理(检测)系统",或万方数据平台的"学信网-论文相似性检测系统",或维普资讯平台的"维普论文检测系统(VPCS)",对毕业设计(论文)全部进行查重检测。检测分答辩前检测和答辩后检测两个步骤:

(1) 答辩前检测

此阶段为学生自测。在答辩前2~3周,学生将毕业论文上传到系统中,进行查重,以便指导教师有足够的时间查看检测结果并指导学生修改。自测一般有两次机会,检测结果可直接影响到学生是否有资格参加答辩。有的学校规定,毕业设计(论文)检测复制比>30%不得参加答辩。

(2) 答辩后检测

答辩后学校对毕业设计(论文)定稿进行最终查重检测。最终检测的结果会影响学生毕业论文的成绩。有的学校规定,如果检测结果中的文字复制比为30%~50%,总评成绩降一档,如果等第降为"不及格",则推迟毕业,责令修改或重做;如果文字复制比大于50%,则不予毕业。学生或指导教师对检测结果提出异议的,可由相关学院毕业设计(论文)工作领导小组组织专家进行鉴定,根据鉴定结果提出处理意见。学生通过其他方法规避检测,一旦查出,按作假行为处理。

2. 审查答辩学生对所研究课题的认识程度和当场论证论题的能力

虽然从学生所提交的毕业论文中,已能够大致反映出每个学生的水平。但是,由于各种原因,毕业论文中有些问题可能没有充分展开细说,有的可能是限于全局结构不便展开,有的可能是受篇幅所限不能展开,有的可能是学生认为这个问题不重要或者以为没有必要展开详细说明,有的可能是深入不下去或者说不清楚而故意回避了的薄弱环节,有的还可能是学生自己根本就没有认识到的不足之处。通过对这些问题的提问和答辩就可以进一步弄清学生是由于哪种情况而没有展开深入分析的,从而了解答辩学生对自己所写的论文的认识程度、理解深度,以及临场发挥能力、语言表达能力、思维活跃能力等。

3. 审查答辩学生对专业知识掌握的深度和广度

尽管通过毕业论文可以看出学生掌握知识面的深度和广度,然而毕业论文写作不仅考查学生掌握知识的深度和广度,而且要考查学生综合运用所学知识独立地分析问题和解决问题的能力,培养和锻炼进行科学研究的能力。答辩学生在写作论文中所运用的知识有的已确实掌握,能融会贯通地运用;有的可能是一知半解,并没有转化为自己的知识;还有的可能是从别人的文章中生搬硬套过来的,其基本含义都没搞清楚。在答辩会上,答辩老师把毕业论文中有阐述不清楚、不详细、不完备、不确切、不完善之处提出来,让答辩学生当场做出回答,从而检查出学生对所论述的问题是否有深广的知识基础、创造性见解和充分扎实的理论依据。

(二) 答辩学生参加论文答辩的目的

答辩学生参加毕业论文答辩的基本目的就是通过,能够按时毕业。因此,答辩学生要想顺利通过毕业论文答辩,就必须熟悉校方组织毕业论文答辩的要求,然后有针对性地做好准备,继续对毕业论文中的有关问题做进一步的推敲和研究,把毕业论文中提到的基本材料搞准确,把有关的基本理论、基本原理和基本观点弄清楚。

答辩学生不能把对毕业论文答辩的认识仅局限在通过上,更不能对答辩敷衍塞责、马虎从事和轻易放弃,应充分认识到毕业论文答辩具有多方面的意义。

二、毕业论文答辩前的各项准备

毕业论文答辩是一种有组织、有准备、有计划的、比较正规的审查论文的重要形式,答辩前校方、答辩委员会、撰写毕业论文的答辩学生都要做好充分的准备。

(一) 校方要做的准备工作

1. 制订毕业论文答辩工作程序

毕业论文答辩的工作程序有的高校是由校(院)统一制订的,有的是由院(系)分别制订的。校方每年都要将毕业论文答辩的工作程序定下来,如安排答辩时间、地点,确定答辩老师,规定成绩评定细则,宣布答辩纪律等。

2. 审查学生参加毕业论文答辩的资格

① 必须是已修完高等学校规定的全部课程的应届毕业生和符合有关规定并经过校方批准同意参加答辩的往届学生。

② 学生所学课程必须是全部考试、考查及格;实行学分制的学校,学生必须获得学校准许毕业的学分。

③ 学生所写的毕业论文必须经过导师指导并有指导老师签署同意参加答辩的意见。

只有同时具备了上述3个条件的学生才有资格参加毕业论文答辩。

3. 组成毕业论文答辩委员会和答辩小组

毕业论文的答辩必须成立答辩委员会。为了使众多学生能及时答辩,一般又分设若干个答辩小组,每个答辩小组由3~7名教师组成,设组长(有的称主辩)1人、答辩秘书1人。

4. 确定毕业论文答辩场地

要提前确定好毕业论文答辩场地,并提供多媒体演示设备,供学生答辩时使用。有条件时,可适当布置毕业论文答辩场地。

5. 拟定毕业论文成绩标准

毕业论文答辩结束后,答辩小组要根据毕业论文以及答辩情况评定成绩。为了使评分宽严适度,大体平衡,校方应事先制订一个共同遵循的评分原则或评分标准。

二维码 10-1 中以某高校制定的理工类专业毕业设计(论文)评分标准为例,说明各个级别的评分标准。

二维码 10-1
☞扫一扫可见
毕业论文评分标准

(二) 答辩教师的准备

答辩小组教师在举行毕业论文答辩前,要对答辩学生的毕业论文进行认真审阅,并找出毕业论文中论述不清楚、不详细、不确切之处,并拟定好在论文答辩会上需要答辩学生回答或进一步阐述的问题。

答辩教师在毕业论文答辩会上所提出的问题一般会以毕业论文所涉及的学术范围而展开。在这个大范围内,答辩教师主要是从鉴别真伪、检验水平和弥补不足 3 个方面提出问题。鉴别真伪是指围绕毕业论文的真实性提问,目的是要检查论文是否是答辩学生自己写的,如果毕业论文不是通过自己辛勤劳动写成的,就回答不出来这类问题;检验水平是指提出与毕业论文主要内容相关的问题,测试答辩学生基础知识是否扎实、掌握知识的广度深度如何,如对毕业论文中涉及的基本概念、基本理论以及运用基本原理等方面问题的掌握情况;弥补不足是指围绕毕业论文中存在的薄弱环节和存在的问题,请学生在答辩中补充阐述或给出解释。

(三) 答辩学生的准备

答辩学生的准备工作是多方面的,主要应做好心理、答辩幻灯片和物品等方面的准备。

1. 心理准备

毕业论文答辩是一次综合教学考试,也是毕业论文的通过考试,更是学生获准毕业和取得学位的必由之路,学生们又从未曾经历过,多数学生在答辩前难免会产生紧张的心理,有的甚至会产生焦躁不安的情绪。但也有极少数学生漫不经心,对毕业论文答辩不重视。

学生要明确目的、端正态度、树立信心,通过论文答辩这一环节,来提高自己的分析能力、概括能力及表达能力。紧张与自负心理都是不可取的。过度紧张的心理会使答辩大失水准,无法体现真实的能力和水平。只有充满自信,沉着冷静,思路清晰,有条不紊,才会在答辩时有良好的表现,而自信心主要来自事先的充分准备。

2. 毕业答辩幻灯片与资料准备

毕业答辩幻灯片是每一位参加答辩的学生必备的,做好幻灯片是学生答辩成功的一个重要环节。毕业答辩幻灯片不同于一般的幻灯片,应紧密围绕毕业论文的内容而展开。以下主要阐述毕业答辩幻灯片的主要内容及制作中需要注意的问题。

(1) 答辩幻灯片包含的内容

答辩报告中需要包含的内容一般包括以下几个方面。

首页:应包括毕业论文的题目、申请答辩者姓名及专业、指导教师姓名及职称、课题来源、专业和班级等信息。职称一般指教授、副教授、讲师等,或研究员、副研究员、助理研究员、实验师、高级实验师等，不能笼统地写成高级、中级等职称，也不能用校长、院长、处长、系主任等行政称号代替职称。有的学校规定不能列出指导教师、学生姓名，需要特别注意。

论文结构：一般用一页幻灯片列出毕业论文的章节目录，也是答辩的主要部分。

选题的背景和意义：简略谈一下课题背景、选择此课题的原因及课题现阶段的发展情况、应用前景等方面。建议用提纲式或提示性文字语句，避免将毕业论文引言中的大段文字堆砌到这里。

研究材料和方法：简要说明研究所采用的主要材料和方法，对方法有改进处，需要稍加解释。

研究结果这部分是答辩的重点，需要说明所获得的实验数据和所取得的研究成果，对自己在课题研究过程中的创新或独到之处可着重说明。此部分可分不同标题论述，每个部分要尽量图文并茂，用图表展示，文字要少而精。

讨论：简要说明本研究所取得的创新意义、局限之处或未来研究方向等。对自己的研究工作的评价要实事求是，态度谦虚。

参考文献：一般用一页列出，不需要读出。

致谢：向导师，给予帮助的老师、同学和评委致谢。

（2）答辩幻灯片制作的一些注意事项

答辩幻灯片的篇幅：一般 10～15 分钟的演讲时间，答辩幻灯片为 20～25 张，除去首页、参考文献和致谢等不需讲解的页面，真正需要讲解的为 20 张左右。

模板：由于科学研究的严肃性，幻灯片模板要求简洁大方，配色不宜太过花哨，文字或图片的颜色不能过于接近底色，要有一定的对比度。如果觉得 Office 或 WPS 里面附带的模板不能满足需要，可以自己设计或从互联网上下载。可加一点小小的花边，或插入学校 logo 等，使幻灯增加色彩。

文字：切忌把毕业论文 Word 文档中的整段文字粘贴到幻灯片内；文本框内的文字，一般不必用完整的句子表达，尽量用提示性文字，避免大量文字的堆砌，做到在很短时间内让答辩现场内的人看完，且不觉得吃力；文字在一张幻灯片内要比例适宜，避免缩在半张幻灯片内，也不要"顶天立地"，不留边界；幻灯片中的标题一般用 44 号或 40 号字，正文一般用 24～32 号字，一般不要小于 20 号；每页幻灯片上的文字排列，一般一行字数在 20～25 个，不要超过 7 行，更不要超过 10 行；行与行之间、段与段之间要有一定的间距，段间距一般应大于行间距；作为答辩幻灯片，推荐中文字体为宋体，英文字体为 Times New Roman 或 Arial，中文字体建议加粗，也可选择其他字体，但应避免少见字体，如果答辩使用的电脑没有这种字体，既影响答辩情绪也影响幻灯片质量；应选择与背景色有显著差别的字体颜色，但不要以为红色的就是鲜艳的，同时也不宜选择相近的颜色；标题字体的颜色要和文本字体相区别，同一级别的标题要用相同字体颜色和大小；一个句子内尽量使用同一颜色，如果用两种颜色，要在整个幻灯内统一使用。

3. 答辩其他物品和细节准备

答辩前，还需要准备好参加答辩会所需携带的其他用品，如毕业论文底稿、自己的提示词、关键参考资料等。如对论文所涉及的专业理论知识和技术方法等的认识有点模糊，可进行澄清和确认，还需要准备好相关内容以备答辩老师提问。有条件时，在指导老师的帮助下进行预答辩。反复练习必不可少。尚需注意以下细节：事前亲临现场，熟悉现场布置，测试设备（如存放答辩幻灯片的 U 盘/移动硬盘是否在答辩使用的电脑上正常播放；PowerPoint 或 WPS 版本兼容问题等）；熟悉 PPT；练习如何表达，重点和难点如何处理；等等。

三、毕业论文答辩的一般程序

（一）审阅毕业设计（论文）

答辩前一周到一个月，学生需按照毕业设计（论文）要求，完成工作任务，将论文初稿、设计成果等相关材料交指导老师审阅，指导教师给出修改意见，学生在导师指导下对毕业设计（论文）进行修改。完成修改后，指导教师写出评语和评分。

答辩学生还需完成学生毕业设计（论文）学术不端行为的检测工作，符合要求方可参加答辩。

软件设计类、装置制作类、作品设计类课题可组织答辩小组验收，未达到毕业设计（论文）规定者不能参加答辩。

（二）评阅毕业设计（论文），审查答辩资格

答辩前一周到两周，评阅教师需在答辩前完成毕业设计（论文）评阅，给出意见和成绩。评阅人在评语中应表明该毕业设计（论文）能否参加答辩。指导教师不能评阅自己指导学生的论文。

答辩前几日，答辩委员会根据指导教师、评阅教师的意见和验收结果，审查学生的答辩资格，确定并公布答辩小组人员及学生分组名单、答辩时间及地点。

答辩前，学生应将毕业设计（论文）定稿提交给答辩小组秘书。

（三）答辩程序

1. **学生陈述**

由学生结合幻灯片介绍毕业设计（论文）主要内容，时间一般为 10~20 分钟。

开场白是整个论文答辩的正式开始，它可以吸引注意力、建立可信性、预告答辩的意图和主要内容。好的开始是成功的一半，良好的开场白应做到：切合主题、引起注意、展示自信。应避免负面开头，如"我今天比较匆忙，没有好好准备……"，这既不能体现对答辩委员会专家的尊重，也是个人自信不足的表现。牢记谦虚谨慎是我国的传统美德，但是谦虚并非不自信。同时也要避免自我表现，过度地表现，会引起答辩委员会专家的反感。

报告结束前一定要进行致谢。导师为学生的成长付出了很多心血，在答辩这种关键时刻，对导师表示正式而真诚的感谢，体现了对导师的尊重。同时应当说明汇报结束，欢迎各位专家的提问，使答辩工作顺利进入下一环节。

2. **答辩小组提问与答辩**

在答辩学生自述之后，答辩小组对毕业设计（论文）中的问题进行提问，考核学生独立解决问题的能力，对专业基本理论、基本知识的掌握与运用能力，课题基本设计和实验技术与方法的科学性、合理性以及表达能力，时间为 5~10 分钟。

此环节一般采取答辩老师提问,答辩学生当场进行回答的方式。这是一个相互交流的过程,有问有答,是毕业论文答辩中相对灵活的环节。

答辩委员会专家或答辩小组成员提出的问题可能包括:论文中需要进一步说明的问题;论文所涉及的有关基本理论、知识和技能的掌握情况;考查学生综合素质的有关问题;论文书写和图表的规范性;数据来源的可靠性和分析方法的准确性;对论文提到的重要参考文献的阅读情况以及有争议的问题的探讨等等。答辩老师提问的重点通常会集中在让答辩学生对关键问题进行详细深入的阐述,或者是让答辩学生解释清楚自述中未讲明白的地方。有时答辩老师还会问一些判断类的题目,或者是故意以错误的观点提问,从各个角度对学生进行考查。

在整个提问与答辩的过程中,答辩学生要保持头脑清醒,注意力高度集中,仔细聆听答辩教师的问题,然后经过缜密的思考,组织好语言,回答问题时力争条理清晰、完整全面、重点突出。应该尊重答辩小组的老师,言行举止要讲文明、有礼貌,尤其是在答辩老师提出的问题难以回答,或答辩老师的观点与自己的观点相左时,更应该注意。不管答辩老师提问妥当与否,都要耐心倾听,不要随便打断别人的问话。如果没有听清楚问题,可以请答辩老师再重复一遍提问的问题。如果对问题中有些概念不太理解,可以请提问老师做些解释,最好把自己对问题的理解说出来,并问清是不是这个意思,等得到肯定的答复后再作回答,切忌未弄清题意就匆忙作答。答辩学生对提问的问题确实不会回答时,不要强词夺理,应实事求是地讲明,并表示今后一定认真研究这个问题,时刻表现出对答辩老师的尊重和感谢。如果不太有把握,应尽可能回答,答辩老师通常会引导和启发切入正题。对有些难的或非本专业的问题答不上来情有可原,但如果所有问题都答不上来,一问三不知就不正常了。答辩结束,学生要从容、有礼貌地退场。

答辩秘书在答辩现场,会将提问与回答情况汇总在答辩情况记录表中。在每个学生答辩结束后,答辩委员会或答辩小组的每位老师会根据该生毕业设计(论文)的完成情况、质量和水平,基本知识、基本理论、基本技能的掌握和运用,独立工作能力,工作量大小和工作态度,现场答辩情况等综合因素,对学生毕业设计(论文)进行评分。

答辩学生在答辩过程中或结束后的当场不要询问毕业论文答辩成绩,这既是对答辩老师的礼貌问题,也可避免影响其他答辩同学的答辩。如果答辩学生对最终宣布的毕业论文答辩成绩有意见,可以向上级反映或提交书面意见。

3. 答辩成绩的评定

答辩会结束后,答辩秘书将答辩小组教师对各个答辩学生的成绩汇总处理后,提交答辩小组讨论。答辩小组针对学生答辩情况,写出答辩意见,并拟定答辩成绩和评语。随后,答辩情况记录表和答辩成绩评定表等材料将上交给答辩委员会。

二维码 10-2
扫一扫可见本科生毕业设计答辩成绩评定表

答辩成绩一般由指导教师、评阅教师、现场答辩三方面给出成绩进行综合评定。如果学生的答辩成绩不及格,则毕业设计(论文)的成绩也为不及格,可见毕业论文的写作和答辩都十分重要,两者都不可偏废。

4. 答辩成绩和结果的确认

答辩小组提交的答辩成绩评定表将交答辩委员会审定,审定通过后即表明通过了答辩。

第二节 学术论文发表

作者撰写学术论文的目的在于发表,使自己的劳动成果能得到同行专家和社会的认可,同时,学术论文作为学术信息,在刊物上发表有利于信息的交流,推动科学技术的进步。学术论文发表的第一步就是进行投稿,它是作者将自己享有著作权的、未发表的学术论文作品投寄给报纸杂志社,并希望被采用的行为。

一、投稿前的准备

在作者投稿前,需要根据稿件的内容进行一些前期准备。

(1) 了解与自己所写稿件专业方向相吻合的相关刊物。作者投稿前要弄清楚自己的专业领域有哪些学术期刊,论文是否在这些学术期刊的学科范围内。

(2) 了解其征稿范围、栏目、投稿方式、投稿格式、有无版面费、投稿时效期等。可查找本专业、本学科的一些期刊网站,通过阅读这些期刊的"投稿指南"(或称为"投稿须知"或"投稿启事")和论文样例,详细了解该刊物的登载范围、栏目设置、论文格式、著作权规定等方面的具体要求和说明。

二维码 10-3
扫一扫可见
投稿须知范例

(3) 按照拟投期刊的要求,对稿件的字体、字号、中英文摘要长度、关键词数量、参考文献引用和著录格式等进行认真修改,以达到所投期刊的具体要求。

(4) 按照网站或编辑部要求的步骤,逐一添加或上传各个部分,向编辑部说明所投稿件的创新性、意义或其他需要说明的问题。

二、学术论文投稿的方式

(一) 网上投稿系统

目前大多数学术期刊通过网上投稿系统进行投稿,一般先要申请一个投稿账号,然后按照网站投稿的步骤,将标题、摘要、正文、图片、表格等内容上传到相应的位置,然后进行预览,最后点击确定,投稿即可完成。

如果是第一次投稿,作者注册时要用实名注册,按注册提示信息一步步完成。如已注册过,则直接登录。登录成功后,按照官网投稿的具体要求即可完成投稿。

(二) 电子邮件(E-mail)

一些杂志目前还没有建立自己的投稿网站,因此,仍然采用电子邮件(E-mail)的投稿方式。在投稿前,作者需要查找到拟投稿的编辑部的办公邮箱地址,将稿件以附件的方式上传添加到邮箱,编辑部以接收到的附件作为审阅的正式稿件。

三、防止误投稿的方法

网上投稿时,需要核实期刊的官方网址。在百度中检索期刊名时,官方地址常有"官方"

标记。由于一些期刊没有单独的网站和网页,因此,常会遇到找不到期刊官方网址,甚至投到假网站的情况。为此,很多期刊官网都发布了防诈骗提醒,如图10-1所示。

防诈骗提醒

各位读者和作者朋友:

近期有不法分子利用微信冒充《植物资源与环境学报》编辑部工作人员,提出可联系其本人发表文章。本刊在此声明,编辑部从未通过个人账户添加微信好友,请大家提高警惕,谨防受骗。

本刊只接受官网投稿,投稿网址:http://zwzy.cnbg.net;
QQ:2219161478;联系电话:025-84347014。

《植物资源与环境学报》编辑部
2021年8月17日

图10-1 期刊的防诈骗提醒

可通过以下途径来查找期刊官方的投稿方式,避免误投稿。

1. 通过主办方官网

搜索期刊"主办单位"先找到主办方官网,再找到期刊投稿信息。

2. 通过期刊微信公众号

一些期刊开通了微信公众号,可通过关注公众号、登录绑定后进行投稿。

3. 通过外部期刊网站

可在中国知网的"出版物检索"中检索要投稿的期刊名称,在目标期刊的页面上点击"投稿"按钮。但有些期刊并未入住中国知网的采编服务平台,因此点击投稿时会出现如图10-2提示。

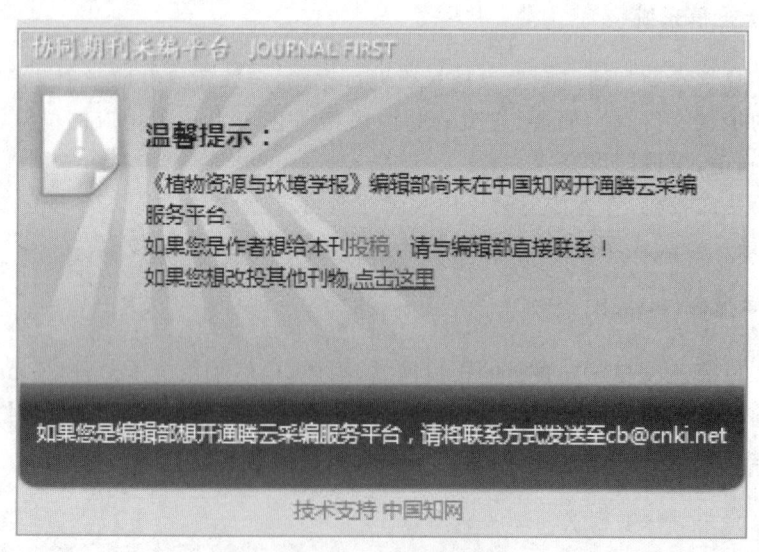

协同期刊采编平台 JOURNAL FIRST

温馨提示:

《植物资源与环境学报》编辑部尚未在中国知网开通腾云采编服务平台。
如果您是作者想给本刊投稿,请与编辑部直接联系!
如果您想改投其他刊物,点击这里

如果您是编辑部想开通腾云采编服务平台,请将联系方式发送至cb@cnki.net

技术支持 中国知网

图10-2 投稿提示

此时，可从万维书刊网 http://www.eshukan.com 中查找要投稿的期刊。

以《工业微生物》期刊为例，在百度中以"工业微生物期刊官网"为检索词检索后，结果中大多为广告网页，非该期刊的官网，如图 10-3 所示。

图 10-3　杂志搜索结果页面

其中的广告网页上有链接的投稿页面，很容易被误认为是期刊投稿平台而误投（如图 10-4）。

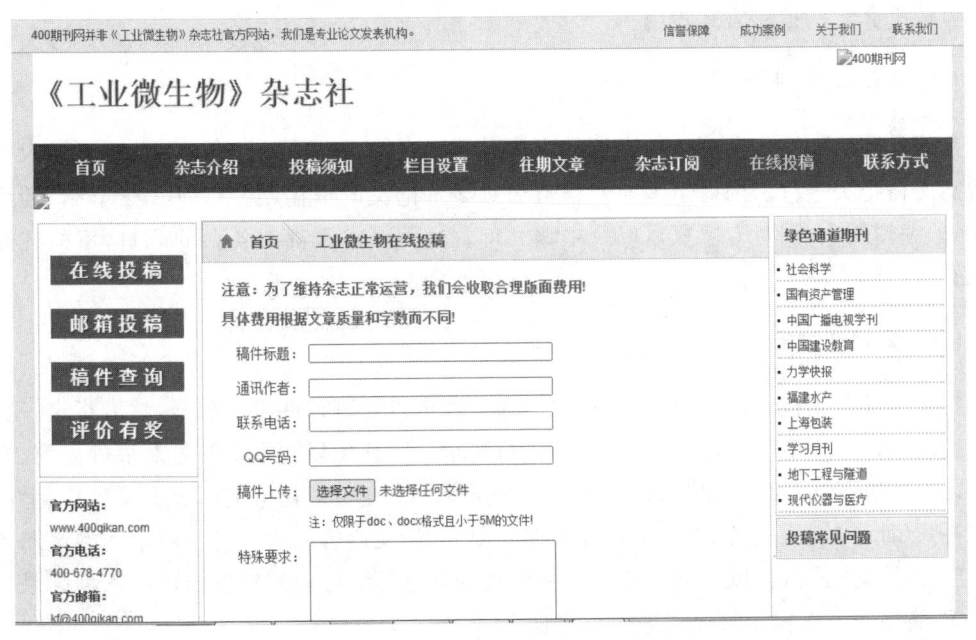

图 10-4　非官方期刊投稿平台

若在万维网中输入"工业微生物"的期刊名检索后,会得到如下提示,并找到官方的投稿邮箱(如图10-5)。

《工业微生物》声明
【2020年04期信息】

近期发现网上有虚假的"工业微生物杂志"的网站和网页进行在线投稿系列服务等欺诈行为。为此,《工业微生物》编辑部特此声明:本刊未设《工业微生物》单独网站和网页,只在上海工微所科技有限公司(原上海市工业微生物研究所)网页http://www.gsy-siim.com/中有《工业微生物》期刊的介绍和最新目次,并有编辑部联系邮箱(gywsw@qq.com;gywsw@gsy-siim.com)、投稿须知及期刊征订等事项,敬请关注《工业微生物》期刊的作者和读者们注意防范,不要随便透漏您的个人信息。

特别提示:任何款项来往均通过上海工微所科技有限公司对外账户,凡是要求向个人银行卡账号支付的,均涉嫌诈骗!如有被骗的情况,请告知编辑部,本刊将依法追究侵权者的法律责任。

《工业微生物》编辑部

图10-5 杂志官方投稿页面

4. 通过防诈骗提醒公告

期刊的防诈骗提醒公告中常包含有期刊官方的投稿网址、电话和编辑部邮箱等信息,投稿者可依据其中的投稿方式投稿。

四、审稿及其流程

审稿是编辑部对作者的稿件进行的审核和评阅工作,是编辑工作的关键,是对所投稿件质量的严格把关过程。国内学术期刊编辑部对学术论文的审稿,普遍采用"三审制"的运作模式,即编辑初审、同行专家复审以及主编终审。每一个审级都有各自的职责,审稿的侧重点也有所不同。

(一) 编辑部初审

在编辑部收到稿件后,会自动生成或向通信作者发送稿件的唯一稿号,然后指定一名编辑负责该稿件,由该责任编辑负责对稿件进行初审。责任编辑初审主要是对稿件内容、质量和发表价值进行初步评价和判断,并决定是否送交专家复审。初审的内容主要包括:上传稿件的格式(如字数、图表格式等)是否符合期刊要求,论文内容和水平是否基本达到该期刊水平,英文撰写是否合格,以及稿件有无一稿多投的问题等。一般编辑部初审有三种结果:

① 稿件送至审稿专家接受进一步审理。

② 初审时直接淘汰被拒稿。被拒绝的原因是多方面的,如论文水平未达到期刊要求、

论文研究内容不符合期刊的办刊宗旨和范围。随着论文投稿数量的增多,稿件被拒的比例也随之升高,尤其是高水平的期刊,编辑初审时被拒的比例也相对偏高。被拒后,作者可以根据对应的原因,决定修改后重新投稿或改投其他期刊。

③ 稿件需要修改。如果编辑部发现论文存在一些问题,如论文格式与编辑部要求不符、图表格式不对、参考文献著录格式不规范等,编辑部会将稿件返回作者进行修改,一般会向作者说明需要修改的地方和注意事项。作者按照其要求修改后,需要将修改后的稿件重新上传至投稿系统。初审一般需要一周到一个月。

(二) 稿件送至审稿专家

编辑部初审后,稿件会送给2~4名审稿专家审阅,期刊的审稿人一般是专业领域的专家和学术带头人,杂志会综合考虑多个因素选择最佳的审稿专家,有的期刊会要求作者向编辑部推荐合适的审稿人并提出需要回避的专家人选。审稿专家主要对稿件的科学性、创新性和学术性进行审核,对稿件是否达到该期刊的发表水平提出意见。一般专家审稿意见有四种:

① 直接发表;
② 小修;
③ 大修;
④ 拒稿。

审稿专家的工作态度大多极其认真,且学术水平较高,与所审稿件的专业领域相同或相近,因此,往往能提出高屋建瓴的修改意见,对稿件中存在的问题也会直击要害。因此,审稿专家的意见基本上影响编辑部做出的决定,从而影响稿件的命运。

(三) 编辑部初审意见

当编辑部收到专家审稿意见后,会汇总两位或三位审稿专家的意见,经过与副主编或主编商议后,做出进一步决定。初审意见主要有以下四种:

① 直接发表;
② 修改后发表:修改后由责任编辑审核后进行终审;
③ 修改后重审:修改后再提交给一位或两位专家重审;
④ 拒稿。

从稿件送审到做出初审决定,一般需要三个月到半年的时间。

(四) 作者修改

对上述第二和第三种意见,作者必须根据审稿专家和编辑部的审稿意见,对稿件进行认真修改,并附上修改说明。编辑部一般会给作者一到两个月的时间,进行修改。作者在此期间也可自动放弃进一步修改,进行撤稿处理。

(五) 编辑部终审

当作者将修改稿和修改意见返回到编辑部后,责任编辑会进行再审。这个过程主要审核作者是否按照专家的审稿意见和编辑部的要求对稿件进行了认真修改,是否回答了专家提出的问题,是否对稿件的修改之处进行了说明。如果责任编辑审核通过后,可提交到编辑部,由副主编或主编等做出终审意见。

(六) 接收

通过审核后期刊编辑部会接收文稿,给作者发接收通知,并会具体标明文章在该刊物发表的月份和刊次。

(七) 发表

被接受的稿件,编辑会进行加工、排版校对(包括让作者校对),最后正式出版。

文稿投到编辑部后的基本处理过程总结如下。

投稿→登记→编辑初审→专家审查→审稿意见→作者修改→编辑审定→编委会→定稿
(约稿)　　　　↓　　　　　↓　　　　↓　　　　↓　　　↓
　　　　　　　退稿　　　　退稿　　　放弃　　　退稿　　退稿

二维码 10-4
扫一扫可见
论文审稿及修改范例

思考题

1. 谈谈你对毕业论文答辩必要性的认识。
2. 如何做好毕业论文答辩前的各项准备?
3. 为什么答辩学生要了解毕业论文答辩的一般程序?
4. 毕业论文答辩容易出现哪些方面的问题?
5. 投稿时如何选择合适的学术期刊?

第十一章 学位论文内容索引编制

索引是深刻揭示学术内容的工具,是一种重要的学术方法,也是基本的学术规范组成要素。为学位论文编制内容索引,使用符合学术规范的术语词汇对学位论文中的观点、理论、技术、方法、材料、应用等主题进行标引,特别是对学位论文创新内容和创新知识的标引,有利于学位论文创新成果的检索、利用和传播,也有利于评阅者快速精准判断学位论文的学术规范程度和创新有效性,提高评阅质量和效率。

第一节 学位论文内容索引概述

一、索引的相关概念

索引:由一系列索引款目及参照组成,指向文献或文献集合中的概念、语词及其他项目等的信息检索工具。索引款目不按照文献或文献集合自身的次序排列,而是按照字顺或其他可检的顺序编排。

索引款目:对某一文献或文献集合的主题内容、涉及事项或外部特征加以描述的记录,是索引的基本单元。款目由标目、注释、副标目及出处组成,部分索引款目还带有附加信息。

索引标目:也称为标引词,用来表示文献或文献集合中的某一概念或事项,并决定索引款目排列位置的词语。

索引出处:又称索引地址,跟随于标目或副标目之后,指明索引标目或副标目所识别的某一概念或事项在文献或文献集合中的具体位置,如页码、区段、文献号或条目编号等。

主题索引:是指以文献主题或主题因素为标目、提供内容检索途径的索引。

综合索引:将全部索引款目统一排列在一起组成的索引称为综合索引。

专题索引:指为某一特定人、事、物编制的,且索引款目属性较为单一的索引,称为专题索引,也称专门索引或专有名称索引、专有名词索引。只含有一种索引款目的单一索引以其所包含的索引项种类命名,例如仅以人名款目编成的索引称为人名索引,仅包含植物名款目的称为植物索引。

标引:指根据文献特征和索引编制要求,选择、标记、抽取并引出文献中的主题、概念,文献中关键信息的语词,以及为文献内容信息进行赋词操作的过程。

学位论文内容索引:为学位论文编制的用以检索论文内容的主题、概念、术语以及其他重要信息的索引,简称学位论文索引。

学位论文创新内容索引:以表述学位论文创新内容的词汇为标目的索引。将一篇学位论文中的所有创新词汇款目集中起来并按照一定顺序编排起来（一般按照标目的字顺排序，汉字标目按照标目汉字的汉语拼音排列），就形成一份学位论文的创新内容词汇索引，是一种便于用户查找语词在原文中对应内容的工具，也称为创新语词索引，简称创新索引。

二、学位论文索引的功用

学位论文内容索引可以向用户提供多种有效的信息检索手段，是一种开发利用学位论文文献资源的重要工具。其功用主要有：(1)揭示论文内容，揭示学位论文内容中所包含的各种主题及创新点；(2)检索论文信息，帮助用户浏览、查询论文内容及有关信息；(3)改进论文质量，有助于学位论文评阅和质量改进；(4)辅助学术研究，通过索引词的语义关联和统计分析辅助学术研究。

第二节 学位论文内容索引的编制方法

一、学位论文内容索引的结构

学位论文的索引基本结构为"标目＋出处"，标目以文中重点论述、具有检索意义的实词表示，出处以标目所在的页码表示。学位论文索引的出处通常以标目所在页码的阿拉伯数字标示。标目与页码之间可以半角分号";"或全角逗号"，"隔开；同一标目有多个出处时，不同的出处按数值从小到大的顺序接续标注，中间以半角逗号","隔开。

示例：

仿真实例；53,74,81
分解算法；23,41
附加异常值模；69

二、学位论文内容索引的标引

(一) 标引

标引是制作索引款目的最重要步骤，也是决定索引质量的关键一环。索引标目是索引款目的识别部分，用以识别论文内容的概念和特征。它往往决定索引的性质和类型，并直接影响索引的质量和使用效果。索引标目的选择应符合索引编制和出版的目的，为满足用户需求，标目词应尽可能专指；识别同一概念或特征的索引标目，应该前后一致地用同一个词语，同时也可以为该词语的同义词或替换词添加注释或说明。为发挥索引的作用，实际编制索引时以标引出有实质检索意义的标目为主。

学位论文索引的出处，以标目词所在论文原文页码的阿拉伯数字表示。

(二) 学位论文索引标引范围

学位论文的正文内容是索引的重点标引对象，一般从绪论开始，到结语为止。学位论文中的重点论述内容是主题索引的主要标引对象,一般描述内容或简单提及内容可不予标引。篇幅较长、内容重要等有实质性检索意义的附录也可以编制索引。

学位论文一般都编制有图表目录,如果需要,可编制图表主题语词索引。封面、版权声明、诚信承诺、题名、目录、摘要、参考文献、致谢等部分不予标引。

三、主题标引

学位论文主要编制主题索引。主题标引尽量采用学位论文原文中使用的词汇,以原文中重点论述、具有检索价值的关键词进行选择性标引。

示例:
  孤波;2
  孤子;2
  反散射方法;2

示例:
  信任投资行为;115
  GSS 信任指数;115
  公共品博弈实验;115
  边际个体回报;115
  搭便车策略;115

四、专有名称标引

学位论文一般编制综合主题索引,但是有些还可以根据学科特点和体裁类型编制专题索引。例如人文社会科学类的学位论文可以编制人名、地名、文献名索引;生命科学类的学位论文可以编制动、植物和微生物名称索引;化学化工类的学位论文可以编制化学物质索引;医学类的学位论文可以编制疾病名称、方剂名称、药品名称索引等等;机械工程类的学位论文可以编制行业技术名称索引、产品标准索引;图表内容很多的学位论文还可以编制图片和表格索引等。

(一) 人名标引

学位论文内容索引要选择具有实质性检索意义的人名进行标引。

人文社会科学和部分科技类学位论文中人名出现较多,但不一定都有重点论述。作者可根据论文研究的目的和人名检索的必要性来确定某个人名是否需要标引。

一般以人名的惯用形式(惯用名)为标目,以便利用户查找。如果在原文中用法不一,则选择其中的一种形式作为标目,以其他人名形式作为标目注释。选择人名形式时,应考虑姓名的正式化问题。

人名在多处有论述时,可多次标引。

人名标引方法详见 GB/T 22466—2008 中"7.4.1 人名"标目标引的相关内容。

示例：
  伽利略；1
  沃尔兹森；2
  弗雷；2
  麦耶；3
  魁若兹；3
  Bruce Campbell；158
  Gordon Walker；158
  Stephenson；158

示例：
  顾炎武；2
  冯贞群；20
  方以智；117
  邓贵忠；118
  傅伯成；134
  邓淳；143
  葛洪；148

（二）地名标引

以地名为标目，出处以地名在学位论文中的页码标示。地名在多处有实质性论述时，可多次标引。

示例：
  河姆渡遗址；2
  半坡遗址；2
  大汶口遗址；2
  南通博物苑；13
  海牙（荷兰）；13

示例：
  南极洲；2
  华沙；3
  长沙；7
  武汉；7
  上海；7

示例：
  京口；22
  雁门；22
  宛平；24
  雁门；24
  镇江；24
  燕山；25
  建昌；25

(三) 文献名标引

以文献名为标目，出处以文献名在学位论文中的页码标示。文献名在多处有实质性论述时，可多次标引。

示例：
  The Ecology of Invasions by Animals and Plants；5
  《物种起源》；7

示例：
  《本草崇原》；1
  《胎胪药录》；1
  《幼科要略》；2
  《医宗金鉴》；5
  《温热论》；5
  《古今图书集成》；5
  《本草经解》；6
  《古今医案按》；6
  《叶氏医案存真》；7

示例：
  《授时通考》；1
  《齐民要术》；3
  《耒耜经》；3
  《农政全书》；62
  《农政全书》；63
  《农政全书》；64
  《农政全书》；65
  《王祯农书》；66
  《耒耜经》；66

(四) 机构名标引

示例：
  美国国防高级研究计划局(DARPA);2
  卡耐基梅隆大学;2
  麻省理工大学;2
  欧盟信息社会技术署(IST);3
  利帕尔玛大学;3

(五) 各学科学位论文主题及专有名称标引

1. 数学

数学学位论文研究数量、结构、变化、空间以及信息，表述这些研究内容的具有实质性检索价值的语词，属于本学科学位论文的主要标引对象，相关的主题关键词、公式都可标引，公式一般选取公式名称关键词为标目。

示例：
  驻定零曲率方程;16
  Lenard 方程;16
  Laurent 展式;16

2. 物理学

物理学学位论文研究物质、能量、空间、时间，以及它们各自的性质与彼此之间的相互关系，表述这些研究内容的具有实质性检索价值的语词，属于本学科学位论文的主要标引对象，相关的主题关键词、公式、定理都可标引，公式、定理一般选取公式名称关键词和定理名称关键词为标目。

示例：
  量子 Zeno 近似加速;108
  有效哈密顿量;108

3. 化学

化学学位论文研究物质变化，表述这些研究内容的具有实质性检索价值的语词，属于本学科学位论文的主要标引对象，相关的主题关键词、化学分子式等都可以标引，论文中的化学物质分子式会比较多，分子式一般选取分子式的名称关键词为标目。

示例：
  甲烷消耗速率;35
  甲烷在催化剂上的反应速率;35
  类钙钛矿型催化剂*;35
  甲烷/氧气摩尔比反应活性(图);35

4. 生物学

生物学学位论文主要研究植物、动物、微生物和人体的知识,表述这些研究内容的具有实质性检索价值的语词,属于本学科学位论文的主要标引对象,相关的主题关键词、动植物和微生物物种名称等专有名称以及生物实验等都可标引。

示例:
    激酶自磷酸化反应动力学 * ;172
    磷酸化酶-ATP 二元复合物;173
    活性酶唯一底物(图);173

示例:
    花粉管核 DNA 荧光标记;35
    细胞色素;35
    花粉萌发率(图 4-1);35
    ATP;35

示例:
    马樱丹(*Lantana camara*);2
    葱芥(*Alliaria mtiolata*);8
    乌桕(*Triadica sebifera*);11

5. 工学

工学学位论文主要研究应用技术和工艺,表述这些研究内容的具有实质性检索价值的语词,属于本学科学位论文的主要标引对象,相关的重要主题关键词等都可标引。

示例:
    Talos 威胁模型;89
    云计算应用;89
    虚拟机监控器;89
    操作系统不可信性;89
    计算服务隐私性;89
    CHAOS 系统;89
    行为约束层;89
    CHAOS 逻辑(图);90

示例:
    车载传感器;9
    百度汽车大脑;12
    百度无人驾驶汽车;12
    创新扩散理论;23

当前路况信息;47
导航信息;45,46
倒车界面;59
调头界面;59
超车界面;60
让道界面;60
变道界面;61

示例:
硫化镉多晶薄膜电池;3
纳米晶太阳能电池;3
砷化镓(GaAs)Ⅲ-Ⅴ化合物电池;3
烧管;6
区熔法;9
熔体生长法;9
溶液生长法;10

6. 农学

农学是研究与农作物生产相关领域的科学,包括作物生长发育规律及其与外界环境条件的关系、病虫害防治、土壤与营养、种植制度、遗传育种等领域,表述这些研究内容的具有实质性检索价值的语词,属于本学科学位论文的主要标引对象,相关的主题关键词等专有名称以及实验等都可标引。

示例:
斯卑尔脱小麦;3
顶芒山羊草;3
黑麦;3
野生二粒小麦;3
偏凸山羊草和节节麦;3
偃麦草属;3
山羊草属;3
赖草属;3

7. 医学

医学,是通过科学或技术手段处理生命的各种疾病或病变的学科,从生理解剖、分子遗传、生化物理等层面来处理人体疾病,促进病患恢复健康。医学学位论文研究应用生化、生理、解剖、病理学、药理学、统计学、微生物学、流行病学等医学的理论和实践的验证,表述这些研究内容的具有实质性检索价值的语词,属于本学科学位论文的主要标引对象,相关的主题关键词、专有名称、药名、方剂名、疾病名、治疗方法、医学文献以及实验等都可标引。

示例：
ACE2 抗 AS 的实现 *;160
ACE2 抗 AS 信号通路 *;160
Ang—(1—7)抗 AS 的实现 *;160
Ang-Ⅱ和 Ang—(1·7)信号通路交互 *;160

示例：
萆薢酒 4
复方芪麝片;9
黄芪;9
川芎;9
白术;10
甘草干姜汤;10
当归;10
杜仲;10
桂附杜仲汤;14
萆薢散;15
萆薢汤;15
萆薢丸;15

示例：
腰痛病名;11
风湿腰痛;11
风腰脚疼痛;11
久腰痛;11
暨腰痛;12
肾主腰痛;12

示例：
《黄帝内经》;8
《丹溪治法心要》;15
《滇南本草》;15
《和剂局方》;15
《本草衍义》;40

五、图表标引

学位论文常常附有图或表格(统称图表)。图表索引款目以概括图表内容的关键词为标目，以图表所在的页码为出处。标目可以与图表名称相同或部分相同。图表索引款目与主题款目混合排列时,可以在标目中标注"(图)""(表)"等字样加以注释的方式说明该标目是图或表的标目。

示例:
  液基细胞学(图);7
  醋酸染色法(图);8
  碘染色法(图);8
  杂交捕获(图);9
  CIN2+灵敏度(图);17
  CIN2+特异度(图);17
  液基细胞学灵敏度(图);17
  液基细胞学特异度(图);17

示例是某学位论文中部分图照名关键词的标引结果。

示例:
  Pooled 分析(表);13
  Pooled 分析人口学特征(表);15
  液基细胞学诊断(表);16
  液基细胞学阳性率(表);16
  CIN2+病变筛查(表);17

示例是某学位论文中部分表格关键词的标引结果。

六、学位论文内容索引的排序

学位论文内容索引按标目排序,标目为汉字的按汉语拼音音序排列,标目为外文的按外文单词排列,标目为数字的按数值从小到大的顺序排列。

标目中的标点符号,如"()""[]"":""/""\""?"等,不参与标目语词的排序,即无论有无标点符号,都优先按照标目语词排序,语词相同的集中在一起,再按标点符号加以区分。

(一) 拼音排序

学位论文索引主要采用汉语拼音音序排序方式,可以但不建议采用笔画笔形排序和四角号码等其他排序方式。古典文献学、古籍整理等特定学科专业的学位论文可以在汉语拼音音序作为主要排序方式的基础上,按照其他排序方式再行排序。

示例:
  胞外聚合物(EPS);16
  饱和度 S;18
  泵送注射成型;45
  边界条件;116
  不连续无压成型;45

(二) 字母排序

索引标目中若包含非汉字字符,如数字、拉丁字母、希腊字母等,均按照它们在编码字符集中的单词顺序排列。

(三) 数字排序

索引标目若由数字或字母构成,按数字和字母自然顺序或按数字所表示的数值从小到大排列。

示例:
　　"11"体系;4
　　60Co γ 射线各向异性温度;12
　　"122"体系;26

七、学位论文索引编制简明流程

(1) 选取索引词(标目);
(2) 标注页码(出处);
(3) 核对(排序前);
(4) 排序;
(5) 返查(排序后);
(6) 标注助检符号;
(7) 排版。

第三节　学位论文创新内容索引的编制

中国国家标准 GB/T 7713.1—2006《学位论文编写规则》对学位论文的质量和创新有明确要求。博士学位论文表明作者在本门学科上掌握了坚实宽广的基础理论和系统深入的专门知识,在科学和专门技术上做出了创造性的成果,并具有独立从事创新科学研究工作或独立承担专门技术开发工作的能力。硕士学位论文表明作者在本门学科上掌握了坚实的基础理论和系统的专业知识,对所研究课题有新的见解,并具有从事科学研究工作或独立承担专门技术工作的能力。

编制学位论文的创新内容索引,有利于促进学位论文创新,也有利于提升学位论文质量。

一、创新内容的标引

学位论文创新内容的标引,通过对表述学位论文创造性成果或创新性见解的标记而实现。学位论文中用于描述其创新内容的词汇,包括概念、术语、符号、公式、定理、动作以及其他专有名称等,也包括创新点。

创新内容的标目从学位论文中的绪论、结论及有关部分选取,标目用词不应过于宽泛,应选用专指度较高的词组。

创新性是学位论文的重要特征,用星号"＊"、加粗、附文等方式,对学位论文中表达创新内容的创新词汇进行突出标引。

以下示例中,带有括号和星号并加粗的"××＊"款目,就是创新索引款目。

示例:
  非晶多形态;42
  金属玻璃中非晶多形态;42
  柿基金属玻璃模型＊;42
  新材料合成;42

上例中的"柿基金属玻璃模型＊;42"为创新索引款目。

示例:
  中文信息处理技术;2
  主题索引;66
  子串比较＊;75
  自动编纂;5
  自动标引;86

上例中的"子串比较＊;75"为创新索引款目。

示例:
  壳聚糖凝胶;23
  羟乙基异丁烯酸＊;23
  己酸内酯纤维丝;23
  壳多糖;26
  壳聚糖;26
  海藻酸盐;27
  透明质酸;27

上例中的"羟乙基异丁烯酸＊;23"为创新索引款目。

示例:
  回纥人(回鹘人,族属考)＊;31
  冒姓萨(姓氏考)＊;24
  世家考＊;26
  元成宗大德十一年(1307,生年考)＊;9
  至正十九年后(1359,卒年考)＊;10,18

上例为创新索引款目。

涉及研究对象、材料、过程、技术、方法、工具等复杂创新内容时,必要时可在索引款目末尾添加附文,对标目加以简短说明。附文另起一行,缩格,用楷体,见示例。

示例:

萨都剌生年考(1307)*,9

萨都剌生年为元成宗大德十一年(1307),萨龙光等人关于萨都剌生年考证的种种说法是错误的。

示例:

飞机草无融合生殖特性*,5

飞机草的生殖方式为无融合生殖,属于配子体无融合生殖过程中的二倍体孢子生殖。

二、创新索引的排序

(一) 分散排序

把创新词汇款目与主题款目混合在一起,统一排序。

(二) 集中排序

把所有的创新词汇款目提取出来,独立成组进行排序,并且集中排在索引开头的位置,还可以把创新词汇款目中说明创新词汇性质等内容的注释文字置于款目的开头位置与原款目进行轮排。

(三) 集中—分散排序

在创新索引款目集中排序的同时,也进行分散排序。采用这种排序方法,通过创新索引词汇款目和主题索引款目都可以检索到原文中的创新内容。

创新词汇款目可以分散排序,也可以集中排序,建议采用第三种"集中—分散排序",但是切记,创新索引款目都需要标注星号"*"并加粗。

示例:

索　引

创新索引

……

SEG 分词系统*;68

标点规则库*;51

并行分词法*;62

断句标点规则库*;51

古籍自动标点*;5

……

主题索引

......
CDWb;62,68
Ji-Hwan Kim;32
Jones Bernard;32
NLPfin;68
N元语法;8,70,71
Paul Bruthiaux;32
Philip C. loodland;32
SEGTAG;68
SEG分词系统*;68
Unicode;93
VBScript;52
Visual Foxpro;93
......

B

《跋淳熙九经后》;17
本体;5,6,87
比较句;45
标点规则库*;51
并行分词法*;62

C

《茶录》;37
《茶疏》;37
陈景;21
陈郁夫;32
陈振铎;35
程毂中;2
词频比值;75
词频等级;75

D,F

断句标点规则库*;51
反义复合词;41
《氾胜之书》;37
......
《复淮故道图说》;29

G

古籍数字化;3
古籍智能化;3
古籍自动标点*;5
古籍词库;85
......

第四节　学位论文内容索引平台的应用

索引编纂包括标引和排序两个环节。标引是指在原文中选取有检索意义的主题词,并在其后附上页码;排序是指把索引标目按拼音或笔画进行排序、合并相同标目,并把其后的页码按顺序依次接续。索引软件首先实现标引自动化,具体来说就是把标引的过程变为扫描过程,光标扫过主题词就可完成索引标目的标引且自动添加页码;其次是实现排序自动化,并导出完整的索引文件。

二维码 11-1

☞扫一扫可见标引、拼音排序、格式检查录屏

索引平台主要由三个部分组成,分别是标引、拼音排序、格式检查。三个部分的使用方法分别介绍,详见二维码11-1。

索引标引的网址是:http://www.cane.ac.cn/login.html

拼音排序的网址是:http://139.196.174.252:8080/pysort2/upfile

格式检查的网址是:http://139.196.174.252:8080/pysort3/checkfile/upfile

思考题

一、概念题

1. 什么是学位论文索引?
2. 什么是学位论文创新索引?

二、简答题

1. 学位论文索引款目的基本格式?
2. 学位论文索引编制的简明流程?
3. 学位论文索引的主要类型?
4. 标引文档的常见错误?

三、实践题

请应用索引平台编制一份学位论文索引。

参考文献

北京爱琴海乐之技术有限公司.NoteExpress[EB/OL].[2021-10-7].http://www.inoteexpress.com/aegean/index.php/home/ne/.

北京医脉互通公司.医学文献王[EB/OL].[2021-10-7].http://refer.medlive.cn.

毕润成.科学研究方法与论文写作[M].北京:科学出版社,2008.

崔桂友.科技论文写作与论文答辩(食品类专业适用)[M].北京:中国轻工业出版社,2015.

董华.大学毕业论文写作指导[M].北京:中国社会科学出版社,2000.

董金奎.非常规超导体的极低温输运性质研究[D].上海:复旦大学,2011.

董民辉.信息资源检索实用教程[M].北京:海洋出版社,2017:380-383.

杜荣骞.生物统计学[M].4版.北京:高等教育出版社,2014.

段明莲,白光武,陈浩元,等.信息与文献参考文献著录规则:GB/T 7714—2015[S].北京:全国信息与文献标准化技术委员会,2015-05-15.

费希尔,比勒,劳里,等.博士、硕士研究生毕业论文研究与写作[M].徐海乐,钱萌,译.北京:经济管理出版社,2005.

冯明,吕波.计算机基础与应用——Windows 平台与 Office 2010 应用[M].北京:中国水利水电出版社,2015.

冯长根.研究生如何夯实成功科研生涯的基础(Ⅵ)[J].科技导报,2007,25(14):89.

冯长根.怎样指导博士生打下走向成功的坚实基础(6)——如何进行文献和课题的调研[J].科技导报,2011,29(12):83.

冯长根.怎样指导博士生打下走向成功的坚实基础(9)——如何指导学生撰写文献综述[J].科技导报,2011,29(18):83.

郭水良,于晶,陈国奇.生态学数据分析:方法、程序与软件[M].北京:科学出版社,2015.

韩冬,傅兵.文献信息检索与利用[M].北京:清华大学出版社,2014.

郝建华.文献检索与应用[M/OL].西安:西安交通大学出版社.2021.(2021-02-01)[2021-12-01].https://www.mosobooks.cn/ms2/index.php/book/detail/9799690E-4E03-11EA-B5CE-506B4BFF244C.

衡中青,侯汉清.应该为学位论文编制内容索引[J].中国索引,2009(2):31-34.

衡中青,杨光辉,王彦祥,等.地方志索引编制规则:GB/T 36070—2018[S].北京:全国信息与文献标准化技术委员会,2018-03-15.

侯汉清.索引技术和索引标准[M].北京:北京图书馆出版社,1997.

侯汉清.索引编制手册:基于 GB/T 22466—2008 索引编制规则[M].北京:中国标准出版社,2012.

侯汉清,黄秀文,温国强.等.索引编制规则(总则):GB/T 22466—2008[S].北京:全国信息与文献标准化技术委员会,2008-11-03.

花芳.文献检索与利用[M].2版.北京:清华大学出版社,2014.

黄军左.文献检索与科技论文写作[M].2版.北京:中国石化出版社,2013.

霍然,朱平.大学应用写作(精编版)[M].杭州:浙江大学出版社,2013.

来玲,王宏波.信息资源检索与利用[M].3版.大连:东北财经大学出版社,2015.

吉久明,孙济庆.文献检索与知识发现指南[M].上海:华东理工大学出版社,2010.

吉久明,孙济庆.文献检索与知识发现指南[M].3版.上海:华东理工大学出版社,2018.

蒋平.工程力学基础[M].北京:高等教育出版社,2003.

蒋悟生.生物科学文献信息获取与论文写作[M].2版.北京:高等教育出版社,2012.

李达,李玉成,李春艳.SCI论文写解析EndNote/ RefViz/ SPSS/ Origin/ Illustrator综合教程[M].北京:清华大学出版社,2012.

李华.面向知识服务的传统农具数字博物馆设计与构建[D].南京:南京农业大学,2008.

里红杰,陶学恒.文献检索与科技论文写作[M].北京:中国计量出版社,2011.

刘晓华,任廷琦.毕业论文写作导论[M].北京:科学出版社,2004.

柳宏坤,杨祖逵,苏秋侠,等.信息资源检索与利用[M].上海:上海财经大学出版社,2017.

罗爱静,于双成,马路.医学文献信息检索[M].3版.北京:人民卫生出版社,2015.

马三梅,王永飞,孙小武.科技文献检索与利用[M].2版.北京:科学出版社,2014.

马啸驰.本土与入侵生态型乌桕对加拿大一枝黄花化感作用的响应比较研究[D].南京:南京农业大学,2015.

马转铃,杜占江.信息检索与文献利用[M].石家庄:河北大学出版社,2012.

牛继荣,张享玉.电力科学技术论文集[M].呼和浩特:内蒙古人民出版社,2008.

潘芳莲.网络信息资源的组织方式研究[D].郑州:郑州大学,2002.

庞超明,黄弘.试验方案优化设计与数据分析[M].南京:东南大学出版社,2018.

逄伟.低速环境下的智能车无人驾驶技术研究[D].杭州:浙江大学,2015.

钱自强,林大钧,蔡祥兴.大学工程制图[M].上海:华东理工大学出版社,2005.

冉崇善,孙连山.大学计算机基础教程[M].西安:西安电子科技大学出版社,2015.

荣辉.微生物水泥的研制及其胶结机理[D].南京:东南大学,2014.

沈自飞,王元恒.理科类学生毕业论文写作指导[M].杭州:浙江大学出版社,2004.

史国安,范丙友,郭秀璞,等.探索DNA双螺旋结构的竞赛及其创新思维方法的思考[J].生物学通报,2009,44(8):15-19.

苏建华,汪洋.学术搜索引擎的特点及发展趋势——从OJOSE与CNKI知识搜索的比较谈起[J].图书馆学刊,2008,(2):128-130.

孙德山.支持向量机分类与回归方法研究[D].长沙:中南大学,2004.

孙峰,赵智岗.参考文献的常见错误及改正[J].编辑之友,2005(2):71.

孙泽生,毕占天.本科毕业论文写作的要点和技巧——研究准备阶段[J].浙江科技学院学报,2014,26(4):308-313.

王春梅.网络信息检索影响因素及策略研究[J].电子世界,2012(10):6-7.

王立诚.科技文献检索与利用[M].5版.南京:东南大学出版社,2020.

王生荣.科技论文写作基础[M].兰州:甘肃科学技术出版社,2006.

王淑群.影响网络信息检索的因素与对策[J].图书馆论坛,2006,26(2):197-199.

王细荣,吕玉龙,李仁德.文献信息检索与论文写作[M].5版.上海:上海交通大学出版社,2015.

王细荣,郭培铭,张佳.文献信息检索与论文写作[M].7版.上海:上海交通大学出版社,2020.

王晓杰.小麦与条锈菌互作机理研究及抗条锈相关基因的功能分析[D].杨凌:西北农林科技大学,2009.

王雅戈,杨光辉,温国强,等.学位论文内容索引编制规则:GB/T 41210—2021[S/OL].北京:全国信息与文献标准化技术委员会,2021-12-31.[2021-12-31]. http://std.samr.gov.cn/gb/search/gbDetailed?id=D4BEFFF4EB2EB241E05397BE0A0AF581.

王岩,隋思涟.试验设计与MATLAB数据分析[M].北京:清华大学出版社,2012.

温国强.GB/T 22466—2008《索引编制规则(总则)》应用指南[M].北京:国家图书馆出版社,2012.

吴寿林,汤怡,王新春,等.科技论文与学位论文写作[M].上海:东华大学出版社,2009.

吴文珊,陈友铃,王娟.本科毕业论文选题分析[J].新课程研究(高等教育),2009(2):112-114.

吴一,刘春燕,沈玉兰,等.学位论文编写规则:GB/T 7713.1—2006[S].北京:全国信息与文献标准化技术委员会,2006-12-05.

夏红,朱金苗.实用化学化工文献检索[M].合肥:中国科学技术大学出版社,2013.

谢基伟.双星系统中行星的形成及动力学[D].南京:南京大学,2011.

谢群.文献管理软件的功能层次划分理论研究[J].现代情报,2008(4):113-117.

邢彦辰.毕业论文写作与文献检索[M].北京:北京邮电大学出版社,2013.

徐红云.大学计算机基础教程[M].2版.北京:清华大学出版社,2014.

颜世伟,柴晓娟.文献检索与利用实用教程[M].南京:南京大学出版社,2015.

杨光辉.萨都剌生平及著作实证研究[D].上海:复旦大学,2001.

姚利民,谢再根.应重视著录参考文献工作[J].高等教育研究,1999(2):105-106.

叶继元.基于质量与创新测度的人文社会科学"全评价"体系及其应用[N].光明日报,2011-11-25(14).

叶继元.集成学术规范成果夯实知识创新基础[N].中国教育报,2011-11-9(4).

叶继元.用学术评价促进创新[N].人民日报,2016-1-11(7).

张爱霞,朱东辉,周杰,等.科技报告编写规则:GB/T 7713.3—2014[S].北京:全国信息与文献标准化技术委员会,2014-05-06.

张才骏,张殿柱,刘小美.青海黄牛血清运铁蛋白多态性研究[J].青海畜牧兽医杂志,1994,24(6):9-11.

张黎,王坤.高等学校毕业设计(论文)指导教程——机械类专业[M].北京:中国水利水电出版社,2015.

张黎骅,吕小荣.机械工程专业毕业设计指导书[M].北京:北京大学出版社,2011.

张琪玉.图书内容索引编制法——写作和编辑参考手册[M].北京:化学工业出版社,2006.

张琪玉.张琪玉索引学文集[M].北京:国家图书馆出版社,2009.

张孙玮,吕伯升,张迅.科技论文写作入门[M].北京:化学工业出版社,2007.

张涛,郝建华,朱原谅.论文写作中参考文献著录错误分析[J].农业图书情报学刊,2012,24(5):53-55.

张雪梅,过仕明.信息检索实用教程[M].哈尔滨:黑龙江教育出版社,2012.

章银良. 食品与生物试验设计与数据分析[M]. 北京:轻工业出版社,2010.

赵东元,查长松,雍明远. 科技写作[M]. 北京:国防工业出版社,2008.

赵立平. 中国学者如何发高水平综述文章-个人经验谈[EB/OL]. (2014-5-4)[2021-10-15]. http://blog.sciencenet.cn/blog-34761-791192.html.

郑杰. 试验设计与数据分析:基于R语言应用[M]. 广州:华南理工大学出版社,2016.

郑秀娟. 科技期刊编辑探索[M]. 北京:石油工业出版社,2013.

中国知网. 知网研学[EB/OL]. [2021-10-7]. https://x.cnki.net/psmc#/Home.

中国知网. 中国知网[EB/OL]. [2021-10-7]. https://www.cnki.net/.

周丽娟,董巧连,杨慧. 电子文献信息资源检索的规则与技巧[J]. 农业网络信息,2009(7):125-126.

朱国. 如何撰写本科毕业论文文献综述[J]. 赤峰学院学报,2011,31(2):124-125.

Camelot UK Bidco Limited (Clarivate). EndoNote[EB/OL]. [2021-10-7]. https://www.endnote.com/.

Corporation for Digital Scholarship. Zotero[EB/OL]. [2021-10-7]. https://www.zotero.org.

Digital Science Research & Solutions Inc. Papers[EB/OL]. [2021-10-7]. http://papersapp.com/.

Mendeley Ltd. Mendeley[EB/OL]. [2021-10-7]. https://www.mendeley.com/reference-management/reference-manager.

附录一　中图分类法(简表)

A 马克思主义、列宁主义、毛泽东思想、邓小平理论
A1 马克思、恩格斯著作
A2 列宁著作
A3 斯大林著作
A4 毛泽东著作
A49 邓小平著作
A5 马克思、恩格斯、列宁、斯大林、毛泽东、邓小平著作汇编
A7 马克思、恩格斯、列宁、斯大林、毛泽东、邓小平生平和传记
A8 马克思主义、列宁主义、毛泽东思想、邓小平理论的学习和研究

B 哲学、宗教
B0 哲学理论
B1 世界哲学
B2 中国哲学
B3 亚洲哲学
B4 非洲哲学
B5 欧洲哲学
B6 大洋洲哲学
B7 美洲哲学
B80 思维科学
B81 逻辑学(论理学)
B82 伦理学(道德学)
B83 美学
B84 心理学
B9 宗教

C 社会科学总论
C0 社会科学理论与方法论
C1 社会科学概况、现状、进展
C2 社会科学机构、团体、会议
C3 社会科学研究方法
C4 社会科学教育与普及
C5 社会科学丛书、文集、连续性出版物
C6 社会科学参考工具书
[C7] 社会科学文献检索工具书
C79 非书资料、视听资料
C8 统计学
C91 社会学
C92 人口学
C93 管理学
[C94] 系统科学
C95 民族学、文化人类学
C96 人才学
C97 劳动科学

D 政治、法律
D0 政治学、政治理论
D1 国际共产主义运动
D2 中国共产党
D33/37 各国共产党
D4 工人、农民、青年、妇女运动与组织
D5 世界政治
D6 中国政治
D73/77 各国政治
D8 外交、国际关系
D9 法律
DF 法律

E 军事
E0 军事理论
E1 世界军事
E2 中国军事
E3/7 各国军事
E8 战略学、战役学、战术学
E9 军事技术
E99 军事地形学、军事地理学

F 经济
F0 经济学
F1 世界各国经济概况、经济史、经济地理
F2 经济管理
F3 农业经济
F4 工业经济
F49 信息产业经济
F5 交通运输经济
F59 旅游经济
F6 邮电通信经济
F7 贸易经济
F8 财政、金融

G 文化、科学、教育、体育
G0 文化理论
G1 世界各国文化与文化事业
G2 信息与知识传播
G3 科学、科学研究
G4 教育
G8 体育

H 语言、文字
H0 语言学
H1 汉语

H2 中国少数民族语言
H3 常用外国语
H4 汉藏语系
H5 阿尔泰语系（突厥-蒙古-通古斯语系）
H61 南亚语系（澳斯特罗-亚细亚语系）
H62 南印语系（达罗毗荼语系、德拉维达语系）
H63 南岛语系（马来亚-波里尼西亚语系）
H64 东北亚诸语言
H65 高加索语系（伊比利亚-高加索语系）
H66 乌拉尔语系（芬兰-乌戈尔语系）
H67 闪-含语系（阿非罗-亚细亚语系）
H7 印欧语系
H81 非洲诸语言
H83 美洲诸语言
H84 大洋洲诸语言
H9 国际辅助语

I 文学
I0 文学理论
I1 世界文学
I2 中国文学
I3/7 各国文学

J 艺术
J0 艺术理论
J1 世界各国艺术概况
J19 专题艺术与现代边缘艺术
J2 绘画
J29 书法、篆刻
J3 雕塑
J4 摄影艺术
J5 工艺美术
[J59] 建筑艺术
J6 音乐
J7 舞蹈

J8 戏剧、曲艺、杂技艺术
J9 电影、电视艺术

K 历史、地理
K0 史学理论
K1 世界史
K2 中国史
K3 亚洲史
K4 非洲史
K5 欧洲史
K6 大洋洲史
K7 美洲史
K81 传记
K85 文物考古
K89 风俗习惯
K9 地理

N 自然科学总论
N0 自然科学理论与方法论
N1 自然科学概况、现状、进展
N2 自然科学机构、团体、会议
N3 自然科学研究方法
N4 自然科学教育与普及
N5 自然科学丛书、文集、连续性出版物
N6 自然科学参考工具书
[N7] 自然科学文献检索工具
N79 非书资料、视听资料
N8 自然科学调查、考察
N91 自然研究、自然历史
N93 非线性科学
N94 系统科学
[N99] 情报学、情报工作

O 数理科学和化学
O1 数学
O3 力学
O4 物理学
O6 化学
O7 晶体学

P 天文学、地球科学

P1 天文学
P2 测绘学
P3 地球物理学
P4 大气科学（气象学）
P5 地质学
P7 海洋学
P9 自然地理学

Q 生物科学
Q1 普通生物学
Q2 细胞生物学
Q3 遗传学
Q4 生理学
Q5 生物化学
Q6 生物物理学
Q7 分子生物学
Q81 生物工程学（生物技术）
[Q89] 环境生物学
Q91 古生物学
Q93 微生物学
Q94 植物学
Q95 动物学
Q96 昆虫学
Q98 人类学

R 医药、卫生
R1 预防医学、卫生学
R2 中国医学
R3 基础医学
R4 临床医学
R5 内科学
R6 外科学
R71 妇产科学
R72 儿科学
R73 肿瘤学
R74 神经病学与精神病学
R75 皮肤病学与性病学
R76 耳鼻咽喉科学
R77 眼科学
R78 口腔科学
R79 外国民族医学
R8 特种医学

R9 药学

S 农业科学
S1 农业基础科学
S2 农业工程
S3 农学(农艺学)
S4 植物保护
S5 农作物
S6 园艺
S7 林业
S8 畜牧、动物医学、狩猎、蚕、蜂
S9 水产、渔业

T 工业技术
TB 一般工业技术
TD 矿业工程
TE 石油、天然气工业
TF 冶金工业
TG 金属学与金属工艺
TH 机械、仪表工业
TJ 武器工业
TK 能源与动力工程

TL 原子能技术
TM 电工技术
TN 电子技术、通信技术
TP 自动化技术、计算机技术
TQ 化学工业
TS 轻工业、手工业、生活服务业
TU 建筑科学
TV 水利工程

U 交通运输
U1 综合运输
U2 铁路运输
U4 公路运输
U6 水路运输
[U8] 航空运输

V 航空、航天
V1 航空、航天技术的研究与探索
V2 航空
V4 航天(宇宙航行)

[V7] 航空、航天医学

X 环境科学、安全科学
X1 环境科学基础理论
X2 社会与环境
X3 环境保护管理
X4 灾害及其防治
X5 环境污染及其防治
X7 行业污染、废物处理与综合利用
X8 环境质量评价与环境监测
X9 安全科学

Z 综合性图书
Z1 丛书
Z2 百科全书、类书
Z3 辞典
Z4 论文集、全集、选集、杂著
Z5 年鉴、年刊
Z6 期刊、连续性出版物
Z8 图书报刊目录、文摘、索引

附录二 科技文献资源常用网址

一、课程学习和考试类

➤网易公开课:http://open.163.com/,网易推出的公开课项目,有国内外名校视频公开课、TED、可汗学院等国外网站课程,大部分已翻译为中文。

➤网易云课堂:http://study.163.com/,网易推出的实用技能学习平台,有助于个人发展和能力提升。

➤爱课程:http://www.icourses.cn/home/,是教育部、财政部"十二五"期间启动实施的"高等学校本科教学质量与教学改革工程"支持建设的高等教育课程资源共享平台。

➤慕课中国:http://www.mooc.cn/,收录了来自全世界最好大学的1 000多门在线课程。

➤中国大学慕课:http://www.icourse163.org/,由爱课程网携手网易云课堂打造的在线学习平台。

➤edX:https://www.edx.org/,免费学习来自全球顶尖大学,包括 MIT、哈佛大学、Berkely 大学的课程,提供免费的认证证书。

➤果壳网 MOOC 学院:http://mooc.guokr.com,全球最大的中文 MOOC 学习者社区,有全球在线好课。

➤Open Yale Courses:http://oyc.yale.edu//,提供耶鲁大学的课程,既有传统的网络公开课,也有 MOOC。

➤Harvard Extension School-Open learning initiative:http://www.extension.harvard.edu/open-learning-initiative,哈佛大学的线上课程视频精选。

➤Coursera:http://zh.coursera.org/,免费学习20多个国家100多所顶尖大学课程,有提供认证证书的专项课程,由浅入深系统学习。

➤万门大学:http://www.wanmen.org/#/,于2012年创立的中国第一所网络大学,通过为社会提供高品质视频课程,致力于降低教育的门槛。

➤好课网:http://www.class.cn/index/open,国内外名校开放课程。

➤粉笔网:http://www.fenbi.com/,有各种考试题库,覆盖公务员考试、事业单位考试、司法考试、会计考试、研究生考试、教师资格证和教师招聘考试等。

二、文献资源类

➤中外文核心期刊查询系统:http://www.cceu.org.cn/demo/findcoreej.htm,可以查询某一期刊是否为核心期刊。

➤CNKI 翻译助手:http://dic.cnki.net,可以查阅各种英文专业术语。

➤PubMed:http://www.ncbi.nih.gov/pubmed,由美国国立医学图书馆提供的以医学、生命科学领域为主的免费摘要数据库。

➤标准网:http://www.biaozhuns.com/,可以下载各种标准。

➤ 在线期刊搜索引擎 OJOSE：http://www.ojose.com/，整合了 60 多种数据库，不仅整合了包括开放获取期刊在内的各类学术期刊信息，而且还链接了其他的学术搜索引擎。

➤ 在线专利搜索引擎 Priorsmart：http://www.priorsmart.com，可搜索世界各国的专利。

➤ 网盘资源搜索引擎 ZhaoFile：http://www.zhaofile.com，可在 RayFile（飞速网盘）、115 网盘、DBank、Xun6、UUShare、Skydrive 等网盘资源进行搜索。

➤ 中国科学文献服务系统：http://sciencechina.cn/，中国科学院图书馆的文献资源网站，包括三个部分：①《中国科学引文数据库(Chinese Science Citation Database，简称 CSCD)》；②《中国科学文献计量指标数据库(CSCD ESI Annual Report)》；③《中国科技期刊引证指标数据库(CSCD JCR Annual Report)》。从本校图书馆进入访问。

➤ 中国高等教育文献保障系统(CALIS)：http://www.calis.edu.cn/educhina/pages/portal.jsp，国内各高校图书馆联合建立的文献保障体系，将各成员馆引进的文献经过二次开发后共享使用。包括引进数据库子项目、学位论文库子项目、专题特色数据库子项目、重点学科导航库子项目等。在学位论文库中，可查询国内学位论文全文。

➤ 世界知识产权组织：http://www.wipo.int/portal/en/index.html，可查询国外专利文献。

三、科普和创业类

➤ 知乎：http://www.zhihu.com/，用提问和回答的方式，产生、分享和传播知识的社区。

➤ 果壳网：http://guokr.com，泛科技兴趣社区，并提供科技主题内容，可以阅读、分享、交流、提问。

➤ 36 氪：http://36kr.com，专注于互联网尤其是年轻人创业的网站。

➤ 虎嗅网：http://www.huxiu.com/，个性化商业咨询网站的交流平台。

四、外语学习和其他类

➤ 开言英语：http://openlanguage.com/，超实用的课程主题、精彩到位的双语讲解、轻松用 app 或网站就可以学到最地道的口语。

➤ 有道学堂：http://xue.youdao.com，英语学习网站，有各种考试资源。

➤ 英语魔方秀：http://www.mofunenglish.com，看电影学习英语的网站，提高口语和听力。

➤ 普特英语听力：http://www.putclub.com，国内最大的英语听力训练社区。

➤ 战集的学习探索：http://www.read.org.cn/，探索怎样更快地提高个人学习效率。

➤ 作业计算器：http://library.rit.edu/researchguides/calculator/，点击 printer-friendly version 可以将所有步骤打印出来查看进度。

➤ 毕业论文计算器：http://library.rit.edu/researchguides/disscalc/index.phtml，点击 printer-friendly version 可以将所有步骤打印出来查看进度。

索 引

Box-Behnken 试验设计,171,172
EBSCO,48-50
EI 数据库,58
Elsevier,47
EndNote,78
Excel 图表,149,150,152,156,157
Excel 数据分析,192,193,195
Google 学术搜索,26
IEL 数据库,51,53
MEDLINE,49
Mendeley,79
NoteExpress,65,67,70-72
Papers,79
Plackett-Burman(PB)试验设计,170,171
PubMed 数据库,60
SPSS 软件,174,177,179,181,185,188
ScienceDirect(SD),47
SpringerLink,45
Web of Science,54,55
Zotero,79

B

百度学术,23
百链云,63
报刊登记号,4
报纸文献,136
毕业论文,104-106,126,198-204
毕业设计,110,111,119,121,125,203

标引,211,212,224
标准文献,9,42,136
表格,141,141,142,144,145
布尔逻辑算符,21-23,28

C

材料与方法,97
参考工具书,3
参考文献,101,127,128,132-135,137
参考文献类型标识码,132
插图,146,147
成对样本 T 检验,183
初审,208,209
创新内容索引,211,221,223

D-E

答辩,198,200,201-204
单因素方差分析,173
电子期刊(E-journal),5
电子资源著录,137
独立样本 T 检验,181
读秀学术搜索,37
短语检索,22
多媒体文献,12
二次文献,10

F

发明专利,8
方差分析,185
仿真,113
非受控词,19
分类变量,172
分领域高质量期刊分级目录,7
封面,86

复杂检索,23

G

高级检索,23,24,32,36,40,46,48,50,53,56,61,64
工程索引(EI),58
工程图,114,118
关键词,17-19,86,94,95
国际标准化组织(ISO),85
国际标准刊号(ISSN),3,4
国际标准书号(ISBN),2
国家知识产权局专利检索系统,40
国内统一刊号,3,4

H

核心期刊,6
回归分析,188
会议文献,7,43,55,135

J

基本检索,17,22,38,50,55,60,63
技术文档,9
技术性论文,84
计算机屏幕图,149
简单检索,22,45,47,53
检索策略,14,27,28
检索词,18,19,21-23,28
检索字段,17,18,21,28,31
教科书,3
教研性论文,84
截词检索,22,61
结果,83,86,91,98-100,105,107,113

K

卡线表,143
开放获取,26
科技报告,7,85
科技论文,81-83,85
科技期刊,3-7
科技图书,2
科普图书,3
科研社交网络,26
快速检索,22,27,31,35,48,58

L

拉丁方试验设计,167,168
连续性变量,172
零次文献,9
论文集,3,135
论文检测,199

M,P-Q

目录型检索工具,15
篇名,15,17,18,21,23,31,86,103
期刊,3-7,10,12,30,35,45-49,52-55,63,67,77,82,83,91,102,127,130-135,205-210
期刊论文著录,136
情报,1
全国标准信息公共服务平台,42
全文获取,28

S

三次文献,10
三线表,143,144
上位词,19,20
声像型文献,12
实验计划书,162
实用新型专利,8
试验设计,161-163,165
示意图,148
受控词,18
署名,89
双因素方差分析,178
顺序编码制,128,137
搜索引擎,19,20,23

随机区组试验设计,166,167
缩微型文献,11
索引,211,212
索引编制简明流程,221
索引排序,220
索引平台,224
索引型检索工具,16

T

讨论,86,97,99,100,202
题录型检索工具,15
题名,3,15,17,18,85-89,91,94,133,134
同义词,19,20
投稿,205
图表,141,147,149-160,190,202,204
图书著录,135

W

外观设计专利,8
完全随机试验设计,165,166
万方数据知识服务平台,35
万方中外标准数据库,43
位置算符,22
文献,1
文献管理软件,27,65
文献检索,14,15
文献数据库,16,20
文献线索,28
文献综述,102,103,105,106,108
文摘型检索工具,15

X

系统表,142
下位词,19,20
显微照片图,149
显性概念,19
限定符号,23
相关词,19,20
信息,1
《信息与文献参考文献著录规则》,86,101,128,132-134
学名,19,20

学术论文,83,84,205
学术论文发表,205-210
学位论文,7,42,84,136,211
《学位论文编写规则》,221

Y

药物检索,41
一次文献,9
一框式检索,22
医学,218
医学文献王,79
隐性主题,19
引言,95,96
预印本,27
阅读性图书,3

Z

摘要,91-96
照片图,149
正交试验设计,168-170
知识,1
知网研学,75-77
纸介型文献,11
智慧,1
致谢,86,90,100,101,202,203
中国科技期刊卓越行动计划,6,7
中国科学引文数据库(CSCD),6,12
《中国图书馆分类法》,4,12,13
中国知网(CNKI),30,42
主题标引,213,216
主题词表,20
主题索引,211,224
著者-出版年制,129,138
专利文献,8,40,136,137
专业检索,23,33,37,58,
专著,3,135
追溯法,106
字段限制检索,21
综合索引,211
综述,84,103-106
作者标引,130,131